めに

プロにとってのテイスティングの目的とは、お客様へ有益な情報、商
環境を提供するための情報を収集することです。それには、ワイン
固性を正しく判断できる感覚をもち、品質の評価および購入価格、販
価格の基準をもつことが大切です。プロは多くのワインをテイスティン
、自身の基準を明確にする必要があります。
また、ワイン愛好家の方にとってのブラインドテイスティングは、嗅覚や
覚などの感覚を使って行う知的なゲームの感覚もあるかもしれません。
いずれにしてもその感覚を磨くためには、長い時間と経験が必要とな
す。ワインのテイスティング能力を上げるための近道はありません。
し、ワインを分析的、論理的にテイスティングすることにより、ワイ
感じる能力は飛躍的に向上します。本書の内容が上達への道標にな
とを願っています。
版の出版から8年が経過し、日本のワインマーケットで流通するワ
の傾向が変わってきました。様々な国の様々な品種のワインが棚に
ようになり、手に取ることができるようになっています。また、世界
費者の嗜好に合わせてワインの味わいの傾向も変わってきているよ
感じています。
回の改訂版では右のような内容にバージョンアップしています。3章
編では、なるべく手に入れやすい流通、価格帯のワインを選んで
ので、ぜひ実際に比較テイスティングを楽しんでみてください。

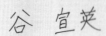

谷 宣英

最新版

WIN

TASTING

ワイン テイ

バイ

谷

TANI N

はじ

品、
の価
売価
グし
ま
味覚
い
りま
しか
ンを
るこ
前
インの
並ぶ
の消費
うに感
今回
の実践
います

改訂にあたって

今回の改訂版では、オレンジワインなどの近年新ジャンルとして定番となったワインをはじめ、世界的に人気が高まっているロゼワインや、日本ワインなど近年話題のワインについて、ブドウ品種、産地、造り、テイスティングの実践と、多角的なアプローチで解説を追加。最新の動向に合わせた内容にバージョンアップしています。テイスティングの実践では、トレンドのワインを選ぶと同時に、例えば新世界のワインがより洗練されてヨーロッパの味わいに近づいていることなど、世界のトレンドに合わせたセレクトにしています。

2章
ワインの基礎知識では

近年話題のブドウ品種を追加

近年話題のワインを生み出しているものを中心に、13品種を追加。

トレンドに合わせた産地を追加

オーストラリア、日本の情報を増補、ジョージア、ギリシャ、南アフリカを追加。
「その他の注目産地」として、ポルトガル、ハンガリー、スイス、英国、カナダを追加。

醸造テクニックの内容を増補

オレンジワイン、自然派ワインの解説も追加。

3章
テイスティングの実践では

テイスティング実践編の掲載ワインを刷新

実際に入手可能、または数年後でも比較的近いヴィンテージで
実践できそうなアイテムに刷新。
近年新ジャンルとして定番となったワインやロゼワインの
テイスティングを増補・追加。

テイスティングの目的

テイスティングの目的は、その人の立場によって異なります。ソムリエであれば、味わいを理解しサービス方法や熟成の可能性を判断します。そのワインをわかりやすい言葉で説明できるようにすることも重要です。愛好家の方は楽しみ方を考えるために行います。

外観
香り
味わい
ワインの個性

情報収集
商品の提供
ふさわしい商品の選定、
飲み頃の判断
情報の説明
わかりやすく正しい言葉で
表現し伝える
環境の提案
サービス方法、
合わせる料理の提案

テイスティングの環境

テイスティングの環境は、理想としては「室温が18～22℃で、湿度は60～70％、静寂、無臭、換気、照明、明るい壁の色、白のテーブルクロスなどがあり、時間としては午前10～11時が望ましく、肉体的、精神的に良好な状態であること。グラスに関しては右の国際標準化機構により定められたグラスを使用すること」です。これらの理想に近づけることは重要ですが、目的はワインの個性を正しく判断することなので、あまり神経質に考える必要はありません。しかし理想を知ったうえで環境を整えることが重要なので、理想の条件は覚えておきましょう。また、場所や精神的な状態が変わると驚くほど味わいの感じられ方は変わるものです。このことを認識しておくことも大切です。

使用するグラス

国際標準化機構（I.S.O.）により定められた規格グラスが望ましい。
もしくは脚付き、
無色透明のチューリップ型で
カットのないもの。

I.S.O.規格のワイングラス
無色透明
酸化鉛の含有率
9％以上

全高
155±5mm

ボウルの深さ
100±2mm

底部＋脚部の高さ
55±3mm

頂部の外径
46±2mm

ボウルの最大径
65±2mm

脚部の外径
9±1mm

底部の直径
65±5mm

全容量
215±10mL

望ましい環境

室温
18～22℃

湿度
60～70％

時間
午前10～11時

照明
白色の照明

テーブル
白のテーブルクロスか
マットを使用

室内
静寂、無臭、換気、
明るい壁の色

使用するワイン

温度
赤ワイン 16～18℃
白・ロゼワイン10～12℃
発泡性ワイン10～12℃

注ぐ量
50mL
（グラスの1/4～1/3）
※グラスによって異なる。
I.S.O.の場合

控えるべきもの

飲酒後　喫煙直後
香辛料の効いた料理
チョコレートやミント入り菓子
酸をたくさん含んだ果物
アルカリ性の練りハミガキ
化粧品、整髪料、香水など、
周囲に強い香りを発散するもの

テイスティングの流れ

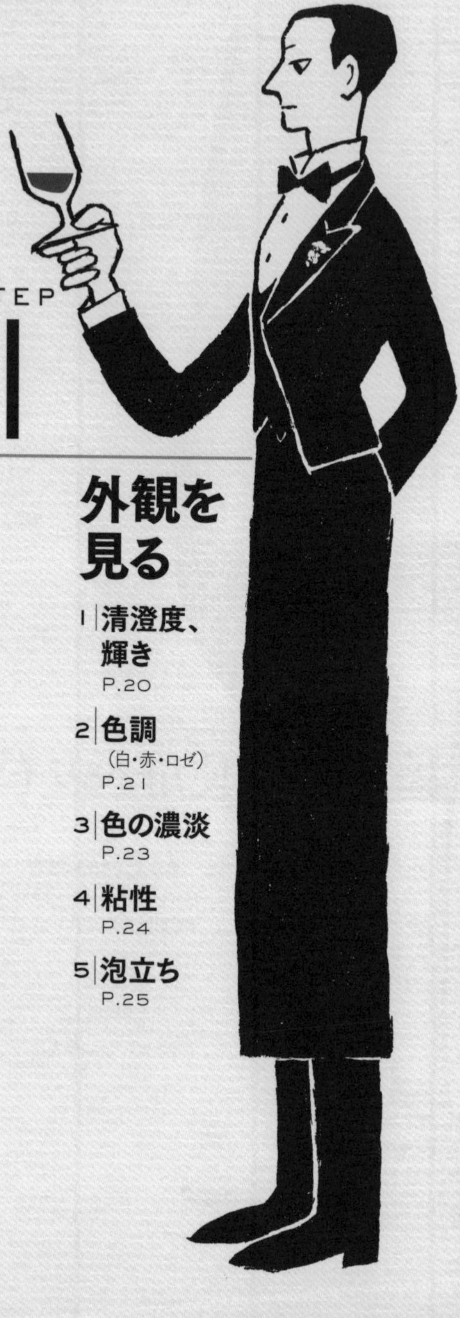

STEP 1

外観を見る

1 清澄度、輝き P.20
2 色調（白・赤・ロゼ）P.21
3 色の濃淡 P.23
4 粘性 P.24
5 泡立ち P.25

外観、香り、味わい、余韻を感じ、全体の総合評価をするのがテイスティングです。外観からワインの熟成度合いやヴィンテージの状況、産地、醸造方法などを推測します。この段階で主にわかるのは熟成と産地の気候などくらいです。香りからはたくさんの情報を得ることができます。品種の個性、ブドウの成熟度合い、土壌のタイプ、醸造方法、熟成度などの情報です。味わいは舌で感じる様々な要素以外に、口中でのフレーヴァーやタンニンの触感にも注意を払って味わう必要があります。また、鼻の粘膜でアルコールの強さを判断し、余韻や総合評価につなげていきます。

STEP
2
香りをとる

STEP
3
味わいをとらえる

STEP

4

特徴を判断する

プロとしてワインを扱う人にとって、最も重要な部分です。今まで培った経験や知識を生かして、ブドウ品種、産地、収穫年やワインの状態を判断し、そのワインとお客様にとってベストな供出方法を考察します。美しい言葉でワインのコメントができたとしても、そのワインの魅力を引き出すサービスができなければソムリエとしては“０点”です。ソムリエは詩人ではありませんので、常にワインの性格を正確にとらえ、その個性を生かすサービス方法を考えるべきなのです。

ワインの個性について

ブドウ品種
産地
醸造方法
造り手
熟成度

サービス方法について

飲み頃、将来性、価格
順番
提供温度
抜栓、デカンタージュ
グラス
合わせる料理

テイスティング術を身に付ける～技術の基本 17

STEP 3

味わいをとらえる 46

STEP 4

特徴を判断する 60

最新版

ワインテイスティングバイブル

CONTENTS

2

STEP 2
産地の特徴を知る 116

STEP3
造りによる特徴を知る 174

STEP4
熟成による特徴を知る 188

コメントの表現力を高める～

テイスティングの実践 193

3

別冊

テイスティングシート&テイスティング用語集

テイスティング術を
身に付ける

技術の
基本

アルコール度

粘性が強い

→アルコール度数が高い?

など、粘性から。

ワインの外観を見る第一の目的は、健全度を確認すること。清澄度と輝きをチェックし、飲用に適したものかどうか見極めます。また、色の濃淡や色調を注意深く観察することで、ワインの熟成具合が判断できます。ただ、ヴィンテージは外観だけでは判断できないため、香りや味わいを確認した後、再び外観に立ち返り、ブドウ品種や産地の個性を踏まえつつ考えるのが基本です。さらに粘性や気泡の有無を確認することも重要。ブドウ品種や産地による個性、生産者の意図などが推測できます。

STEP 1

外観を見る

外観を見る目的とポイント

凝縮度
色が濃く、
粘性が強い
→凝縮度が高い?
など、色の濃淡と
粘性から。

ブドウ品種
赤ワインで色が濃い
→果皮の厚い
ブドウ品種?
など、色の濃淡から。

ブドウの成熟度合い
色が濃い
→成熟したブドウから造
られた?
など、色の濃淡から。

醸造方法
赤ワインで色が濃い
→マセラシオン
期間が長い?
など、
色の濃淡から。

健全性
濁りがあり
輝きを失っている
→健全ではない?
など、清澄度や
輝きの有無から。

産地の寒暖
赤ワインで
色が濃い
→温暖な
産地のもの?
など、色の
濃淡から。

熟成度合い
色が濃く、黄金色を
帯びた黄色の白ワイン
→熟成したワイン?
など、色調や色の濃淡から。

外観の確認要素

外観で確認すべき要素は「清澄度、輝き」「色調」「色の濃淡」「粘性」「泡立ち」の5つ。最初はグラスを動かさず、静置した状態でグラスの内部をしっかりと観察することがポイントです。その後グラスをゆっくりと動かし、ワインに起こる変化をチェックしていきます。

清澄度、輝き

外観で最初に確認するのは、清澄度と輝きです。ワインに濁りがないか、光を反射して輝きが生じるか。この2点を確認することで、ワインの健全度を判断します。熱にさらされたり、意図せず瓶内に乳酸菌が発生したりするなど何らかの悪条件にさらされたワインは、混濁して輝きを失います。グラスを光源にかざし、液体の透明度と光の反射具合をしっかりと観察しましょう。また、ワインの輝きを見極めることで、醸造方法や味わいが推測できます。フィルターを用いて濾過されたワインは不純物が取り除かれて輝きが増しますし、酸味の強いワインは色素が安定し、輝きが強くなります。ただし赤ワインの場合、オーストラリアのシラーズのように色素成分の多いワインは濁って見えます。そのため健全であっても「透明度が低い」と表現することがあります。

濁りの有無

濁りがなく、輝きが見られる白ワイン。一般的な醸造方法を用いたもので、外観を見た段階では健全なワインといえる。

濁りがある白ワイン。これはフィルターを用いていないためで、品質に問題はない。濁りが見られたら醸造方法を考慮することも重要。

2 色調（白・赤・ロゼ）

ワインは熟成によって色調が変化するもの。グラスを少し傾け、白いクロスなどを背景に色調を観察し、熟成度合いのほか白、赤、ロゼそれぞれの特徴を読み取っていきます。白ワインは冷涼な産地のものほど酸味が強く、明るい色調に。温暖な産地のものは酸味が少なく、果実味が強いため樽熟成を行う場合が多いので、濃い色調になる傾向があります。一方、赤ワインはブドウの果皮の厚さと色素量が色調に影響。品種と気候によって違いが生じます。色素成分は冷涼地では成熟が進みにくいので果皮の色が明るくなり、温暖地では成熟が進むため果皮の色が濃く、厚くなります。その結果、ワインの色調にも濃淡が生まれるのです。ロゼワインは醸し（マセラシオン）の長さで色が調整できるので、生産者の方針により色調が変わるといえます。

白ワインの色調

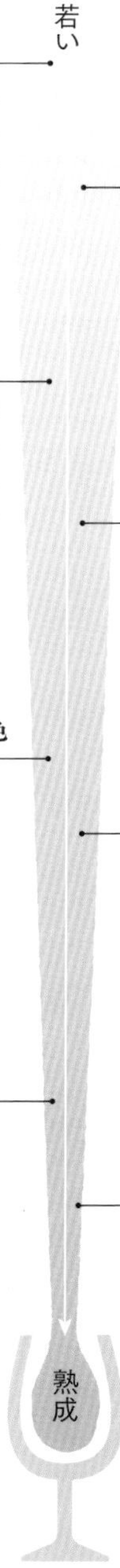

無色の

「無色の」と表現できる品種は、甲州など限られたもの。若いワインに用いるが、品種個性を表すことが多い。

緑がかった黄色

若いワインを表す使用頻度の高い表現で、ほぼすべての白ブドウ品種に使われる。冷涼な産地ほど緑色が強い傾向がある。

淡い黄色

熟成や樽の影響で、緑色が落ち着いた状態を表す。グリ系品種やヴィオニエなど果皮に緑の色調が少ない品種のワインの若い状態にも使う。

濃い黄色

熟成状態を表現。「緑がかった黄色」が長い年月を経て、もしくは「淡い黄色」が短い期間で変化した色調。

黄金色を帯びた黄色

通常、コンクールなどで使われる表現はここまで。樽を使い、温暖なエリアで熟成されたワインやオレンジワインにも用いられる。

トパーズ

かなり酸化熟成が進んだ状態。酸化したワインが好みの人もいるので、飲み頃かどうかは嗜好による。オレンジワインにも使われる表現。

琥珀色

かなり熟成の進んだ状態を指すが、用いられる機会は少ない。ワイン好きの集まりなどで使われることもある。また、オレンジワインにも用いられる。

褐色

かなり酸化した劣化に近い状態。ネガティブな表現だが極甘口の長期熟成型のワインには肯定的に使うことも。

赤ワインの色調

ベースとなる色調

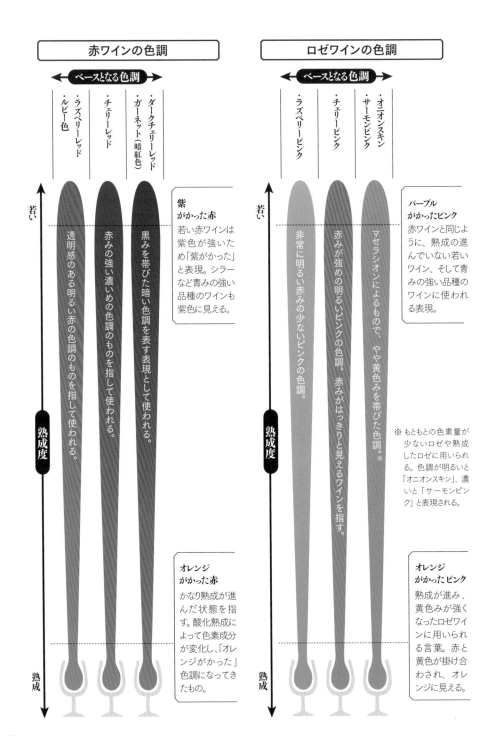

- ・ラズベリーレッド ・ルビー色：透明感のある明るい赤の色調のものを指して使われる。
- ・チェリーレッド：赤みの強い濃いめの色調のものを指して使われる。
- ・ダークチェリーレッド ・ガーネット（暗紅色）：黒みを帯びた暗い色調を表す表現として使われる。

若い ← 熟成度 → 熟成

紫がかった赤
若い赤ワインは紫色が強いため「紫がかった」と表現。シラーなど青みの強い品種のワインも紫色に見える。

オレンジがかった赤
かなり熟成が進んだ状態を指す。酸化熟成によって色素成分が変化し、「オレンジがかった」色調になってきたもの。

ロゼワインの色調

ベースとなる色調

- ・ラズベリーピンク：非常に明るい赤みの少ないピンクの色調。
- ・チェリーピンク：赤みが強めの明るいピンクの色調。赤みがはっきりと見えるワインを指す。
- ・オニオンスキン ・サーモンピンク：マセラシオンによるもので、やや黄色みを帯びた色調。※

若い ← 熟成度 → 熟成

パープルがかったピンク
赤ワインと同じように、熟成の進んでいない若いワイン、そして青みの強い品種のワインに使われる表現。

※ もともとの色素量が少ないロゼや熟成したロゼに用いられる。色調が明るいと「オニオンスキン」、濃いと「サーモンピンク」と表現される。

オレンジがかったピンク
熟成が進み、黄色みが強くなったロゼワインに用いられる言葉。赤と黄色が掛け合わされ、オレンジに見える。

3 色の濃淡

ワインの色の濃淡は、産地の気温、ブドウの成熟度合い、品種のタイプ、醸造方法を判断する要素になります。一般に白･赤ワインとも、ブドウの産地が冷涼なら色が淡く、温暖なら色が濃いワインができあがります。また、白ワインで色が濃い場合、樽熟成やスキン･コンタクトが用いられた、あるいは低い酸度による早い酸化熟成の可能性などが考えられます。そのほか、例外もありますがピノ･グリやゲヴェルツトラミネルといったグリ系品種を使ったワインも、色が濃くなりやすい傾向があります。一方、赤ワインで色が濃い場合は、皮の厚いブドウ品種や粒の小さいブドウを使っていることが推測できます。醸造方法については、長いマセラシオン期間を経ていたり、ピジャージュを行っていたりすることが考えられるでしょう。

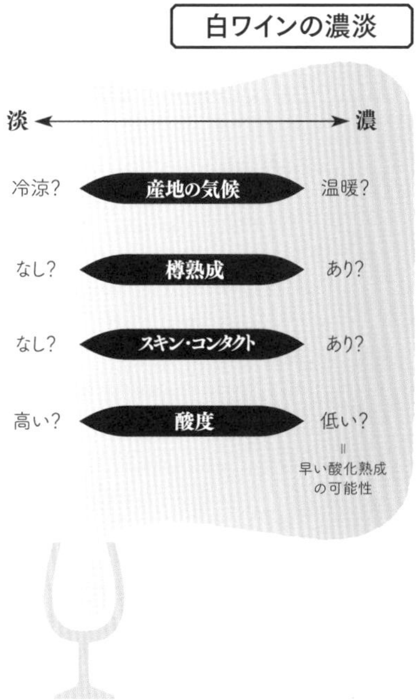
白ワインの濃淡
淡
濃
冷涼?
産地の気候
温暖?
なし?
樽熟成
あり?
なし?
スキン･コンタクト
あり?
高い?
酸度
低い?
=
早い酸化熟成
の可能性

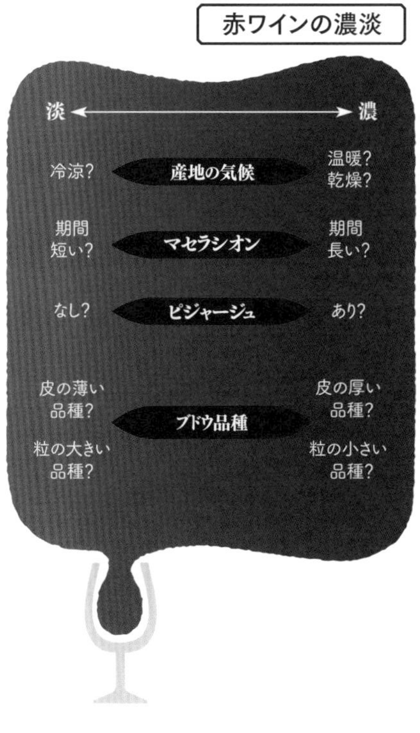
赤ワインの濃淡
淡
濃
冷涼?
産地の気候
温暖?
乾燥?
期間
短い?
マセラシオン
期間
長い?
なし?
ピジャージュ
あり?
皮の薄い
品種?
粒の大きい
品種?
ブドウ品種
皮の厚い
品種?
粒の小さい
品種?

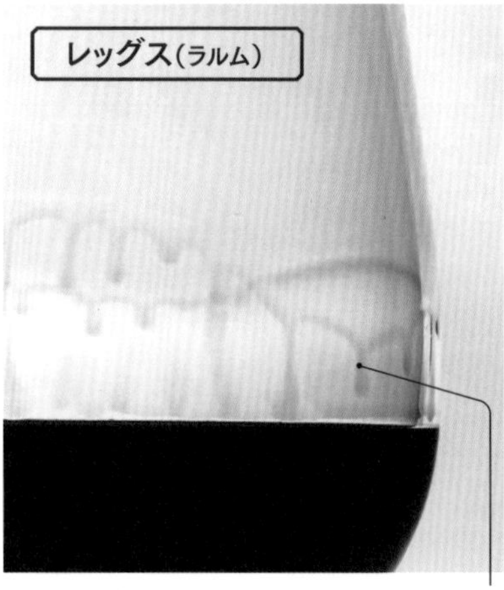
レッグス（ラルム）

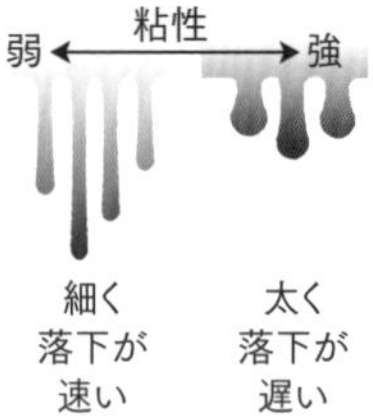
粘性
弱
強
細く
落下が
速い
太く
落下が
遅い

レッグスは短時間でははっきり見極められないことがある。まずは速度に注目し、数秒で落下すれば粘性が弱く、落下しなければ粘性が強いと判断できる。

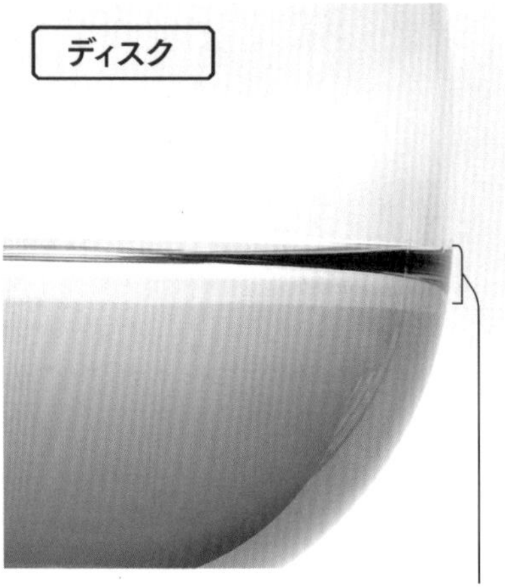
ディスク

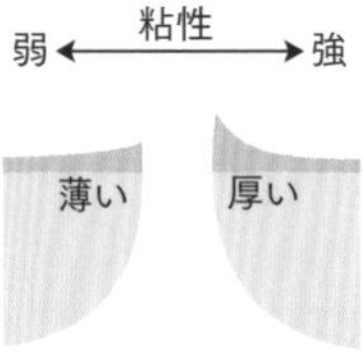
粘性
弱
強
薄い
厚い

粘性が強いとディスクは分厚くなるが、大きな違いが見られない場合も多い。ただ、特殊なワインははっきりとした違いが確認できるのでしっかりとチェックを。

4 粘性

粘性を見るときは、色調と濃淡を確認するために傾けていたグラスをゆっくりと起こし、ワインがグラス内側の壁面を流れる様子（「レッグス」または「ラルム」）を観察します。粘性はワインのアルコール度とグリセリン量によって変化するもの。一般にアルコール度数の高いワインはアルコール発酵によるグリセリンの量も多くなり、粘性が強くなります。また、ブルゴーニュ地方の特級クラスのように凝縮度の高いワイン、そして糖分の高い甘口ワインも粘性が強くなります。ドライなスティルワインでは、粘性に大きな違いが見られないことも多く、判断することは難しいですが、複数のグラスを並べて比較しつつ理解していくことが望ましいでしょう。また、あわせてチェックしたいのがディスク。プラスαの情報を得るために確認します。

スティルワインの場合

・グラスの内面に気泡あり
・口に含んでガスを感じる

▼

・スクリューキャップの可能性？
・生産者の意図？

5 泡立ち

グラスにワインを注いだら、スワリングする前にグラス内の泡立ちを観察します。場合によっては、口に含んだときにガスを感じることもあります。スティルワインの場合、グラスの内面に気泡が見えるときは、スクリューキャップで栓をした、生産者が意図的にガスを瓶内に残しフレッシュさをキープした、あるいは嫌気的な状態で発酵・貯蔵がなされたなどの可能性が考えられます。一方、スパークリング・ワインに関しては、一般的に瓶内熟成の期間が長いシャンパーニュは、泡が細やかで持続性があるといわれます。また、消費者の手元で長く熟成させるとガスが抜け、泡の量が少なく、粒が小さくなる場合もあります。スパークリング・ワインは、形状や傷の有無など、グラスの状態が泡立ち具合を大きくを左右するので、注意が必要です。

スパークリング・ワインの場合

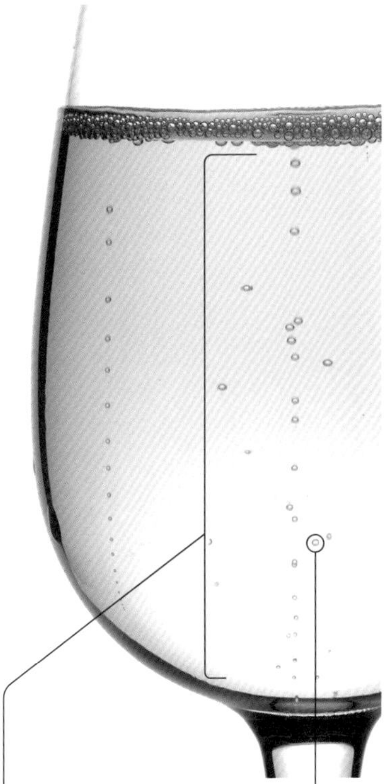

気泡の量
同条件で気泡の量を比較すると、ガス圧が強ければ増え、弱ければ減る。微発泡性のペティヤンなどは、気泡が少なく小さい。

気泡の大きさ
一般的に瓶内熟成の期間が長いほど、気泡は細かくなる。また、傷の有無などグラスの状態が気泡に大きく影響するので要注意。

外観の表現・用語リスト

ジャンル	用語	要因	備考
1 清澄度、輝き	光沢のある、輝きのある	pH および酸	酸味が強いと健全性が保たれるため、輝きが増す。
	澄み切った、水晶のように清らかな、清澄な、透明な	フィルター	
	かすかに濁った	ノンフィルター、オリ	ノンフィルターのワインや色素量の多い赤ワインではなく濁りが見られる場合は、劣化の可能性がある。
	オリがある	熟成、ノンフィルター	
2 色調	無色の		
	緑がかった黄色	若い、嫌気的醸造	果皮に緑の色調が少ない品種を除き、ほぼすべての白ブドウ品種の若い状態に使われる表現。
白ワイン	淡い黄色	冷涼産地、嫌気的な醸造	
	濃い黄色	温暖産地、好気的な醸造、木樽熟成、グリ系品種（注1）、スキン・コンタクト（☛P.180）	※注１　灰色がかったピンク色の果皮をもつ白ブドウ品種のこと
	黄金色を帯びた黄色	酸化熟成、樽熟成	
	黄色がかった		
	トパーズ	酸化熟成、樽熟成	
	琥珀色	酸化熟成、樽熟成、樽熟成した蒸留酒	かなり酸化熟成が進んだ状態を指す表現だが、トパーズや褐色の表現も含め、使用頻度は少ない。
	褐色を帯びた	酸化熟成、樽熟成、樽熟成した蒸留酒	
	褐色	酸化熟成、樽熟成、樽熟成した蒸留酒	長期熟成型の極甘口には肯定的に用いることも。
赤ワイン	明るい赤	冷涼産地、品種特性	果皮の色素成分が少ない品種や気候条件が考えられる。
	濃い赤	温暖産地、品種特性	
	紫がかった赤	若い状態、品種特性	
	オレンジがかった赤	熟成	
	褐色がかった赤	長期にわたる熟成	ネガティブな表現として用いられることが多い。
	紫がかった、紫紅色（パープル）、パープルがかった	若い状態、品種特性	若く紫の色調が強い状態や、青みの強い品種にも用いる。

外観の確認要素について、よく使われる表現や用語と、その要因などをまとめたのがこちら。実際に表現した言葉とワインの状態が合っているかを確認し、異なっている場合は何が原因かを考えることで、正しい用語の選択ができるようになります。

ジャンル	用語	要因	備考
赤ワイン	ルビー色、ラズベリーレッド	品種、産地、醸造	
	チェリーレッド	品種、産地、醸造	
	ガーネット（暗紅色）、ダークチェリーレッド	品種、産地、醸造	
	レンガ色	熟成	
	黒っぽい	品種、産地、醸造	果皮の色素成分が非常に濃い品種や状態。
ロゼワイン	ラズベリーピンク	醸造	
	チェリーピンク	醸造	
	パープルがかったピンク	若い状態	
	オレンジがかったピンク	熟成	
	サーモンピンク	醸造、熟成	もともとの色素量の少ないロゼと、熟成したロゼ。
	オニオンスキン	醸造、熟成	もともとの色素量の少ないロゼと、熟成したロゼ。
3 色の濃淡	淡い	品種、産地、マセラシオン	冷涼地、果皮の色が薄い、マセラシオンが短いなど。
	中程度		
	濃い	品種、産地、マセラシオン	温暖地、果皮の色が濃い、マセラシオンが長いなど。
	非常に濃い	品種、産地、マセラシオン	
4 粘性	弱い	アルコール、グリセリン、糖分	アルコール、グリセリン、糖分やエキス分が少ない。
	やや弱い	アルコール、グリセリン、糖分	
	中程度	アルコール、グリセリン、糖分	
	やや強い	アルコール、グリセリン、糖分	
	強い	アルコール、グリセリン、糖分	アルコール、グリセリン、糖分やエキス分が多い。甘口ワインや酒精強化ワインなど特殊なワインの可能性もある。
5 泡立ち	スティル		
	若干の泡立ち	スクリューキャップ	生産者が意図的に残した可能性もある。
	弱い泡立ち	ペティヤンなど、チャコリなど	スパークリング・ワインよりガス圧が少ない（3気圧未満の）弱発泡性ワインの可能性が考えられる。

STEP 2 香りをとる

熟成度合い
ドライフルーツやナッツ、
枯れ葉の香り

→熟成したワイン?

など、第3アロマや
複雑性から。

ブドウの成熟度合い
香りが強い

→成熟したブドウから
造られた?

など、豊かさや
量から。

健全性
揮発性の香りや
コルク臭がする

→健全ではない?

など、異臭の有無から。

産地の寒暖
トロピカル
フルーツの香り

→温暖な産地のもの?

など、第1アロマ
から。

醸造方法
バナナや
キャンディの香り

→マセラシオン・
カルボニックを
している?

など、第2
アロマから。

ブドウ品種
品種個性の強い
ワインなのか
弱いワインなのか?

など、第1アロマ
から。

凝縮度
香りが強い

→凝縮度が高い?

など、豊かさや
量から。

香りからわかることとは？

「外観」同様、香りを確認する第一の目的は、ワインの健全度をチェックすること。その後、ブドウ品種の個性を考えながら香りをとり、どんな個性が感じられるか探っていきます。あわせてブドウの成熟度合いや土壌のキャラクターを考慮し、具体的な産地に落とし込んでいきましょう。ただし品種も産地も、香りだけで判断することはできません。時折、香りだけで品種を断定する人がいますが、要注意です。味わいをみた後、再び香りに立ち返り、外観、香り、味わいを総合的に考えて答えを出すことが重要です。また、産地を見極めるには、普段から同じ品種を産地別にテイスティングし、各々の個性を理解しておくことが大切。様々なワインを経験し、香りを記憶に残すよう心がけてください。

香りの確認要素

ワインの香りからは、ブドウ品種の個性や熟成度合いをはじめ、様々な情報を得ることができます。「健全度」「豊かさや量」「第一印象」「第1、第2、第3アロマ確認」「熟成度」「複雑性」といった6つの要素を、漏れなく順に確認していきましょう。

ワインの異臭

コルク臭
揮発性の香り
酸化臭
硫黄
アンモニア
カビ臭
馬小屋
酢酸

1 健全度

コルク臭や酸化臭などの異臭がないか確認し、ワインの健全度をチェック。これはソムリエとしてワインを提供するうえで重要なポイントです。ちなみに「馬小屋」の香りは基本的には異臭ですが、個性ととらえる人もいます。

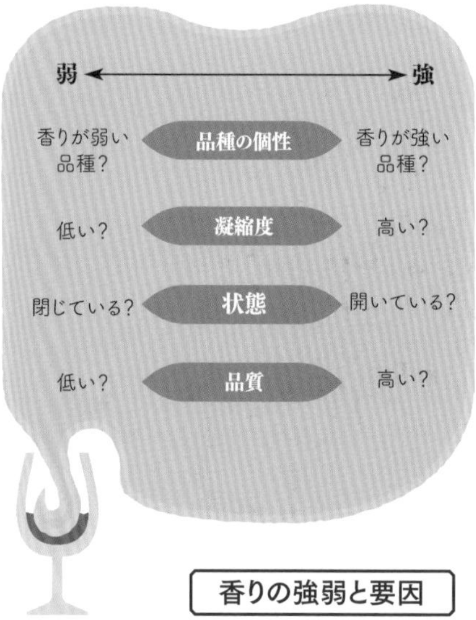

弱
強
香りが弱い品種?
品種の個性
香りが強い品種?
低い?
凝縮度
高い?
閉じている?
状態
開いている?
低い?
品質
高い?

香りの強弱と要因

2 豊かさや量

白ワインの場合、ゲヴュルツトラミネルやソーヴィニヨン・ブランなどアロマティックな品種で造られたワインは、香りが強くなります。また、同じ品種でも凝縮度が高いほど香り豊かに感じます。例えば同じシャルドネを用いたヴィラージュとグラン・クリュを比較すると違いは歴然。さらに品質や状態によっても香りは変化します。

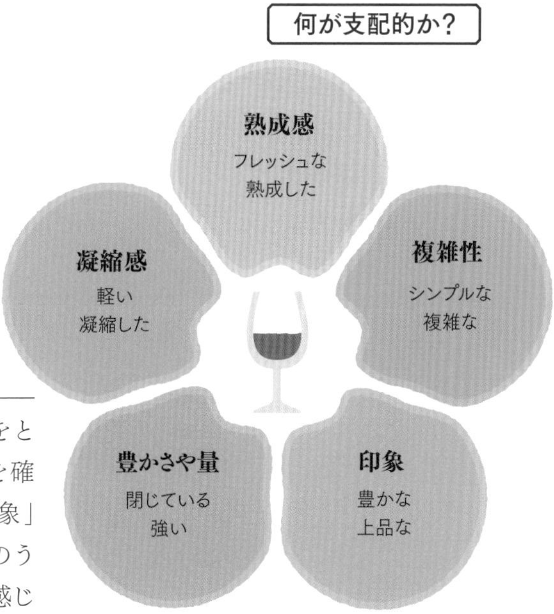
何が支配的か？
熟成感
フレッシュな
熟成した
凝縮感
軽い
凝縮した
複雑性
シンプルな
複雑な
豊かさや量
閉じている
強い
印象
豊かな
上品な

3 第一印象

まずはグラスを回さず香りをとり、次にグラスを回して変化を確認。「熟成感」「複雑性」「印象」「豊かさや量」「凝縮感」などのうち、どの要素が支配的か、強く感じるかを見極めます。

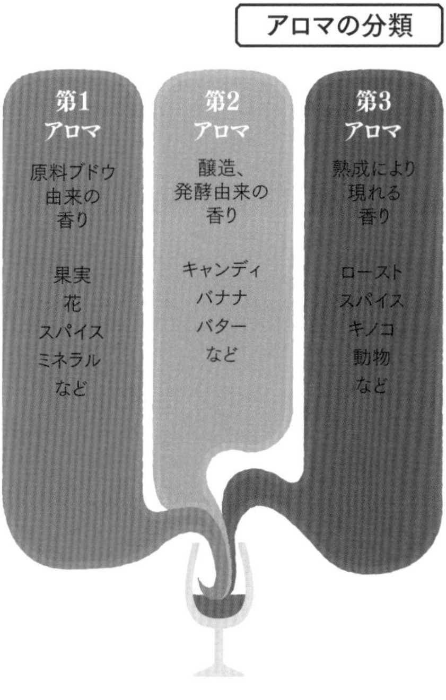
アロマの分類
第1
アロマ
原料ブドウ
由来の
香り
果実
花
スパイス
ミネラル
など
第2
アロマ
醸造、
発酵由来の
香り
キャンディ
バナナ
バター
など
第3
アロマ
熟成により
現れる
香り
ロースト
スパイス
キノコ
動物
など

4 第1、第2、第3アロマ確認

第一印象をとらえたら、次に具体的な香りをつかんでいきます。感じ取った香りは、原料ブドウ由来の第1アロマ、醸造、発酵由来の第2アロマ、熟成により現れる第3アロマに分類し、整理しましょう。そうすることで論理的なテイスティングが可能となり、品種の個性の強さやワインの熟成度合いなどを見極めることができます。

熟成感を表す表現

酸化熟成由来

― ナッツ ―
アーモンド
ヘーゼルナッツ

― 枯れ葉など ―
キノコ、トリュッフ
枯れ葉、タバコ、
シガー、シガーボックス、
紅茶、森の下生え、
スーボワ、腐葉土
ドライフラワー、ポプリ

― ドライフルーツ ―
レーズン、干しブドウ
干しスモモ、ドライプラム
乾燥イチジク
イチゴジャム
砂糖漬けチェリー

― スパイス ―
ナツメグ、シナモン、甘草

― エーテル ―
蜜ろう、ワックス

― 動物性の香り ―
ジビエ、野禽獣
毛皮、燻製肉、なめし革

樽の使用由来

― 木の香り ―
木のような
オーク
樹脂
ヴァニラ

― ロースト香 ―
カラメル
煙、燻製の
トースト、焼いたパン
焼いたアーモンド
コーヒー
カカオ
チョコレート
グリエ
タール

5 熟成度

酸化熟成で生まれるドライフルーツなどの香りを感じたら、熟成が進んでいる状態と推測できます。樽由来の木の香りやロースト香も熟成感を表しますが、瓶内熟成が長いほど生々しい木の香りは少なくなるので、樽の甘い香りが強いほど瓶内熟成期間は短いと考えられます。

香りの複雑さと要因

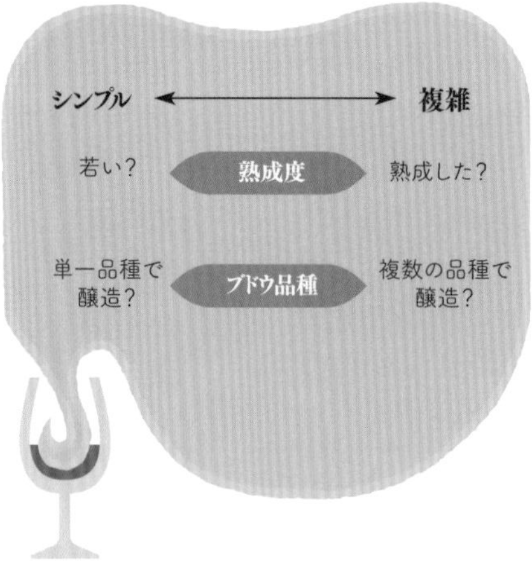

シンプル
複雑
若い？
熟成度
熟成した？
単一品種で醸造？
ブドウ品種
複数の品種で醸造？

6 複雑性

熟成したワインは酸化熟成により様々な香りが生まれているため、複雑に感じられます。また、複数の品種を使って造られたワインも、多彩な香りの要素をもっています。感じ取った香りを第1、第2、第3アロマに分類するとき、香りの要素が多いほど複雑であると判断することができます。

香りの表現・用語リスト

よく使われる香りの表現や用語とその要因をまとめたリストです。あわせて第1、第2、第3アロマをはじめ、より具体的な用語を次頁以降で確認しましょう。

ジャンル	用語	要因	備考
1 健全度	健全である、健全でない	酸化や劣化による	硫黄、アンモニア、カビ、馬小屋、コルク、酢酸、過度の酸化の香りなどがないか。
2 豊かさや量	強い、中程度、控えめ	品種の個性、状態、品質	品種の個性や状態（閉じている、開いている）、品質により香りが強い、弱い。
3 第一印象	閉じている	状態	フルーツの香りが落ち、熟成の香りが出始めている状態。もともと香りはあるが少なく感じる。
	開いている	状態	熟成を経て十分に香りが感じられる。
	弱い	香りが少ない	ワインの品質的に低いのでもともともっている香りが少ない。
	軽い	品質	香りが少ない状態。
	強い	品質、品種	品質が高い、香りの強い品種。
	豊かな	品質、品種	品質が高い、香りの強い品種、様々な香りが強い。
	シンプルな		
	複雑な	熟成、複数品種	熟成により様々な香りが発展している。
	フレッシュな		
	熟成した	熟成	
	凝縮した		
	際立った		単独で個性が目立っている状態。
	フルーティな	品種、産地	果実香が強い。
	上品な	品質	強すぎずほどほど。
	優雅な	品質	
4 第1、第2、第3アロマ	P.34 ～を参照		
5 熟成度	若々しい		
	熟成した	熟成	
6 複雑性	シンプルな		
	複雑な	熟成、複数品種	熟成や複数の品種を使った場合は複雑になる。

香りの分類と特徴

テイスティングで使うことの多い香りの表現をピックアップしました。具体的にどのような香りを表し、どのようなワインに感じられるか、アロマの分類の確認も含め、それぞれの言葉を見ていきましょう。

●…白ワインによく使われる表現　●…赤ワインによく使われる表現

第1アロマ　第2アロマ　第3アロマ　…アロマの分類（一部分類されないものもある）

植物

草のような

第1アロマ ●

爽やかで青っぽく、フルーツのトーンが低い状態。「グリーンノート」ともいわれ、冷涼地の白ブドウ品種に用いられることが多い。代表的な品種はソーヴィニヨン・ブラン。ミュスカデにも使われる。この香りをもつ場合、冷涼地で育ったブドウ、または未熟なブドウで造られた可能性が考えられるので、味わいは酸味の強い傾向がある。

タイム、フヌイユ、フェンネル

第1アロマ ●

使用頻度の低い表現だが、「草のような香り」に加え、ハーブのニュアンスを感じるときに用いられる。ブドウが未熟であるというより、品種そのものの個性としての香り。冷涼地のソーヴィニヨン・ブランなど、フレッシュハーブのような香りが特徴のブドウ品種に使用される。個人的には「タイム」より「フヌイユ」「フェンネル」の方が、冷涼な産地や年のワインを表すイメージがある。

ピーマン、アスパラガス、茎

第1アロマ ●●

白ワインの場合、青い香りをもつ品種のほか、個性の強くないブドウ品種で、未熟なものや冷涼地で造られたワインに帯びる。赤ワインの場合は、カベルネ系の品種の個性として現れ、白・赤とも、この香りが強すぎると「未熟」というネガティブな表現になる。ボルドー地方やロワール渓谷地方の赤ワインに生じるこれらの香りは、熟成すると「枯れ葉」の香りに変化する。

ミント

第1アロマ ●●

「ミンティ」とも表現され、白ワインの場合は、グリューナー・ヴェルトリーナーやソーヴィニヨン・ブランといったグリーンの香りが強い品種に用いられる。赤ワインの場合は、カベルネ・ソーヴィニヨンの品種個性を表し、なかでも新世界で造られたワインに強く感じられる。また、アメリカンオークの樽を使って赤ワインを熟成させたときも、ミントの香りを帯びるといわれる。

ユーカリ

第1アロマ ●

カベルネ系の品種やシラーの個性を表現する言葉として使用される。「ユーカリ」の香りは、新世界のワインに現れることが多く、特にアメリカのナパ・ヴァレーやオーストラリアのバロッサ・ヴァレーのワインに強く感じられる。これは、いずれの産地も畑の近くにユーカリの樹が自生しているため で、ユーカリの香りがブドウ、そしてワインに移ることが原因とされている。

キノコ

第3アロマ

熟成した白ワインや、長い瓶内熟成を経た赤ワインに現れる香り。ミネラル香をもつワインが熟成すると生じると思われる。白ワインの場合は「ホワイトマッシュルーム」を用いる場合が多い。特徴的な香りをとらえた場合は具体的なキノコ名も使用。例えば、熟成したシャンパーニュなら「マッシュルーム」、赤ワインなら「アミガサダケ（モリーユ）」と表現される。

トリュッフ

第3アロマ

官能的な香りをもち、「黒いダイヤモンド」とも称されるトリュッフ。赤ワインに対して使われる際は、究極の熟成香を表している。よい状態で長い熟成を経た赤ワイン、なかでもメルロを使い、ボルドー地方のポムロールやサン・テミリオンで造られたワインに生じやすい。トリュッフの香りを帯びるにはかなりの時間を要し、この香りが生まれる前段階から、すでに飲み頃に入っている。

枯れ葉

第3アロマ

「草のような」グリーンな香りが酸化熟成を経ると、「枯れ葉」の香りに発展する。例えば、カベルネ・ソーヴィニヨンは潜在的にグリーンな香りをもっているので、熟成が進むと枯れ葉の香りを帯びてくる。また、ピノ・ノワールなど、カベルネ・ソーヴィニヨンとは異なる個性をもつ品種であっても、長い熟成を経たものには枯れ葉のような香りが感じられることもある。

タバコ、シガー、シガーボックス

第3アロマ

「タバコ」あるいは「シガー」は、ボルドー地方の熟成した赤ワインを表現する際によく使われる表現。そこに木のフレーヴァー、すなわち樽の香りがプラスされると、「シガーボックス」の香りとなる。例えば、カベルネ・ソーヴィニヨンのワインを、樽を使って長く熟成させるとシガーボックスの香りに。ちなみに、個人的には「タバコ」より「シガー」の方が使う機会が多い。

紅茶

第3アロマ

「紅茶」の香りは、品種由来の香りと「枯れ葉」の香りが相まったもの。例えばピノ・ノワールのもつフルーツやミネラルなどの芳香性が熟成とともに発展し、紅茶のような香りになると考えられる。また、オレンジっぽい香りが感じられるなら「アールグレイ」といったように、特定の紅茶の特徴的な香りをとらえた場合は、具体的な紅茶名を用いて表現する。

森の下生え、スーボワ

第3アロマ

森の中を歩いているときに感じる、樹木やシダなどの下草、湿った土などが混ざり合った自然の香り。ボルドー地方のカベルネ・ソーヴィニヨン主体のワインに現れることが多く、樽由来の木の香り、ミントの香り、動物的な香りが混然となって生じるものと思われる。新世界のワインはクリーンに造られることが多いため、カベルネ・ソーヴィニヨンを使ってもこの香りはあまり感じられない。

腐葉土

第3アロマ

「森の下生え」の香りが発展すると、「腐葉土」の香りとなる。したがって、旧世界の赤ワインによく使われる表現で、カベルネ・ソーヴィニヨンやメルロを用いたワインが熟成すると、この香りが生まれる。かなり熟成し、一般的には飲み頃に達した段階のワインであるといえるが、複雑な香りを帯びているため、飲む人によっては違和感を抱く可能性もある。

2 花

菩提樹

第1アロマ ○

リースリングによく使われる表現で、ほかのブドウ品種にはあまり用いられない。リースリングのもつ独特のミネラル香を指しており、「ペトロール（石油的な香り）」とも言い表される。レストランなどでサービスをするときは「石油的な香り」という言葉はあまりふさわしくないため、「菩提樹」、あるいはハーブティーの「カモミール」と言い換えられることが多い。

アカシア

第1アロマ ○

白ワインに対してよく使われる言葉。「バラ」や「スミレ」などは香りがかなり限定され、当てはまる品種も限られる表現だが、「アカシア」は華やかでフローラルなキャラクターをもつ白ワイン全般に使うことができる。例えばリースリングやシュナン・ブランなどをはじめ、「白い花」のニュアンスを表す表現として広く使われている。

蜂蜜

第1アロマ ○

基本的に貴腐ワインに用いられる表現。ドライに造られたワインでも、貴腐ブドウを使ったものには「蜂蜜」の香りが現れる。貴腐ブドウ由来とはニュアンスが異なるが、熟度の高いブドウで造ったワインを熟成させると、潜在的な甘い香りが酸化熟成で凝縮し、香ばしさをともなった蜂蜜のような香りになる。例えば、シャルドネを熟成させたときなどに感じられる。

バラ

第1アロマ ○ ●

白ワインのバラの香りはゲヴュルツトラミネル特有のもの。「白いバラの香り」と表現され、ほかの品種に使うことはほとんどない。そのため白ワインにバラの香りを感じたら、ゲヴュルツトラミネルで造られたと推測できる。赤ワインの場合は、基本的に若いワインに使う言葉。例えば若いネッビオーロはバラの香りを帯び、熟成によりドライローズの香りに変化していく。

スミレ

第2アロマ ●

若い赤ワインに感じられる発酵由来の香り。発酵により生成されるフローラルな香りがワインに残っていると「スミレ」の香りとなる。醸造後、樽熟成を行わず、タンクに貯蔵して瓶詰めされたワインに残っている可能性が高いので、スミレの香りを帯びていれば、醸造方法にまで踏み込んで考察ができる。ガメイなどに用いられる表現で、ボージョレ・ヌーヴォーに使われることもある。

シャクヤク、ボタン

第1アロマ ●

品種由来の香りで、グルナッシュに使われる。グルナッシュは甘いフルーツの香りが強いが、フローラルな要素も兼ね備えており、その部分をたとえて「シャクヤク」や「ボタン」と表現。ただ、「バラ」や「アカシア」のように実物の花の香りを帯びるわけではなく、シャクヤクやボタンの優美なイメージに基づいた表現といえる。特に若いワインに感じられることが多い。

ドライフラワー、ポプリ

第3アロマ ●

フレッシュな花の香りが発展したもの。フローラルな香りが強い赤ワインを熟成させると、「ドライフラワー」や「ポプリ」の香りを帯びる。花の香りをもつブドウ品種やワインはあまり多くないため、この香りを感じるワインも数少ないといえる。また、花の香りをもつ白ワインは、熟成してもナッツなどの香りが出てくるためか、ドライフラワーやポプリの香りは感じられない。

3-1 果実（ベリー）

グロゼイユ、スグリ

第1アロマ ●

冷涼地のピノ・ノワールに使われる表現。アルザス地方やロワール渓谷地方、ブルゴーニュ地方の標高が高いオート・コート・ド・ニュイなど、平均気温の低いエリアのものに現れる。この香りをもつワインは色調が明るいのも特徴。

木イチゴ、ラズベリー

第1アロマ ●

甘酸っぱい「木イチゴ」や「ラズベリー」の香りは、ピノ・ノワール、マスカット・ベーリーA、ガメイといった品種に感じられるもの。「スグリ」と同様、色調がやや明るめのワインに現れる傾向がある。

イチゴ

第1アロマ ●

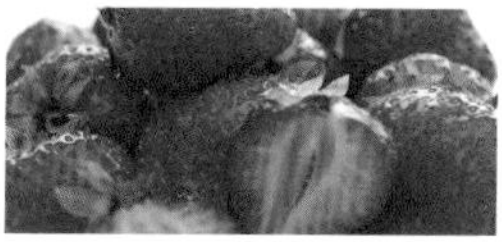

ガメイによく使われる表現で、この香りが感じられる品種は少ない。ただ、独特のジュースのような甘い香りは、ラブルスカ種にも顕著に現れるため、これを交配したマスカット・ベーリーAも「イチゴ」の香りを帯びる。

ブルーベリー、ミルティーユ

第1アロマ ●

使用頻度の高い用語。フルーツの香りに加え、青みのニュアンスが感じられるときに用いられる。例えばチリのカベルネ・ソーヴィニヨンは、よく熟していながらグリーンな香りをもつので「ブルーベリー」と表現される。

カシス、黒スグリ

第1アロマ ●

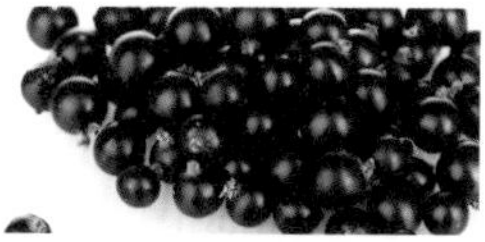

赤ワイン全般に使われる表現。この香りを起点に品種の個性を考慮することで、熟度の違いが測れる。例えば、本来「イチゴ」の香りをもつガメイに、熟度の高い「カシス」の香りを感じたら、よい年のワインなどと推測ができる。

ブラックベリー

第1アロマ ●

「カシス」よりも、より熟度の高い赤ワインに対して広く用いられる。特に温暖な産地で栽培されたブドウに生じる香りで、ブラックベリーの色を思わせる、濃い色調のワインに現れることが多い。

3-2 果実（柑橘系）

柑橘系

第1アロマ ●

冷涼地の白ワイン全般に用いられ、香りの特徴に合わせて以下の3つのフルーツ名を使い分ける。「ライム」の香りをもつワインは色も緑がかっているというように、果実とワインの色調がリンクしていることも多い。

ライム

第1アロマ ●

柑橘系で最も冷涼なイメージ。強い酸味を想像させるグリーンな香りを表す。

レモン

第1アロマ ●

酸味を感じさせるものの、青っぽくグリーンな香りがないワインに使われる。

グレープフルーツ

第1アロマ ●

同じく冷涼地ながら、柑橘系のなかでは甘いニュアンスを感じる香りを表現。

3-3 果実（核のあるフルーツ）

チェリー

第1アロマ ●

冷涼地の黒ブドウで造られたワインに生じる香りで、主な品種はピノ・ノワール、ガメイ、マスカット・ベーリーＡなど。なかでも軽やかなタイプのものに用いられる。明るい色調の赤ワインに用いられる言葉として「ザクロ」もあるが、「チェリー」はさらに明るい色調をもった赤ワインに使われ、ロゼワインの香りを表現するときにも使用される。

ブラックチェリー

第1アロマ ●

かなり成熟したブドウから造られた赤ワインの香りを表現する言葉。シラー、ネッビオーロ、テンプラニーリョ、サンジョヴェーゼといった品種のワインに用いられる。この香りをもつワインは、「ブラック」という名が付く果実の色のように、中心が黒みを帯びるほど濃い色調となる。同じ「ブラック」と付く「ブラックベリー」と比べると、より酸味を感じるタイプに用いられる表現。

プルーン

第1アロマ ●

赤ワインに対してよく使われるが、なかでもかなり温暖なエリアで、完熟したブドウを用いて造られたワインに生じる香り。ブドウ品種では、マルベック（コット）が定番。マルベックはもともとプルーンのような香りをもっており、熟すとその香りがさらに強くなる。そのほか、ジンファンデル（プリミティーヴォ）やアリアニコなど成熟度の高くなる品種にも使われる。

アンズ

第1アロマ

貴腐ワインや遅摘みワインなどの甘口白ワインに使われる、甘いニュアンスを表す香り。なかでもボルドー地方のソーテルヌの香りには、「アンズ」が定番として用いられる。そのほか、カール・ド・ショームといったロワール渓谷地方の遅摘みワインにも使用される。貴腐ワインの場合は「蜂蜜」の香りとともに表現され、遅摘みワインの場合は「アンズ」単体で使われることが多い。

クエッチュ、紫スモモ

第1アロマ

「クエッチュ」とは、柔らかな酸味と甘味をもつアルザス地方特産のフルーツ。そのまま食べるだけでなくジャムやタルトなどでも楽しまれる。ワインを表現する場合もアルザス地方のピノ・グリやゲヴュルツトラミネルに使われ、ほかにはあまり用いられない。そのためこの香りを感じたら、アルザス地方のピノ・グリかゲヴュルツトラミネルと推測できる。

カリン、マルメロの実

第1アロマ

ロワール渓谷地方や南アフリカなどで造られるシュナン・ブランのワインに現れる香り。辛口、甘口にかかわらず現れ、ほかの品種にはあまり感じられないため、この香りが出ればシュナン・ブランである可能性が高い。「カリン」は芳香性の強いフルーツなので、同じく芳香性が強く、華やかなフルーツの香りをもつワインに使われる表現ともいえる。

リンゴ

第1アロマ

リンゴのような甘酸っぱい香りを表し、白ワイン全般に対して使われる用語。「リンゴ」から派生して、シャルドネで造られた熟度の高いワインには「リンゴの蜜」、ミュスカデやリースリング、ソーヴィニヨン・ブランなど、赤いリンゴよりも青っぽく、爽やかなニュアンスをもつワインには「青リンゴ」という表現が用いられる。

洋ナシ

第1アロマ

「リンゴ」と同様に、様々な白ブドウ品種に対して使用される言葉。リンゴの甘酸っぱさより、甘さを表現したい場合に用いられることが多い。そのため、「リンゴ」と表現されるワインに比べてブドウの熟度が高く甘い香りを帯びた、シャルドネやシュナン・ブランなどのワインに使われる。より甘いニュアンスとして、シロップで煮た「洋ナシのコンポート」という表現も用いられる。

桃、ピーチ

第1アロマ

品種の個性ではなく、ブドウの熟度が高い白ワインの香りを表す言葉。「リンゴ」や「洋ナシ」よりもさらに成熟した、甘い香りを帯びたワインに使われる。さらに、桃のなかにも「白桃」と「黄桃」のふたつの表現があり、黄桃のほうがより熟度が高く、甘い香りに対して使用される。「洋ナシ」同様、より甘いニュアンスを表現する場合は「桃のコンポート」も用いられる。

3-4 果実(トロピカルフルーツ)

パイナップル

第1アロマ

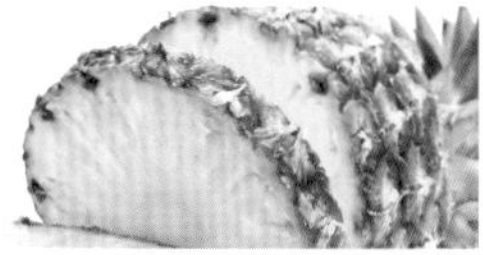

トロピカルフルーツの代表選手で、熟度の高い様々な品種の白ワインに幅広く使われる。完熟した甘い香りが特徴。温暖なエリアで、かなり熟したブドウを用いて造られた白ワインに使用される。

メロン

第1アロマ

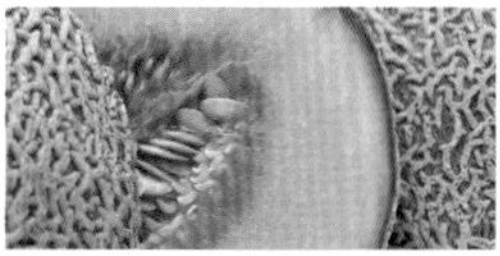

ウリ科の植物である「メロン」は、甘く青っぽい香り。グリーンな印象をもつブドウ品種が甘く熟した場合に用いられる。これが「過熟したメロン」という表現になると、貴腐ワインのセメダイン的な香りの表現に使われる。

パッションフルーツ

第1アロマ

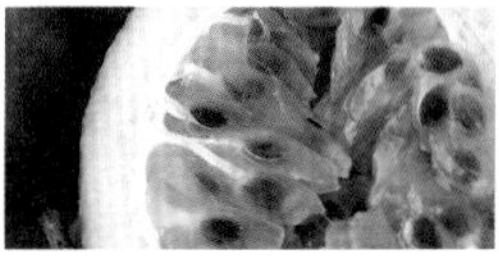

甘く熟したブドウや貴腐ブドウで造られた甘口ワインに使われる表現。辛口であっても、ボルドー地方やニュージーランドの成熟したソーヴィニヨン・ブランなど、温暖なエリアでスキン・コンタクトされたものには顕著に現れる。

マンゴー

第1アロマ

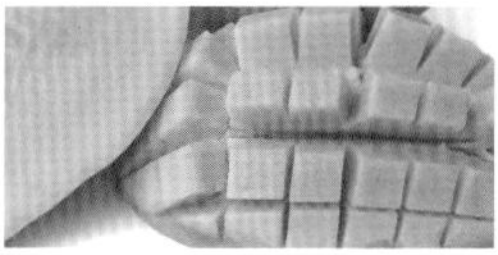

遅摘みのほか、ドライタイプでも熟度の高いもの、例えばカリフォルニア州や南オーストラリア州の完熟シャルドネに使われる。相性のよい樽香のヴァニラと相まって、新世界のものはマンゴータルトのような香りに感じることも。

ライチ

第1アロマ

「ライチ」と表現されるのはゲヴュルツトラミネルで、ほかの品種にはなかなか感じられない香り。そのため、「ライチ」の香りが出た場合は、高い確率でゲヴュルツトラミネルを用いて造られたものと推測できる。

バナナ

第2アロマ ●

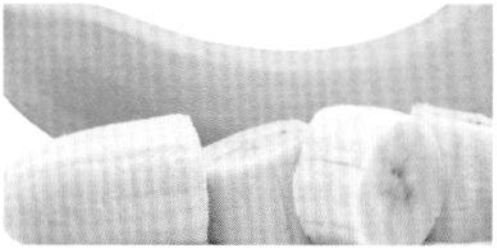

発酵由来の第2アロマではあるが、特定の酵母を使うことによりワインに表現される香り。以前はマセラシオン・カルボニックによって生まれる香りとされていたが、現在は酵母により生成される香りであるといわれている。

3-5 果実（干し果物）

レーズン、干しブドウ

第3アロマ ●

陰干ししたブドウで造られたワインに現れる香り。つまり、原料がレーズンであれば、ワインもレーズンの香りをもつといえる。また、樽で熟成させた赤ワインは、ほかのドライフルーツの香りに変化することが多いが、陰干ししたブドウで造られるイタリアのアマローネなどはレーズンの香りに発展する。

干しスモモ、ドライプラム

第3アロマ ●

プラムの香りは鉄の香りに通じるものがあり、鉄のような香りと赤黒いフルーツの香りをあわせもったワインが長く瓶内熟成すると、干しスモモやドライプラムの香りに変化する。例えばシラーやマルベック（コット）は鉄のような香りをもっているため、長く熟成すると凝縮してこれらの香りとなる。

乾燥イチジク

第3アロマ ●

「干しスモモ」が果実をそのまま凝縮させたような香りを表すのに対し、「乾燥イチジク」は果実に加え、長期の大樽熟成などで強い酸化の香りを帯びたものに使われる。例えばグルナッシュを樽で長く熟成させたもの、バニュルスのような樽内熟成が長い甘口ワインやポートワインにも用いられる。

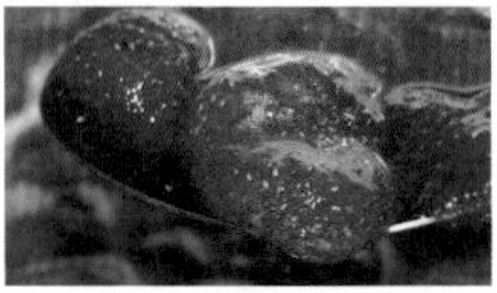

イチゴジャム

第3アロマ ●

「イチゴジャム」はイチゴを火にかけて作るもの。この香りが現れるのは、イチゴの香りをもつワインが酸化熟成を経た場合といえる。したがって、クリュ・ボージョレが熟成した場合など、ガメイやマスカット・ベーリーAといったイチゴの香りをもつ品種のワインが熟成したときに生じる。

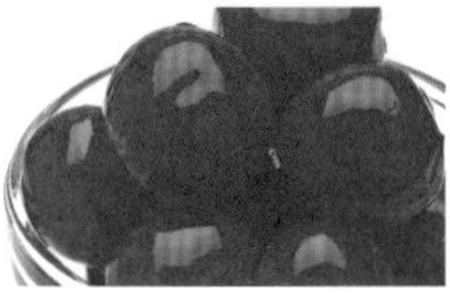

砂糖漬けチェリー

第3アロマ ●

「チェリー」の発展形で、コンポートしたチェリーの香り。もともとチェリーの香りをもった明るい色調のワインが熟成するにつれて、この香りに変化する。また、酸化熟成が進むなかで、紅茶の茶葉のような香りも生まれてくため、複雑な香りを帯びたワインとなる。

3-6 果実（ナッツ）

アーモンド

第3アロマ ●

「ナッツ」の香りは熟成によって生まれるものであり、なかでも「アーモンド」の香りは、シャルドネを使い、マロラクティック発酵したワインに現れる。マロラクティック発酵をしたシャルドネのワインはもともと杏仁の香りをもっており、それが樽熟成によって「アーモンド」の香りに変化する。

ヘーゼルナッツ、ノワゼット

第3アロマ ●

樽熟成と瓶熟成、またはどちらかを経た白ワインに生じる香り。リースリングやソーヴィニヨン・ブランのようにシャープな酸味をもった品種ではなく、シャルドネのように酸味の柔らかい品種や、ローヌ渓谷地方のマルサンヌのように、酸味の少ない品種などに現れる。

4 香辛料

コショウ

第1アロマ ●

コショウの辛味を思わせるピリッとした香り。白ワインには「白コショウ」、赤ワインには「黒コショウ」と使い分けるが、いずれも温暖で日照の強いエリアで育ったブドウに現れる。例えばシャトーヌフ・デュ・パプの白ワインや、種まで完熟するような温暖地のカベルネ・ソーヴィニヨンなど。また、品種の個性としてゲヴュルツトラミネルやシルヴァネル、シラーもこの香りをもつ。

青コショウ

第1アロマ ●

「黒コショウ」のような辛味に、グリーンのニュアンスが加わった香り。カベルネ・フランやカベルネ・ソーヴィニヨンなど、品種の個性として青い香りをもつブドウが種まで完熟すると現れる。ちなみに、「青コショウ」と「白コショウ」ではあまり用いられないが、「黒コショウ」の場合はツーンとしたニュアンスを「挽きたての黒コショウの香り」と表現することもある。

コリアンダー

第1アロマ

スパイシーでありながら華やかな香りを表す言葉で、スパイシーかつフローラルな個性をもつゲヴュルツトラミネルに使用される。「コリアンダー」というと、「パクチー」や「香菜」とも呼ばれる葉の部分を思い浮かべる人も多いかもしれないが、ワインの香りに対して使う場合は、種を乾燥させた「コリアンダーシード」のことを指す。

クローヴ、丁子

第1アロマ 第3アロマ ●

「クローヴ」とはピリッとした刺激と甘い芳香をもち、肉料理やカレー、チャイなどに用いられるスパイス。ワインの香りを表現する言葉としても使用頻度が高く、スパイシーさに加え漢方薬のニュアンスを帯びた香りを表している。例えば、南フランスの温暖なエリアで、よく成熟したブドウを使い、樽熟成を経た赤ワインなどに感じられる。

甘草

第1アロマ ●

「甘草」はスパイスとしてだけでなく漢方薬としても利用され、香辛料の表現のなかで最も漢方薬のニュアンスが強い。スパイシーな香りの代表選手だが、コショウのような辛味ではなく、木の根のような香りをもつ。主にカベルネ・ソーヴィニヨン、シラー、マルベック（コット）、アリアニコ、ムールヴェドルといった品種に現れる。

ナツメグ

第3アロマ ●

ほろ苦さとエキゾチックな芳香をあわせもち、ハンバーグをはじめとした肉料理のほか、ドーナツやクッキーなどの焼き菓子にも使われる「ナツメグ」。この香りも「クローヴ」と同様に、温暖なエリアでよく成熟したブドウを用い、樽熟成を経た赤ワインに現れる。なかでも、グルナッシュやムールヴェドルといった品種に感じられることが多い。

シナモン

第3アロマ ●

日本では「ニッキ」とも呼ばれ、上品で繊細な甘い香りをもつ「シナモン」。ワインの香りを表現するときは、スパイシーでありながら甘い香りをもつワインに使われる。温暖な産地で、樽熟成がなされたワインに用いられ、新世界のシラー、なかでもオーストラリア、バロッサ・ヴァレーのシラーズには、典型的なシナモンの香りが感じられる。

5 森林木

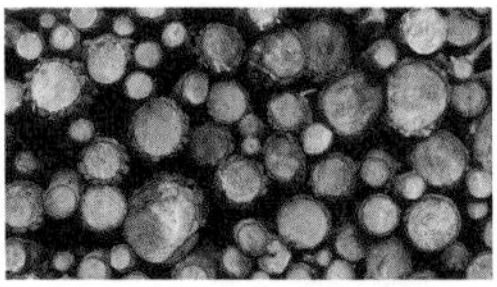

木のような

第3アロマ ●

「木のような」香りを帯びるのは、樽熟成がなされたワイン。樽熟成したワインに広く使えるが、特に新樽を使い、あまり熟成が進んでいない若い段階のワインに現れる。また、樽のロースト度合いでいえば、あまり焦がしていないロースト度合いの低い樽を用いたものに現れやすい。

オーク

第3アロマ ●

樽を使って熟成させた若い段階のワインに用いるが、樽の素材がオークである場合、ワインもオークの香りとなる。「木のような」の表現同様、ロースト度合いの低い、新樽を使った場合に用いられる表現。「オーク」とは、日本語でいうと「ナラ」と「カシ」の総称。

ヒマラヤ杉

第1アロマ ●

カベルネ・ソーヴィニヨンが主体の、ボルドーブレンドの赤ワインに現れる香り。カベルネ・ソーヴィニヨンの品種個性であるグリーンの香りと、オーク樽で熟成させたことで生じる木の香りが相まった森のような香りを、「ヒマラヤ杉」と表現する。

白檀（びゃくだん）

第1アロマ

「サンダルウッド」とも呼ばれ、香木として利用される白檀。ワインの香りを表現するときは、白檀そのものの香りというより、香木やお香をイメージして用いられる。華やかなお香のニュアンスを帯びた、ゲヴュルツトラミネルの品種個性を表す表現としてよく使われる。

6 芳香性

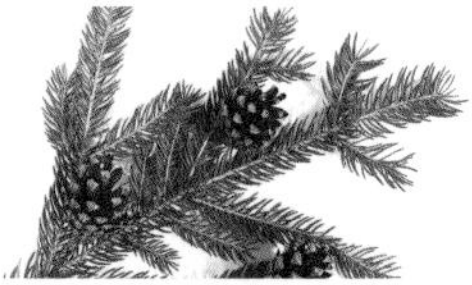

松

第1アロマ ●

品種由来のグリーンの香りに、木の樹脂のようなニュアンスが加わった香りを表現する言葉。カベルネ・ソーヴィニヨンやカベルネ・フランといったカベルネ系のブドウで造られたワインに現れる香りで、旧世界、特にボルドー地方のカベルネ系品種を用いた赤ワインに感じられる。

樹脂

第1アロマ　第3アロマ ●

「バルサミック」とも表現される「樹脂」の香りは、木樽熟成によって得られるもの。熟成に使用される樽が新樽であればあるほど、この香りが強くなる。また、第1アロマでもあり、タナのようなタンニンの強い品種にも、樹脂的な香りが強く現れる。

ヴァニラ

第3アロマ ●

樽由来の香りで、特に新樽を使うと強く現れる。この香りが生じるのは、フレンチオークを使い、内側をあまり焦がしていない樽を使った場合。アメリカンオークの場合は「ココナッツ」となる。ちなみに「樹脂」の香りは、いずれのオーク素材を使っても生じる。

7 焦臭性

カラメル

第3アロマ ●

樽由来の木とロースト香、酸化熟成の香りが調和し、甘いフレーヴァーを感じるときに使う言葉。白ワインの場合は樽熟成と長い瓶内熟成を経たシャルドネなど、赤ワインの場合は長い樽熟成を経たポートワインなどに現れる。

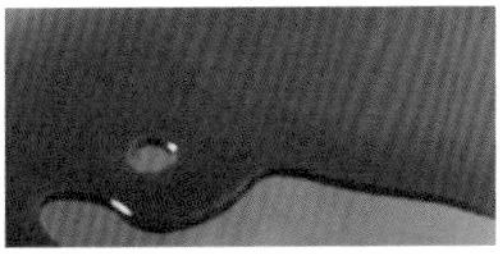

スモーク、煙、燻製の

第3アロマ ●

スモーキーな香りを表現する場合によく使われる。樽の内側を焦がすことで生まれる香りで、白ワイン、赤ワインともローストした新樽で熟成させると、この香りが付く。若い段階に強く現れ、熟成が進むと弱くなる。

トースト、焼いたパン

第3アロマ ●

「スモーキー」ほど焦がしたイメージではないが、トーストのような香ばしさを感じたときに用いられる表現。木樽熟成させた白ワイン、赤ワインのほか、長期熟成させたシャンパーニュに対しても使われる。

焼いたアーモンド

第3アロマ

「アーモンド」の香りが、樽熟成によって発展したもの。つまり、シャルドネを用い、マロラクティック発酵したワインが、長い樽熟成と瓶内熟成を経ることで生まれる香りといえる。

コーヒー

第3アロマ ●

凝縮した果実のフレーヴァーと樽の香ばしさが融合した香り。赤ワインなら、温暖なエリアで栽培されたスパイシーな風味をもつブドウを使い、樽熟成を経たワイン、白ワインなら瓶内熟成を経たシャルドネなどに現れる。

カカオ

第3アロマ ●

「コーヒー」が赤白ともに使われ、一般的な表現であるのに対し、「カカオ」はオーストラリア、バロッサ・ヴァレーのシラーズなど、タンニンが強く、色調の濃い赤ワインに使用。「カカオパウダー」とも表現される。

チョコレート

第3アロマ ●

「カカオ」に甘さをプラスした香り。温暖なエリアのものに使われ、もともと甘い香りをもつワインが、樽熟成によって樹脂の香りを帯びることで生じる。例えば、グルナッシュを用いた赤ワインや、熟成したバニュルスなど。

グリエ

第3アロマ ●

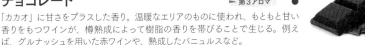

赤ワインの樽の香ばしいニュアンスを表した用語。「スモーク」「トースト」などと同じような意味合いをもち、好みや経験に基づいて使い分けられることが多いので、自分が感じ取った香りによって、うまく活用していこう。

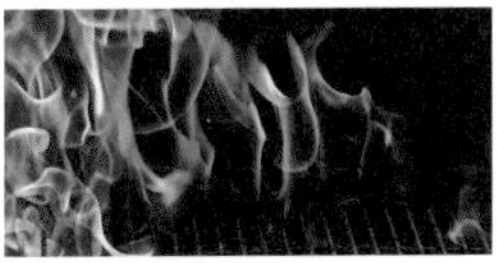

タール

第3アロマ ●

凝縮感があり、スパイシーさと樽由来の樹脂的なニュアンスが詰まった香り。コート・デュ・ローヌ地方のエルミタージュなど、日照量の非常に多い産地のワインに現れる。

8 化学物質

アルコール ○●

香りを確認する段階ではあまり使われない表現。香りをとり、味わいをチェックした後で、全体の印象としてバランス的にアルコールが際立って感じられるワインに対して用いられる。

硫黄 ○●

醸造段階で多めに使われた亜硫酸が残留している場合に生じる香り。還元臭としても使われる。硫黄成分を含む火山性土壌のものに、この香りを感じると言うビオディナミ生産者もいる。

海藻、海の香り、ヨード ○●

海沿いにある畑や、何億年も前に海だった場所に畑がある場合、ブドウに潮っぽい海藻のような香りが出る。また、亜硫酸を多く使ったり、酸味の強いブドウを用いたりすると、還元臭の一種としてこの香りを帯びると言う生産者もいる。

フェノール、石炭酸 ○●

ワインに感じられる異臭。赤ワインでは馬小屋などの臭い、白ワインでは樹脂や消毒薬のような臭いになる。赤ワインの場合は腐敗酵母が原因物質となり、白ワインの場合はブドウに含まれるフェノール酸が酵母によって変換され生まれる。

揮発酸 ○●

ワインに含まれる酢酸、葉酸、プロピオン酸、ブチル酸などの総称。“ツーン”とする香りで、ワインに少量含まれる場合にはフルーティな香りに感じられるが、多いと異臭となる。

酢酸 ○●

アルコール発酵の過程で、アセトアルデヒドの酸化によって生成される。酢酸菌の繁殖のほか、乳酸菌がコハク酸を分解して酢酸を生成することも知られている。ビネガーの香りであるため、多い場合には異臭となる。

9 エーテル

バター 第2アロマ ○●

発酵バターの香りを指し、白・赤ともマロラクティック発酵によって生じる。赤ワインの場合、フルーツやスパイスの香りが強いため、乳製品の香りはあまり感じられない。基本的に白ワインに用いられる。

蜜ろう、ワックス 第1アロマ 第3アロマ ○

キャンドルを思わせる香りで、貴腐ワインによく使う表現。ブドウに由来するもので、遅摘みのブドウや貴腐ブドウを使った甘口ワイン全般に現れる。蜂蜜の香りをもつ甘口ワインが熟成した場合も、蜜ろうの香りに発展する。

10 動物

ムスク、麝香鹿(じゃこうじか)、麝香猫(じゃこうねこ)

第1アロマ

ミュスカデ、ミュスカなどムスクと名が付く品種の香りといわれ、ミュスカ・ド・ボーム・ド・ヴニーズなどミュスカ・ブラン・ア・プティ・グランには感じられる。

猫の尿

第1アロマ

ロワール渓谷地方のソーヴィニヨン・ブランの典型的な香り。ほかの品種には使われない。ネガティブな表現ではないが、飲食店では控えるほうが望ましい。

ジビエ、野禽獣(やきんじゅう)

第3アロマ ●

動物的な香りが熟成で変化したもの。旧世界のメルロ、ムールヴェドルや、イタリアのバローロ、バルバレスコ、キアンティ・クラッシコに感じられる。

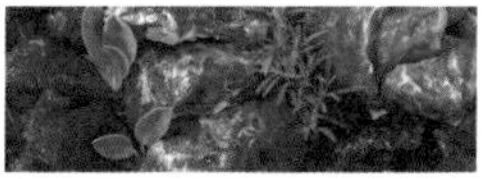

毛皮

第3アロマ ●

「ジビエ」同様動物的な香り。ブレタノマイセスという菌の繁殖によって発生し、微量であれば複雑な香りとなる。ジビエより熟成段階の若いものに現れる。

肉

●

赤身の生肉を指し、血や鉄のような還元的な香りを表す。瓶詰めして間もないもの、例えばピノ・ノワールやシラーを用いた若い段階のワインに現れる。

燻製肉

第3アロマ ●

肉の香りと、焦がした樽の香ばしさが融合した香り。例えば、オーストラリア、バロッサ・ヴァレーのシラーズにはベーコンの香りが顕著に現れる。

なめし革

第3アロマ ●

ワイルドな印象の「ジビエ」に比べ、上品なイメージ。旧世界、例えばボルドー地方やブルゴーニュ地方の繊細で上質なワインが熟成したときに感じられる。

11 ミネラル

火打石

第1アロマ

果実味が少なく、酸味の強いワインに感じられる特徴。スクリューキャップの使用などによって還元状態になっているワインからも、ツーンとした「火打石」の香りが感じられることがある。

12 その他

キャンディ

第2アロマ ●

発酵由来の香りで、日本酒の吟醸香にも通じる。樽を使わない瓶詰め後間もないワイン、例えばヌーヴォーなどに顕著に現れる。白ならメロン、赤ならイチゴなど、香りのタイプは多彩だが、この香りが出たら若いワインと推測できる。

味わいからわかることとは？

ブドウの成熟度合い

アルコール度が高い

→成熟したブドウから造られた？

など、アルコール度や、酸味、果実味、甘味の量と種類から。

熟成度合い

果実味、酸味、アルコール、タンニン、苦味などのバランスから。

ブドウ品種

アルコール度、酸味、渋味、果実味、甘味、苦味の量と種類、余韻の長さなどから。

コク（ボディ）

アタックの強弱、アルコールの感じ方や余韻の長さから。

醸造方法

柔らかい乳酸

→マロラクティック発酵あり?

など、酸味の種類や甘辛度、
タンニンなどから。

産地の寒暖

爽やかなリンゴ酸が多い

→冷涼な産地?

など、酸味の種類や果実味、
苦味、アルコールの高さなどから。

アルコール度

鼻から息を出した際に
粘膜を刺激する
「熱さ」から。

STEP

3

味わいをとらえる

味わいの確認は、外観と香りから推測したブドウ品種や産地などを、最終的に判断するプロセス。香りを確認した段階で答えをひとつに絞る人もいますが、香りの段階では答えを3つくらいまで絞るにとどめ、味わいで最終的な答えを見つけ出すよう、ゆっくりと絞り込んでいく方がよいでしょう。香りまででの推測と味わいが異なる場合、外観や香りに戻って考え直す必要が出てきます。味わいには多彩な要素がありますが、ポイントとなるのは酸味とアルコール度。いずれも産地、品種、醸造方法を判断する重要な要素となります。さらに味わい全体のレベルやバランス、余韻などから、ワインのクオリティを見極めることもできます。

味わいの確認要素

ワインの味わいをとらえるには、「アタック（第一印象）」や「甘辛度」、「酸味」「タンニン、収斂性」をはじめとした10の要素を判断する必要があります。先入観をもたずに各要素を確認し、外観と香りで絞り込んだ答えと照らし合わせていきましょう。

アタック（第一印象）

アタック、すなわちワインの第一印象をとらえるときは、口の中が中性でないと正しくチェックすることができません。テイスティングの前に、可能であれば水を飲んだり、パンを食べたりして、口の中をニュートラルな状態にしておくことが大切です。アタックとは、ワインを口に含んだ瞬間の第一印象を指しますが、実際にはこの時点で様々な要素を確認しています。プロセスとしては、ワインを口に含んだ状態で鼻から息を抜きます。そうすると、口の中の温度によってワインが揮発していくので、その揮発したアルコール分を粘膜を刺激する「熱さ」の度合いで感じ、アルコール度を測ります。さらに口中のあらゆる部分で感じられるワインの酸味、甘味、果実味、凝縮度、タンニンといった要素を見極め、第一印象を判断していきます。

アタックの強弱と要因

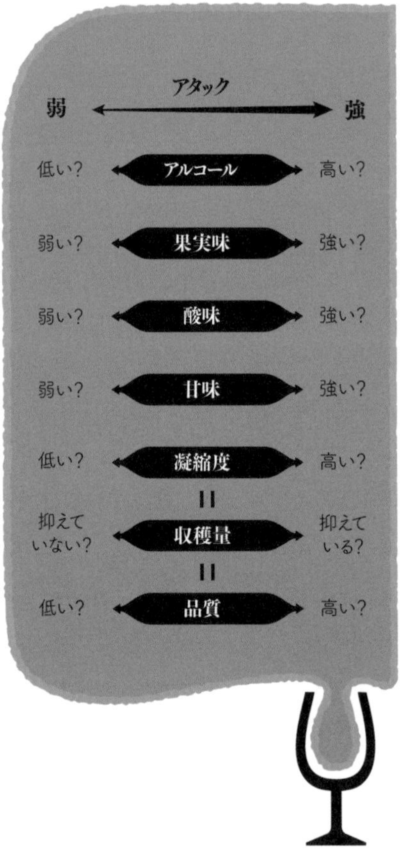

アタック
弱
強
低い?
アルコール
高い?
弱い?
果実味
強い?
弱い?
酸味
強い?
弱い?
甘味
強い?
低い?
凝縮度
高い?
=
抑えていない?
収穫量
抑えている?
=
低い?
品質
高い?

甘味を感じる要素

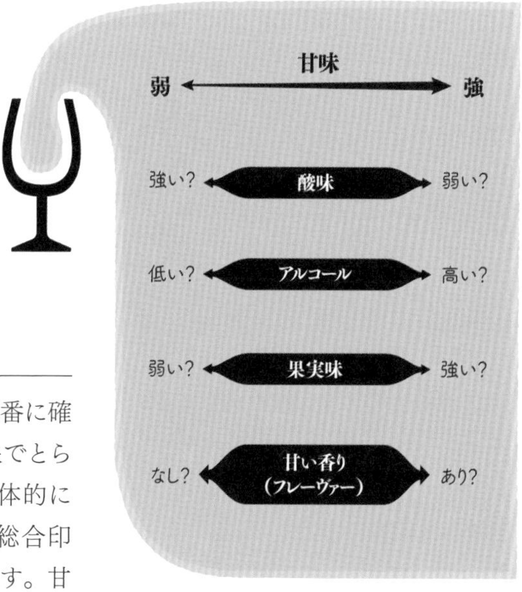
甘味
弱
強
強い?
酸味
弱い?
低い?
アルコール
高い?
弱い?
果実味
強い?
なし?
甘い香り
(フレーヴァー)
あり?

2 甘辛度

「甘辛度」以降の要素は順番に確認するというより、第一印象でとらえたものを、ひとつずつ具体的にコメントしていき、最後に総合印象を述べるという形になります。甘辛度は、基本的に舌で残糖を感じたら「甘味がある」と表現。しかし、残糖のないドライなワインでも、熟度の高いブドウで造ったワインは果実味が強いためフレーヴァーとして甘く感じますし、アルコール度の高いワインも甘く感じられます。さらに酸味の低いワインは柔らかい味わいになるため、「甘い」とは言わないまでも「まろやか」と表現することがあります。また、ブドウの水分を飛ばし、成分を凝縮したものには、品種の個性が強く現れます。甘口ワインはその産地独自の醸造方法が用いられる場合も多く、品種や産地を判断しやすいといえます。

甘口ワインの場合

特殊な醸造方法

- 発酵を途中で止めて(酵母の除去)甘味を残した
- 遅摘みによって糖度を高めた
- ブドウを凍らせてエキスの凝縮を行った
- 貴腐菌の繁殖によってブドウの糖度が高まった
- 酒精強化によって発酵を止めて甘味を残した
- ブドウを干してエキスの凝縮を行った
- ジュースを加えることによって糖度を高めた

▼

品種の個性が強くなる

▼

産地も判断しやすい

ワインに含まれる主な酸

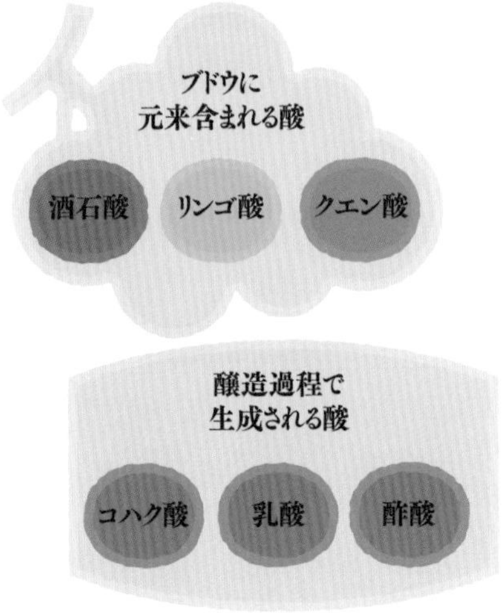

ブドウに
元来含まれる酸
酒石酸
リンゴ酸
クエン酸
醸造過程で
生成される酸
コハク酸
乳酸
酢酸

産地の寒暖と酸の質・量

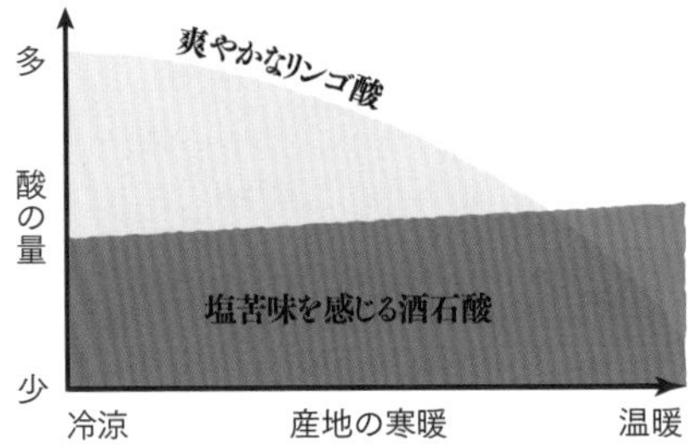

多
酸の量
少
爽やかなリンゴ酸
塩苦味を感じる酒石酸
冷涼
産地の寒暖
温暖

M.L.F.の進み具合と酸の質・量

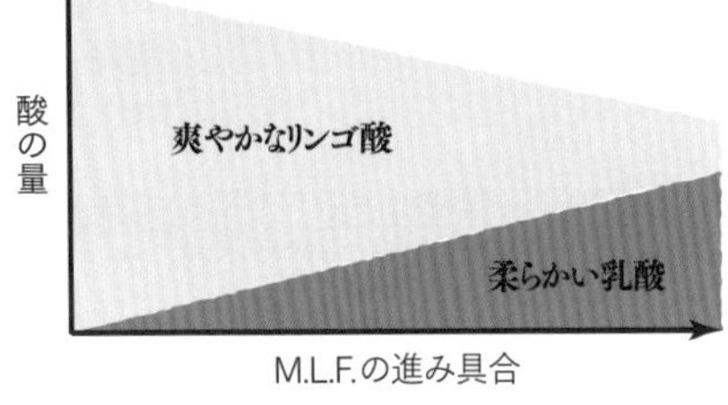

酸の量
爽やかなリンゴ酸
柔らかい乳酸
M.L.F.の進み具合

3 酸味

酸味を確認するときは、まず形状をチェック。シャープなら冷涼な産地のものでリンゴ酸が多い可能性が考えられ、まろやかで乳製品の香りもあるならマロラクティック発酵（M.L.F.）により乳酸の割合が多くなっていると考えられます。塩苦味を感じる場合は、温暖な産地でリンゴ酸が少なくなり、相対的に酒石酸が目立っている、または補酸された可能性が考えられます。形状をとらえたら、次は酸の量を判断。量が多ければ冷涼、少なければ温暖な産地と考えられますし、マロラクティック発酵を行うと全体の総酸量は減ります。ただし、甘味、アルコール、果実味の強いワインは、酸味がそれらの要素にカバーされ目立たない場合があるので要注意。全体のバランスをみつつ、酸に集中して量を判断することが重要です。

ブドウ品種とタンニンの傾向

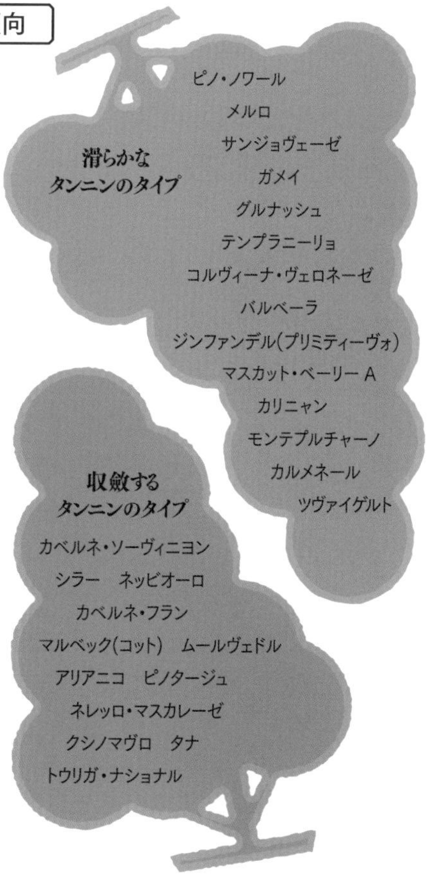
滑らかなタンニンのタイプ
ピノ・ノワール
メルロ
サンジョヴェーゼ
ガメイ
グルナッシュ
テンプラニーリョ
コルヴィーナ・ヴェロネーゼ
バルベーラ
ジンファンデル(プリミティーヴォ)
マスカット・ベーリーA
カリニャン
モンテプルチャーノ
カルメネール
ツヴァイゲルト
収斂するタンニンのタイプ
カベルネ・ソーヴィニヨン
シラー
ネッビオーロ
カベルネ・フラン
マルベック(コット)
ムールヴェドル
アリアニコ
ピノタージュ
ネレッロ・マスカレーゼ
クシノマヴロ
タナ
トウリガ・ナショナル

4 タンニン、収斂性

タンニンの確認では、形状と量を見極めます。例外もありますが、右図のように品種によってタンニンの形状のタイプを分類できます。タンニンは味ではなく、渋いお茶を飲んだときに感じるような、頬の裏側や歯茎などの粘膜のざらつきでとらえます。口中の粘膜にざらつきを感じたら「収斂する」といえ、タンニンの粒子が細かく柔らかい印象なら「滑らか」といえ、「緻密な」と表現することもあります。人によってざらつきを感じる部分は異なるので、自分の口の中の感覚を把握することが大切です。一方、タンニンの量は、マセラシオン期間や産地の気候などによっても違いが生じます。例えば、マセラシオン期間が長いとタンニン量が増えますし、温暖な産地ではブドウの果皮が厚くなるため、タンニンは強くなるのです。

マセラシオンの長さとタンニンの量

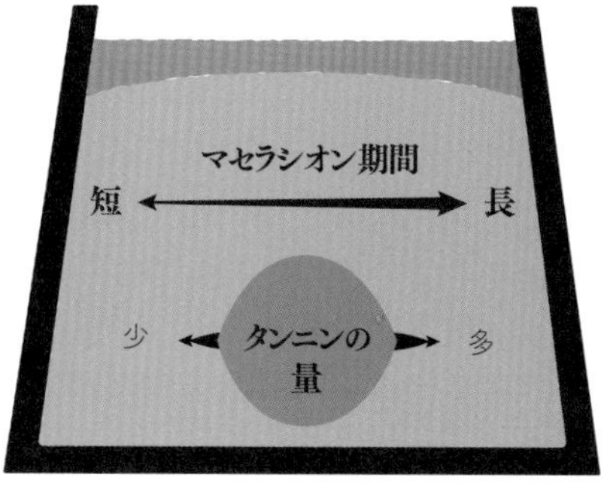
マセラシオン期間
短
長
少
タンニンの量
多

5 苦味

苦味は基本的にポジティブな要素。心地よい苦味があることで、味わいに厚みや複雑味が生まれます。一般に若いワインほど苦味が出るといわれますが、苦味の要因として挙げられるのは、まず果皮の影響。白ワインなら色の濃いピノ･グリなどは、果皮に色素成分やフェノールが多く、苦味を感じやすくなり、果皮との接触時間が長くなる長期のマセラシオンやスキン･コンタクトによっても苦味が生じます。樽を使用した場合も、樽に含まれるタンニンやリグニンがワインに溶け込み、苦味となります。また、いずれのワインにも苦味は存在しますが、酸味が強いと苦味は目立たず、弱いと強調されます。したがって温暖な産地のものは酸味が弱く、苦味が出やすいほか、白ワインの場合、酒石酸の塩苦味を感じることもあります。

苦味の要因

白･赤ワイン
共通の要因
温暖な産地
ブドウの果皮が厚い
ブドウ品種の個性?
強い日差しや風がある
環境で育った?
樽の使用
若いワイン
酸度が低い
(低いと苦味が目立つ)
赤ワインの
要因
マセラシオン
期間が
長い
白ワインの
要因
グリ系
品種
スキン･コンタクト
あり

ブドウ品種とフレーヴァーの傾向

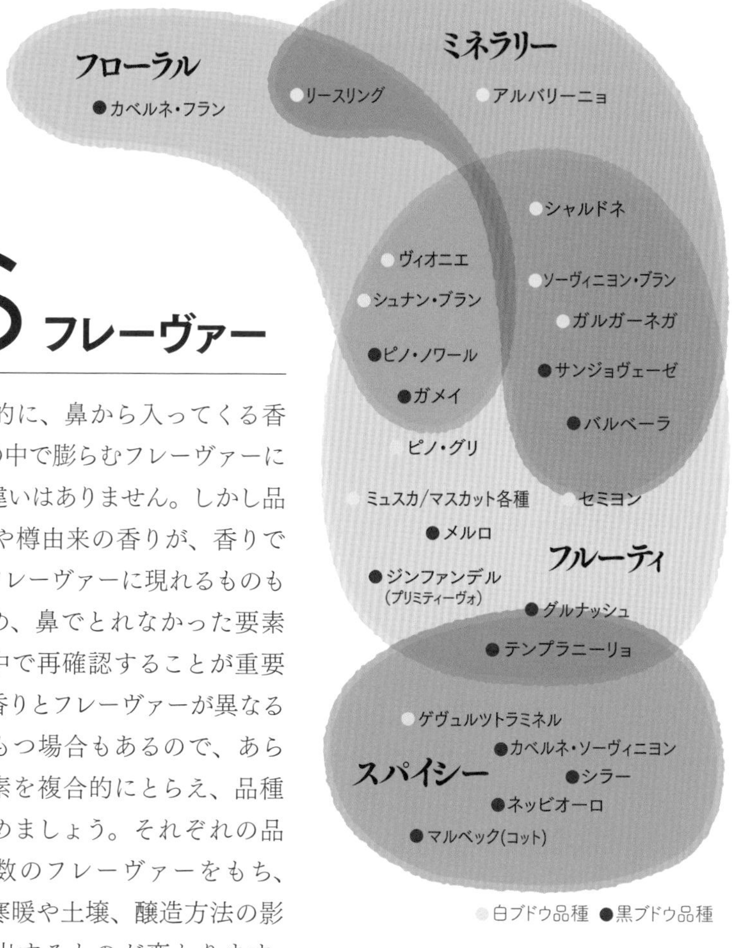
フローラル
●カベルネ・フラン
ミネラリー
●リースリング
●アルバリーニョ
●シャルドネ
●ヴィオニエ
●ソーヴィニヨン・ブラン
●シュナン・ブラン
●ガルガーネガ
●ピノ・ノワール
●サンジョヴェーゼ
●ガメイ
●バルベーラ
●ピノ・グリ
●ミュスカ/マスカット各種
●セミヨン
●メルロ
フルーティ
●ジンファンデル
（プリミティーヴォ）
●グルナッシュ
●テンプラニーリョ
●ゲヴュルツトラミネル
●カベルネ・ソーヴィニヨン
スパイシー
●シラー
●ネッビオーロ
●マルベック（コット）
●白ブドウ品種 ●黒ブドウ品種

6 フレーヴァー

基本的に、鼻から入ってくる香りと口の中で膨らむフレーヴァーに大きな違いはありません。しかし品種個性や樽由来の香りが、香りではなくフレーヴァーに現れるものもあるため、鼻でとれなかった要素を口の中で再確認することが重要です。香りとフレーヴァーが異なる印象をもつ場合もあるので、あらゆる要素を複合的にとらえ、品種を見極めましょう。それぞれの品種は複数のフレーヴァーをもち、産地の寒暖や土壌、醸造方法の影響で突出するものが変わります。温暖地ではフルーティさが支配的になりますし、寒冷地ではよりミネラリーに。ストーニー、チョーキーなどと表現されます。また、樽を使わない若いワインはフローラルに、ブドウの熟度が高く種まで完熟するとスパイシーになる傾向があります。

フレーヴァーの要因

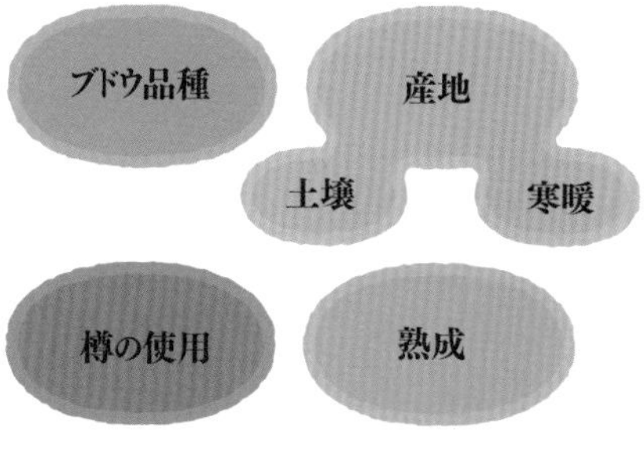
ブドウ品種
産地
土壌
寒暖
樽の使用
熟成

余韻と品質の関係

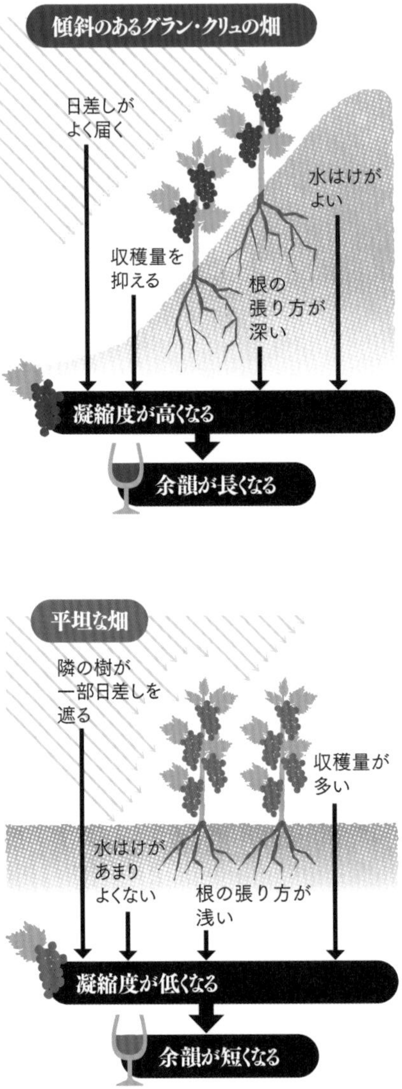
傾斜のあるグラン・クリュの畑
日差しが
よく届く
水はけが
よい
収穫量を
抑える
根の
張り方が
深い
凝縮度が高くなる
余韻が長くなる
平坦な畑
隣の樹が
一部日差しを
遮る
収穫量が
多い
水はけが
あまり
よくない
根の張り方が
浅い
凝縮度が低くなる
余韻が短くなる

＜例外＞
・個性が強いブドウ品種
例）ゲヴュルツトラミネル
・甘口ワイン
例）貴腐ワイン

7 余韻

余韻では、ワインの品質を判断します。この段階である程度、品種や産地が絞られているので、経験に基づくその品種や産地の余韻を基準に、それより長い、短いと判断していきます。余韻は意識しないとつかめないため、じっくり見極めることが大切。口に含む量が多いと余韻が長くなるので注意が必要です。余韻が長くなるのは、個性の強い品種や甘口、そして凝縮度の高いワイン。余韻が長いほど品質が高いといえますが、これは凝縮度による場合を指します。傾斜が急で水はけがよく、日照量の多い畑ではブドウが成熟し、凝縮度が上がりますし、房の数を減らし収穫量を抑えることでも凝縮度は上がります。加えて、樹齢の古い樹は根が深く、土の中の成分をより多く吸収できるうえ、収穫量も落ちるので凝縮度が高くなります。

8 アルコール

アルコールはワインの味わいの基本をなし、甘味、ヴォリューム感、骨格をつくるもの。ブドウに含まれる糖分が発酵によりアルコールに変換されるので、一般にブドウの糖分が多いほどアルコール度は高くなります。したがって、熟度が高く、糖分が多くなる傾向をもつ温暖なエリアのブドウや、糖分を多く生成するピノ・グリなどの品種、さらに貴腐ブドウや遅摘みのブドウで造られたワインもアルコール度が上がりやすくなります。このようにアルコールの強弱は、産地の寒暖やブドウ品種に左右されるので、アルコール度を正しく判断することは非常に重要です。テイスティングでは度数を0.5%刻みで判断します。正確に測れるようになるためには、常に数字を意識してトレーニングするのがポイント。ラベル表示やテクニカルシートを参考に経験を積みましょう。

アルコールのとらえ方

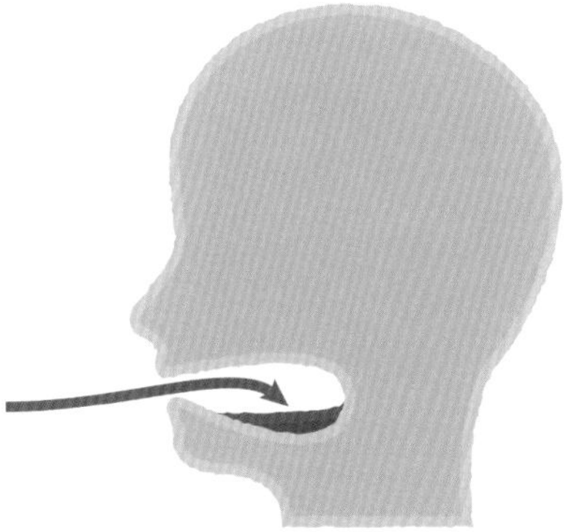

①ワインを口に含んだ状態で空気を取り込む

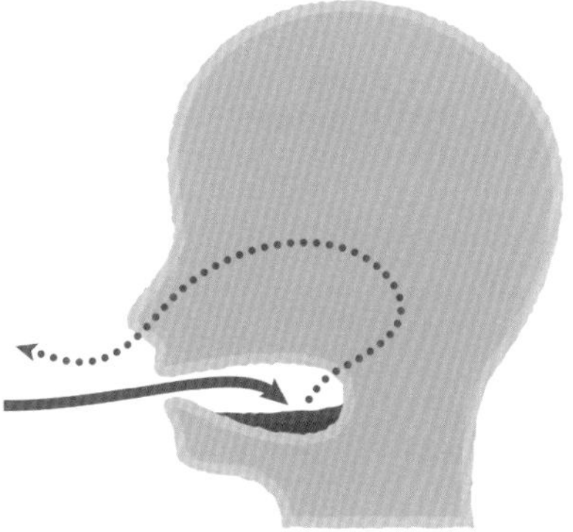

②取り込んだ空気を鼻から出す

③アルコールを含む息が粘膜を刺激する「熱さ」でアルコールをとらえる

アルコールの強弱の要因

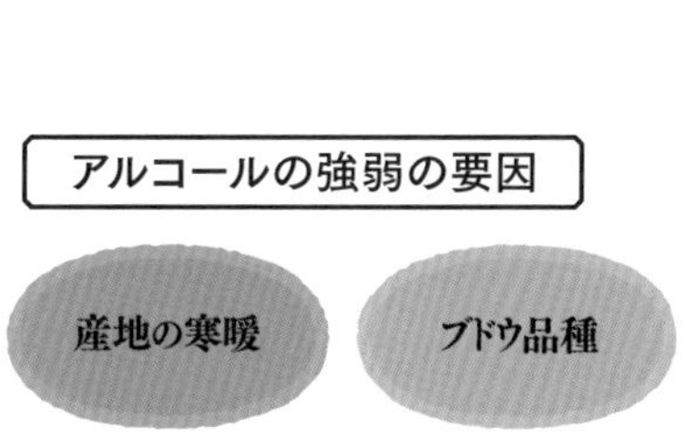

ブドウに含まれる主な成分

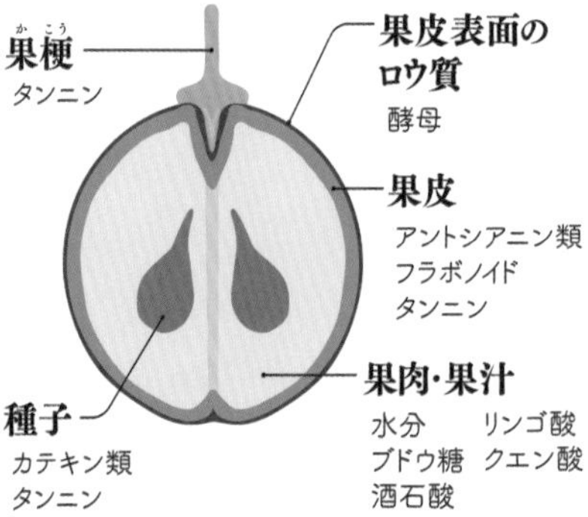
果梗（かこう）
タンニン
果皮表面のロウ質
酵母
果皮
アントシアニン類
フラボノイド
タンニン
果肉・果汁
水分
リンゴ酸
ブドウ糖
クエン酸
酒石酸
種子
カテキン類
タンニン

凝縮度の高さと要因

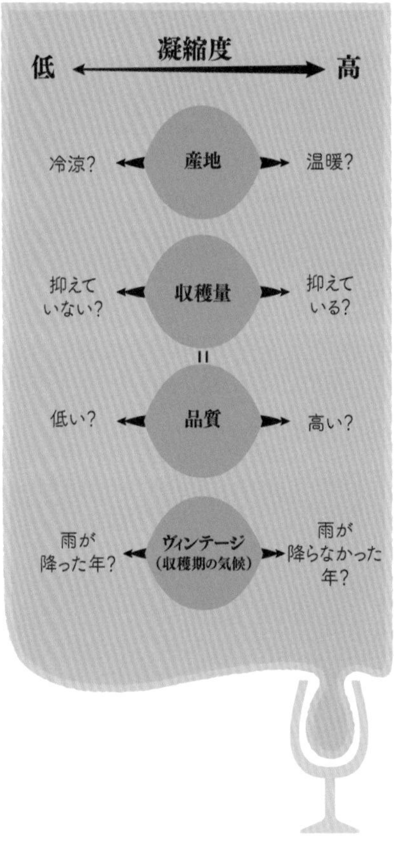
凝縮度
低
高
冷涼?
産地
温暖?
抑えていない?
収穫量
抑えている?
=
低い?
品質
高い?
雨が降った年?
ヴィンテージ（収穫期の気候）
雨が降らなかった年?

9 凝縮度

ブドウには、水分のほか、糖分や有機酸をはじめ、様々なエキス分が含まれています。凝縮度は、このブドウの水分とエキス分のバランスによるもの。例えば温暖な産地のブドウは熟度が高く、相対的に水分が減るため凝縮度が増す傾向があります。房の数を減らして収穫量を抑えた場合も、1つの房に届く栄養分が増えエキス分が多くなるので、相対的に水分量が少なくなります。この場合は、「余韻」でも解説したように品質の判断にもつながっていきます。また、収穫期直前に雨が降ると凝縮度が低くなるなど気候にも左右されるので、ヴィンテージを絞り込む要素にもなります。特にボルドー地方などは収穫期の雨の有無によって凝縮度に大きな違いが出るため、ヴィンテージに大きな影響を与えるといわれます。

総合印象のとらえ方

1 酸味と甘味・果実味との
バランスをみる

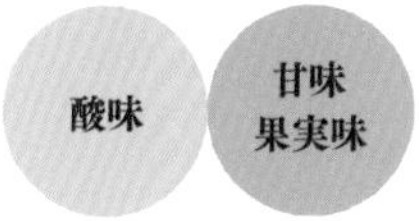
酸味
甘味
果実味

2
1のものと
アルコールとの
バランスをみる

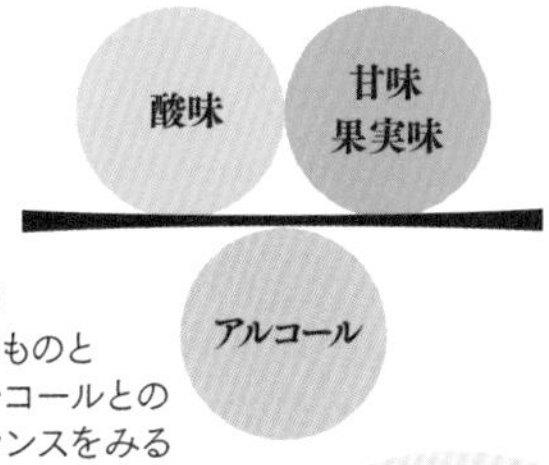
酸味
甘味
果実味
アルコール

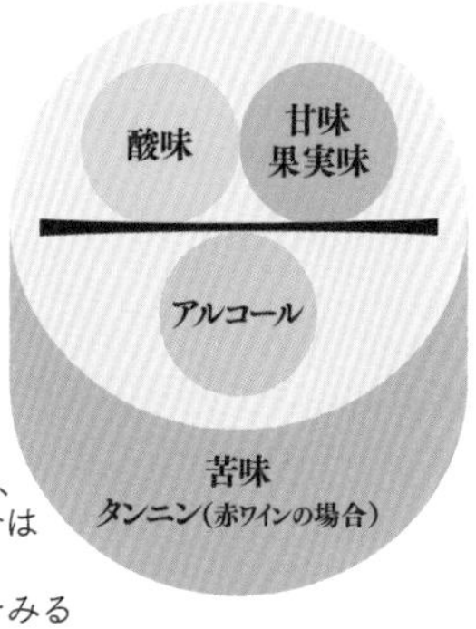
酸味
甘味
果実味
アルコール
苦味
タンニン(赤ワインの場合)

3
2のものと苦味、
赤ワインの場合は
タンニンから
味わいの厚みをみる

4
全体の大きさ
(=ボディ)と各要素の
バランス・質感で
ワインの総合印象を
とらえる

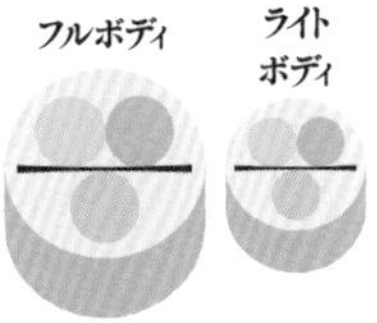
フルボディ
ライト
ボディ

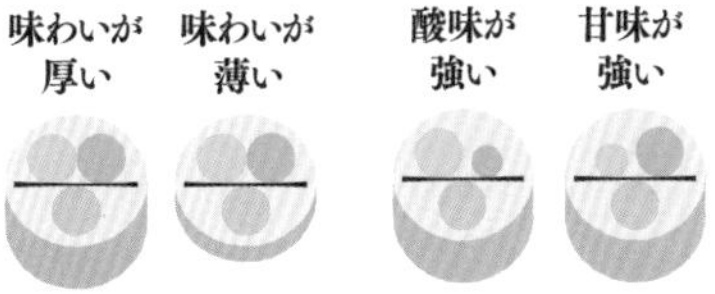
味わいが
厚い
味わいが
薄い
酸味が
強い
甘味が
強い

10 総合印象

味わいの総合印象の判断では、これまでチェックしてきたすべての要素を振り返り、いま一度整理していきます。酸味と甘味、果実味とのバランス、そして、この3つの要素とアルコールとのバランス、さらに苦味やタンニンによる味わいの厚み、ボディの大きさなどを複合的にとらえ、全体のバランスを判断。例えば、酸味、甘味、果実味、渋味のうち、どの要素が主体か、その味わいはシンプルか複雑か。こういった特徴をとらえ、どのようなタイプに属するか見極めます。また、味わい全体をみた場合、各要素が調和し、バランスがよければ品質が高いといえますが、さらに味わいのレベルが高いか低いか、といった強度を判断することも大切です。これらすべてを考慮したうえで総合印象をとらえ、コメントしていきましょう。

総合印象のポイント

ボディ
果実味、
甘味、
酸味、
苦味、
アルコール
などの強さ

バランス
酸味、
甘味、果実味、
アルコール、
タンニン、
苦味
などのバランス

フィネス
全体の
バランスがよく
余韻が
長ければ
フィネスがあると
表現

味わいの表現・用語リスト

ジャンル	用語	要因	備考
1 アタック	強い 中程度 軽い	アルコール度数やエキス分、果実味などの濃縮度合い	アルコール、酸味、甘味、果実味、凝縮度、タンニンなど様々な要素をとらえたうえで強弱を判断。
2 甘辛度	極辛口	残糖がゼロに近く酸味も豊か	
	辛口	残糖がゼロに近い	
	やや甘口	僅かに残糖を感じる	
	甘口	残糖 35g/L 以上	
	極甘口	残糖 50g/L 以上	
	濃厚な	残糖が多く豊かなエキス分を感じ粘性がある	
	柔らかい	残糖分があり熟成も進んでいる	
	滑らか	甘味が液中に溶け込んでいる	
3 酸味	固い	酸とともにタンニンが多い場合	
	爽やかな	リンゴ酸主体の場合	
	生き生きとした	リンゴ酸主体の場合	
	しなやかな	乳酸主体	
	滑らかな	乳酸主体	
	鋭い	冷涼地で生産された場合	
4 タンニン、収斂（しゅうれん）性	ざらざらした	品種、マセラシオン、気候	
	滑らかな	品種、マセラシオン、気候	
	渋い	品種、マセラシオン、気候	
	心地よい	品種、マセラシオン、気候	
	粗い	品種、マセラシオン、気候	
	収斂性のある	品種、マセラシオン、気候	
5 苦味	強い	ブドウに含まれるフェノール類、タンニン	
	僅かに感じる	ブドウに含まれるフェノール類、タンニン	
	心地よい	ブドウに含まれるフェノール類、タンニン	
6 フレーヴァー	フルーティ	品種、産地の寒暖、樽の使用	
	フローラル	品種、熟成	
	スパイシー	品種、熟成	
	ミネラリー（石灰、鉄、火打石）	品種、熟成	

テイスティングにおいて味わいを表現する際によく使われる用語とその要因についてまとめたリストです。総合印象については、P.72で解説する飲み頃についての表現も紹介しているのであわせて確認しましょう。

ジャンル	用語	要因	備考
7 余韻	短い	ワインの密度による	
	中程度	ワインの密度による	
	長い	ワインの密度による	
8 アルコール	熱を感じる	アルコール度数による	
	強い	アルコール度数による	
	中程度	アルコール度数による	
	穏やか	アルコール度数による	
9 凝縮度	低い	産地の寒暖、品質、マセラシオン期間	
	高い	産地の寒暖、品質、マセラシオン期間	
10 総合印象	強い	アルコール度数やエキス分、果実味などの濃縮度合いによる	
	中程度	アルコール度数やエキス分、果実味などの濃縮度合いによる	
コク（ボディ）	弱い	アルコール度数やエキス分、果実味などの濃縮度合いによる	
バランス	釣り合いのとれた	果実味、酸味、アルコール、（タンニン）	
	調和を失った	果実味、酸味、アルコール、（タンニン）	
フィネス	フィネス	調和がとれており余韻も長い	
飲み頃	過ぎた	果実味、タンニン、酸味、甘味	果実味がなく痩せたワイン。
	今飲むべき	果実味、タンニン、酸味、甘味	熟成のピーク。
	今から5年以内	果実味、タンニン、酸味、甘味	今楽しめるがまだ熟成する。
	今から10年以内	果実味、タンニン、酸味、甘味	今楽しめるがまだ熟成する（味わいが強い上質ワイン）。
	10年以上熟成させて	果実味、タンニン、酸味、甘味	まだ飲み頃でなく熟成により発展する。

ワインの個性
ブドウ品種
熟成度
産地
醸造方法

STEP 4 特徴を判断する

これまで見てきたことからもわかるように、ワインの個性を判断するには、ブドウ品種の個性を知ることが必須条件。ブラインドテイスティングに入る前に、品種の個性をしっかり頭に入れておきましょう。そこからさらに産地や醸造方法などを判断していきます。ただ、実際にサービスをする場合は、ワインの個性だけでなく、お客様の嗜好が大きく関わってきます。そもそもソムリエがテイスティングをする目的は、お客様の好みを引き出し、それに沿うワインを判断すること。テイスティング能力を高めること自体ももちろん大切ですが、お客様の利益になるようにその能力を使ってこそ意味があります。サービスの場では、お客様を第一に考え、臨機応変に対応しましょう。

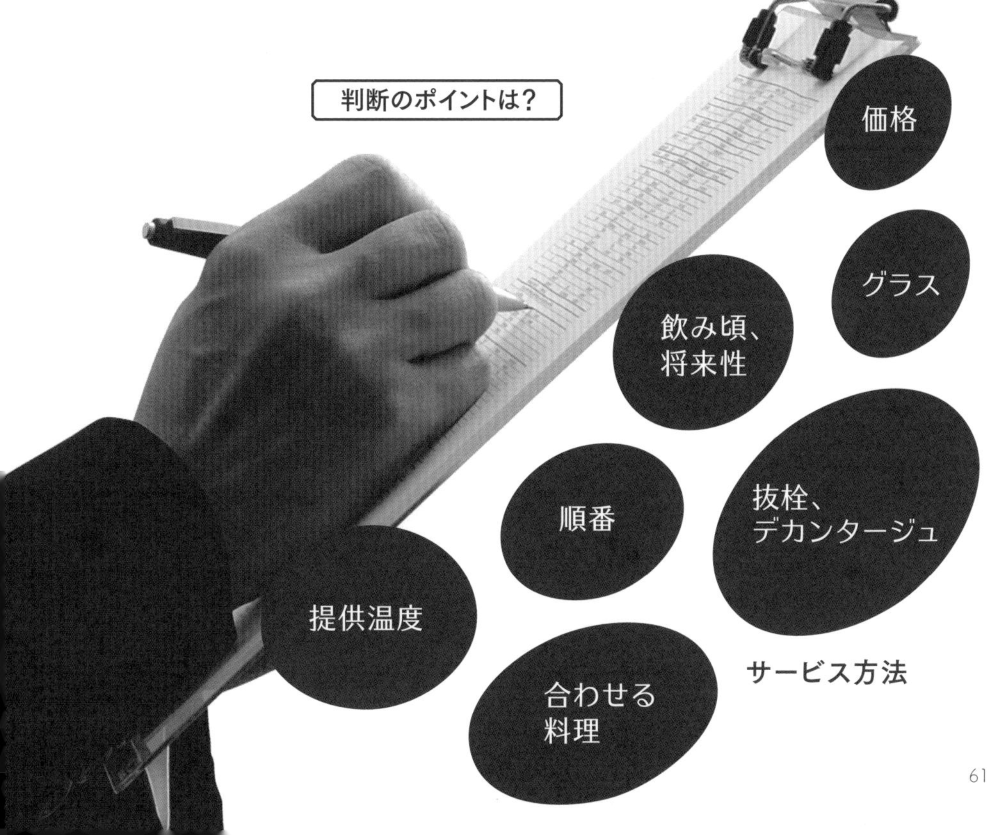

判断のポイントは？
価格
グラス
飲み頃、将来性
順番
抜栓、デカンタージュ
提供温度
合わせる料理
サービス方法

ワインの個性を判断する

ワインの個性を判断するための手順として、これまで見てきた香りや味わいの要素をもとに、産地、ブドウ品種、造りなどを見極める方法を見ていきましょう。P.64〜67では、白･赤ワインそれぞれのブドウ品種の傾向をチャートにまとめています。品種を見極める際の基準作りの参考として活用してください。

判断の手順

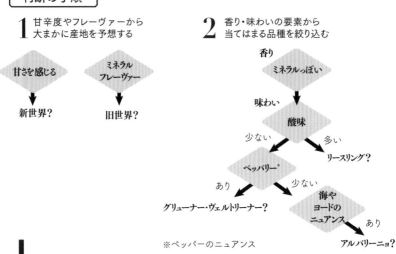

1 甘辛度やフレーヴァーから大まかに産地を予想する

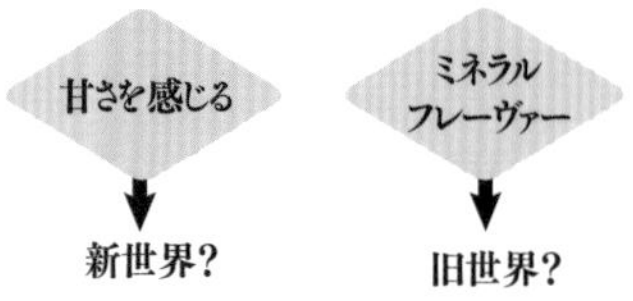
甘さを感じる
新世界？
ミネラルフレーヴァー
旧世界？

2 香り･味わいの要素から当てはまる品種を絞り込む

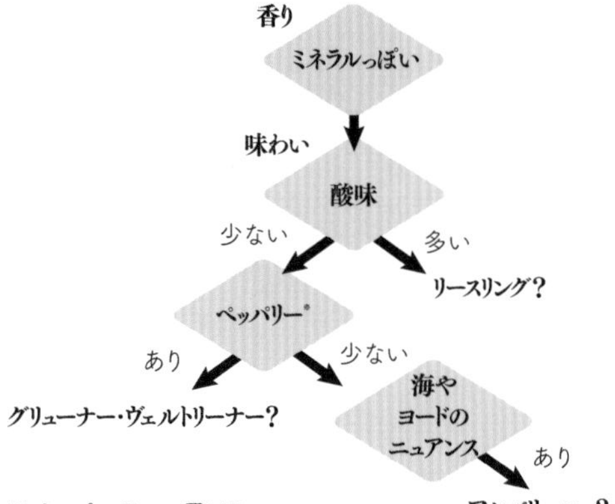
香り
ミネラルっぽい
味わい
酸味
少ない
多い
リースリング？
ペッパリー※
あり
少ない
グリューナー･ヴェルトリーナー？
海やヨードのニュアンス
あり
アルバリーニョ？

※ペッパーのニュアンス

判断する手順

ワインの個性を判断するときは、基本的に上記1〜5の手順を踏み、産地やブドウ品種、醸造方法、造り手などを見極めていきます。このとき最も重要なことは、途中で答えを出してしまわないこと。1〜4では、それぞれの要素に集中してあらゆる可能性を探り、5で初めて最終的な答えを出すことがポイントです。

最初のプロセスは、甘辛度やフレーヴァーから大まかな産地を推測すること。一般的に甘さを感じたら新世界、ミネラルフレーヴァーを感じたら旧世界のワインである可能性が出てきますが、近年の傾向として、旧世界の生産者が、あえて新世界式のワイン造りを行う場合がありますし、その逆もありえます。この段階では産地をひとつに絞らず、様々な可能性を残して次に進むことが大切です。

3 味わいの強さや土地の香りから
産地を絞り込む

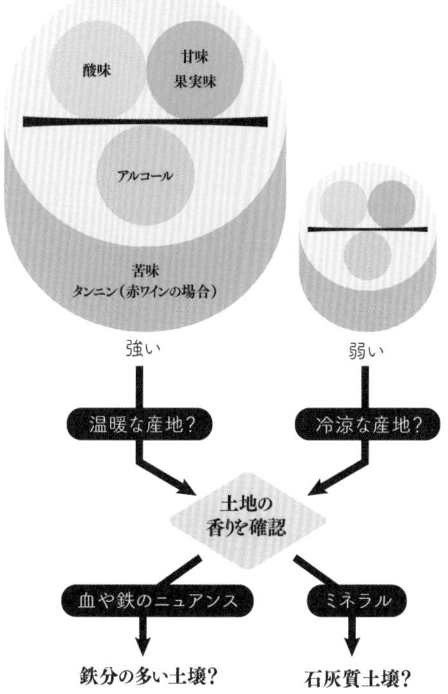

酸味
甘味
果実味
アルコール
苦味
タンニン（赤ワインの場合）
強い
弱い
温暖な産地？
冷涼な産地？
土地の
香りを確認
血や鉄のニュアンス
ミネラル
鉄分の多い土壌？
石灰質土壌？

4 造りによる特徴の有無から
醸造方法を予想し、
詳細産地や生産者を絞り込む

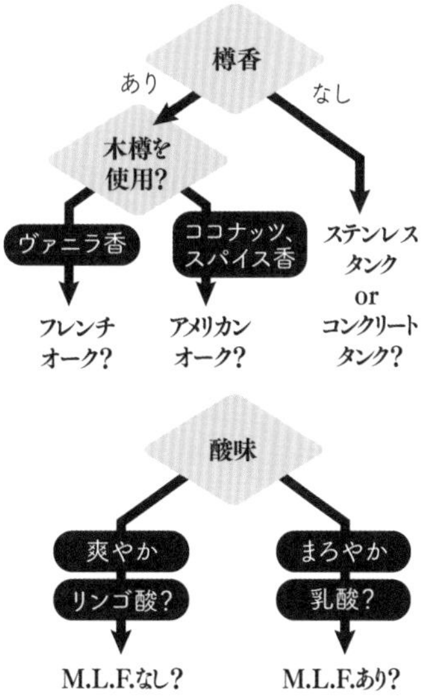

樽香
あり
なし
木樽を
使用？
ヴァニラ香
ココナッツ、
スパイス香
ステンレス
タンク
or
コンクリート
タンク？
フレンチ
オーク？
アメリカン
オーク？
酸味
爽やか
リンゴ酸？
まろやか
乳酸？
M.L.F.なし？
M.L.F.あり？

5 1〜4で絞り込んだ内容から、
国、地域、ブドウ品種、醸造方法
造り手を判断する

大まかな産地を推測した後は、ブドウ品種を考えます。どんなタイプの香りをもっているか、味わいのなかで突出している要素は何かなど、香りと味わいの特徴をもとに品種を予測します。ここでもやはり、ひとつの品種に決め込まず、いくつかの可能性を残してください。

品種を考慮したら、次は味わいの強さや土地の香りから産地を再考します。味わいのバランス、要素の強弱、土地の香りなどをしっかり見極めましょう。産地がある程度みえたら、醸造方法、地域、生産者などの絞り込みを行います。樽の香りをはじめ、ワインのもつ特徴的な香りから、あらゆる可能性がみつかるはずです。

こうして各要素から見いだした多様な可能性を、ここで初めてひとつに絞ります。各要素を複合的にとらえ、答えを出しましょう。

白ワイン・テイスティングチャート

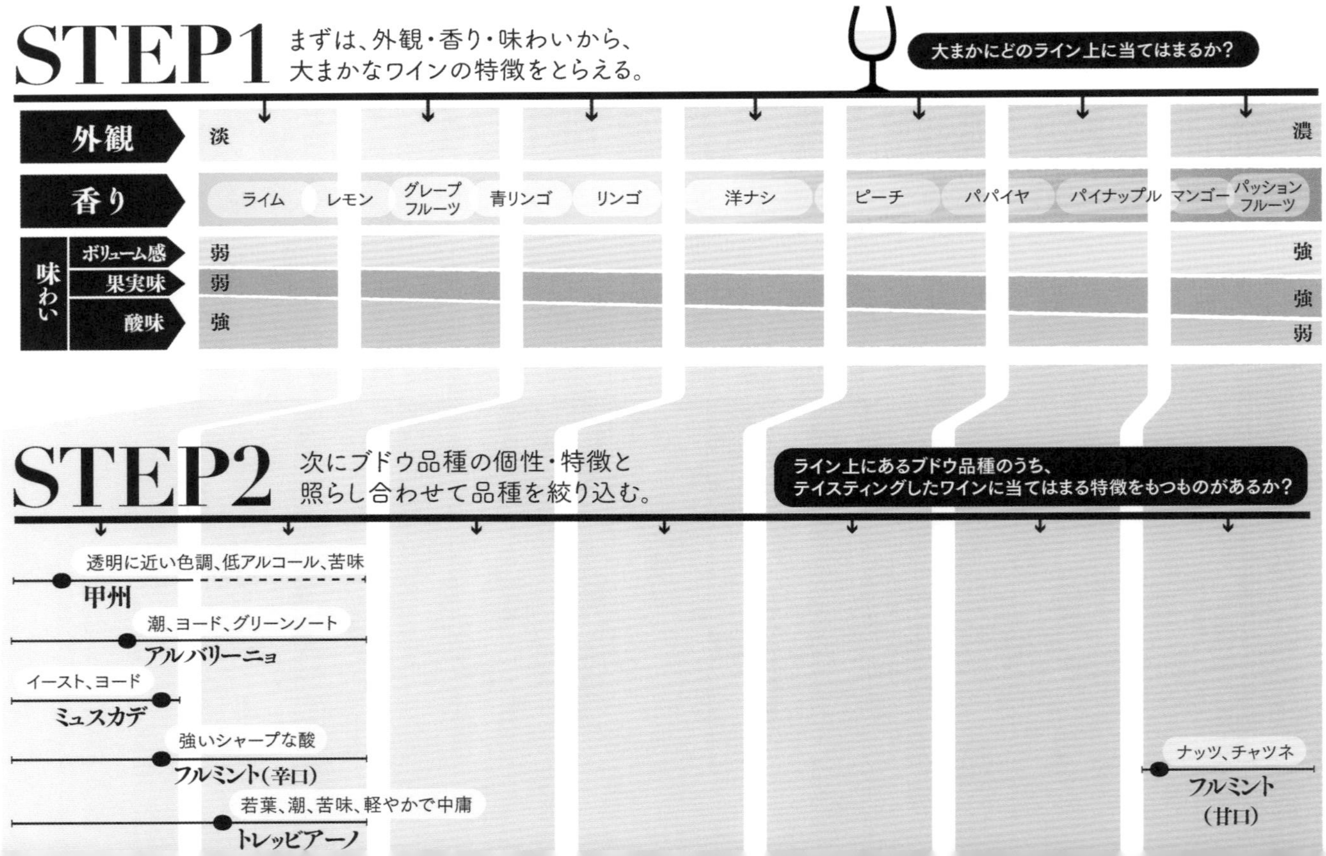
STEP1 まずは、外観・香り・味わいから、
大まかなワインの特徴をとらえる。
大まかにどのライン上に当てはまるか?
外観
淡
濃
香り
ライム
レモン
グレープフルーツ
青リンゴ
リンゴ
洋ナシ
ピーチ
パパイヤ
パイナップル
マンゴー
パッションフルーツ
味わい
ボリューム感
弱
強
果実味
弱
強
酸味
強
弱
STEP2 次にブドウ品種の個性・特徴と
照らし合わせて品種を絞り込む。
ライン上にあるブドウ品種のうち、
テイスティングしたワインに当てはまる特徴をもつものがあるか?
透明に近い色調、低アルコール、苦味
甲州
潮、ヨード、グリーンノート
アルバリーニョ
イースト、ヨード
ミュスカデ
強いシャープな酸
フルミント(辛口)
若葉、潮、苦味、軽やかで中庸
トレッビアーノ
ナッツ、チャツネ
フルミント
(甘口)

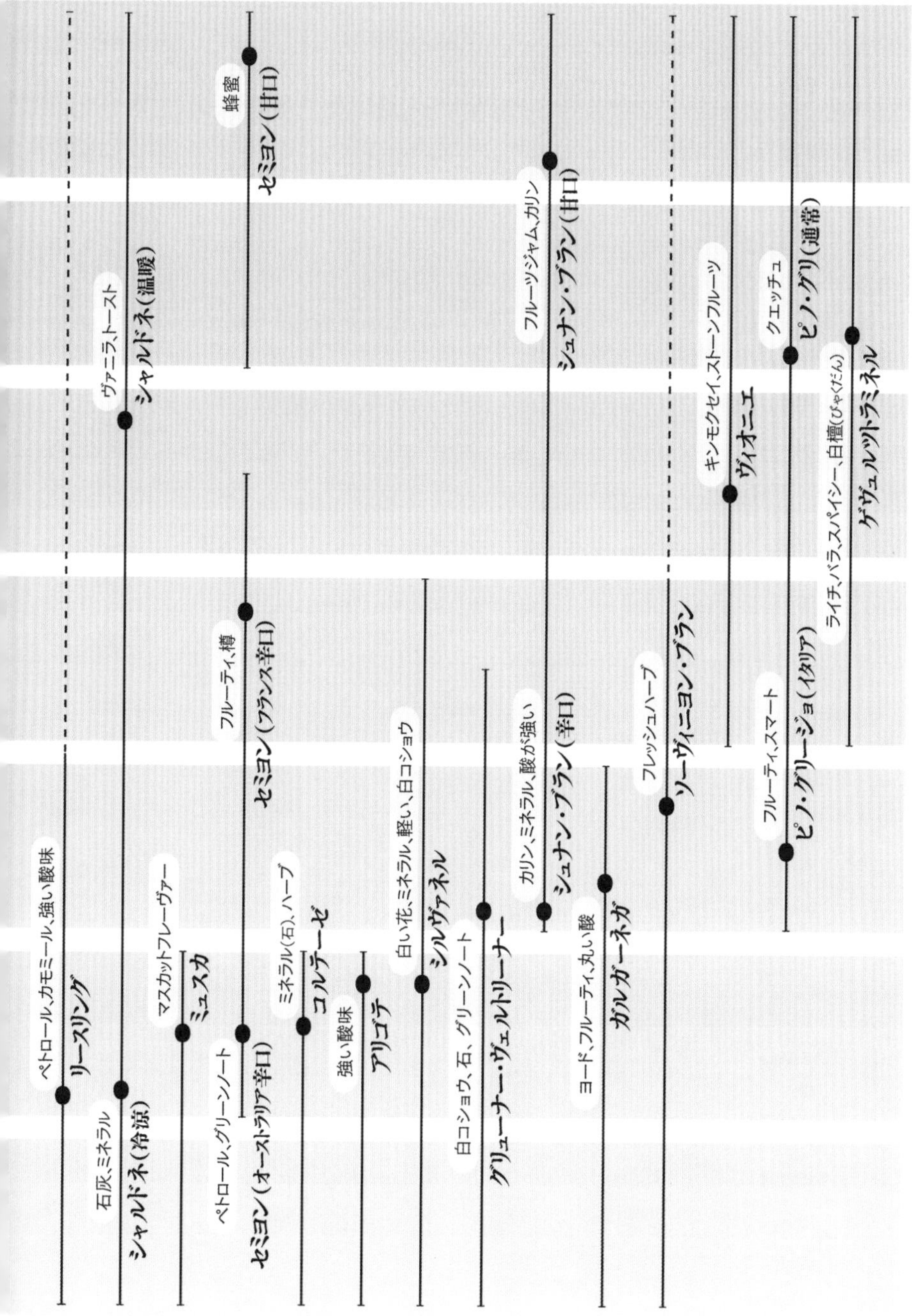
リースリング
ペトロール、カモミール、強い酸味
シャルドネ（冷涼）
石灰、ミネラル
ミュスカ
マスカットフレーヴァー
セミヨン（オーストラリア辛口）
ペトロール、グリーンノート
コルテーゼ
ミネラル（石）、ハーブ
アリゴテ
強い酸味
シルヴァネル
白い花、ミネラル、軽い、白コショウ
グリューナー・ヴェルトリーナー
白コショウ、石、グリーンノート
シュナン・ブラン（辛口）
カリン、ミネラル、酸が強い
ガルガーネガ
ヨード、フルーティ、丸い酸
ソーヴィニヨン・ブラン
フレッシュハーブ
ピノ・グリージョ（イタリア）
フルーティ、スマート
セミヨン（フランス辛口）
フルーティ、樽
ヴィオニエ
キンモクセイ、ストーンフルーツ
ゲヴュルツトラミネル
ライチ、バラ、スパイシー、白檀（びゃくだん）
シャルドネ（温暖）
ヴァニラ、トースト
シュナン・ブラン（甘口）
フルーツジャム、カリン
ピノ・グリ（通常）
クエッチュ
セミヨン（甘口）
蜂蜜

赤ワイン・テイスティングチャート

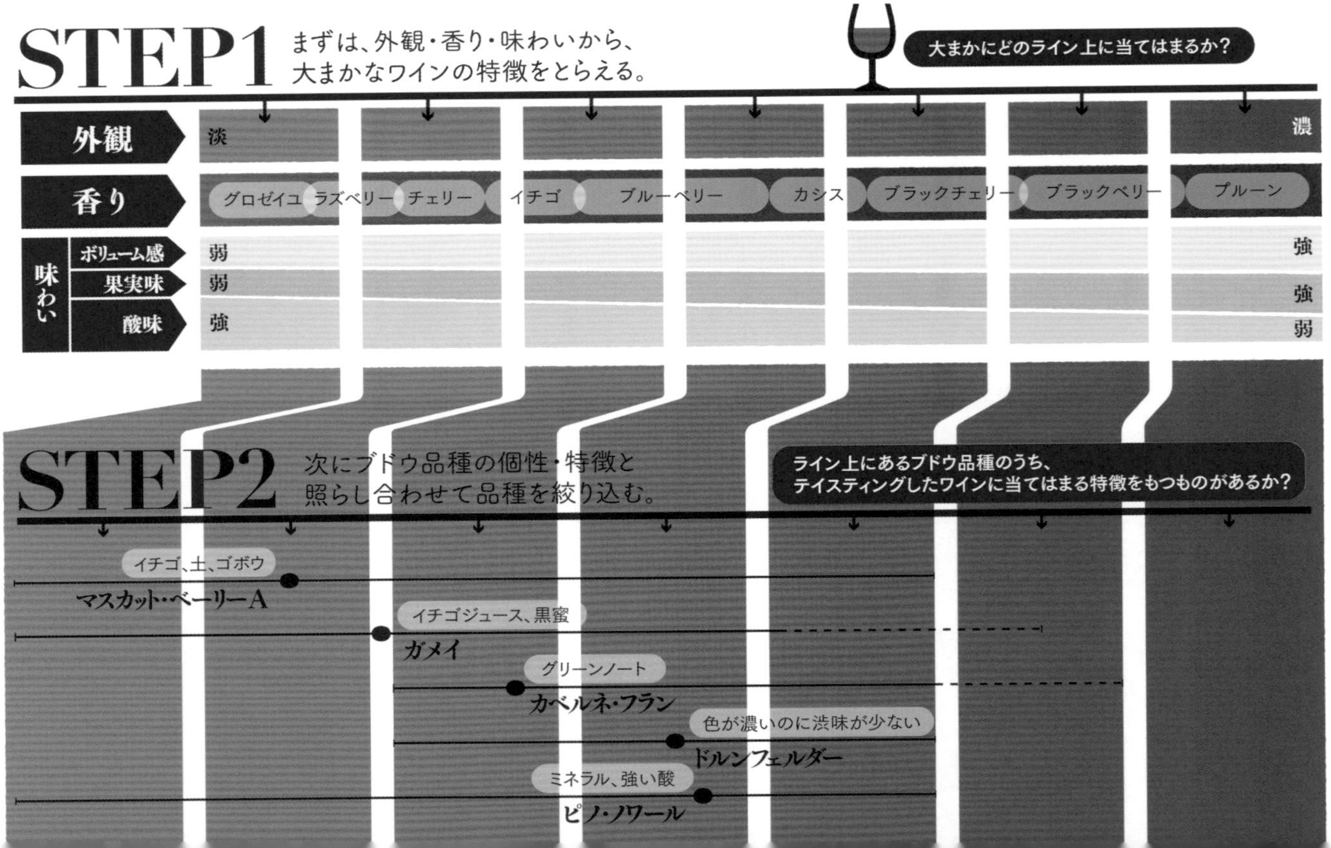
STEP1
まずは、外観・香り・味わいから、
大まかなワインの特徴をとらえる。
大まかにどのライン上に当てはまるか？
外観
淡
濃
香り
グロゼイユ
ラズベリー
チェリー
イチゴ
ブルーベリー
カシス
ブラックチェリー
ブラックベリー
プルーン
味わい
ボリューム感
弱
強
果実味
弱
強
酸味
強
弱
STEP2
次にブドウ品種の個性・特徴と
照らし合わせて品種を絞り込む。
ライン上にあるブドウ品種のうち、
テイスティングしたワインに当てはまる特徴をもつものがあるか？
イチゴ、土、ゴボウ
マスカット・ベーリーA
イチゴジュース、黒蜜
ガメイ
グリーンノート
カベルネ・フラン
色が濃いのに渋味が少ない
ドルンフェルダー
ミネラル、強い酸
ピノ・ノワール

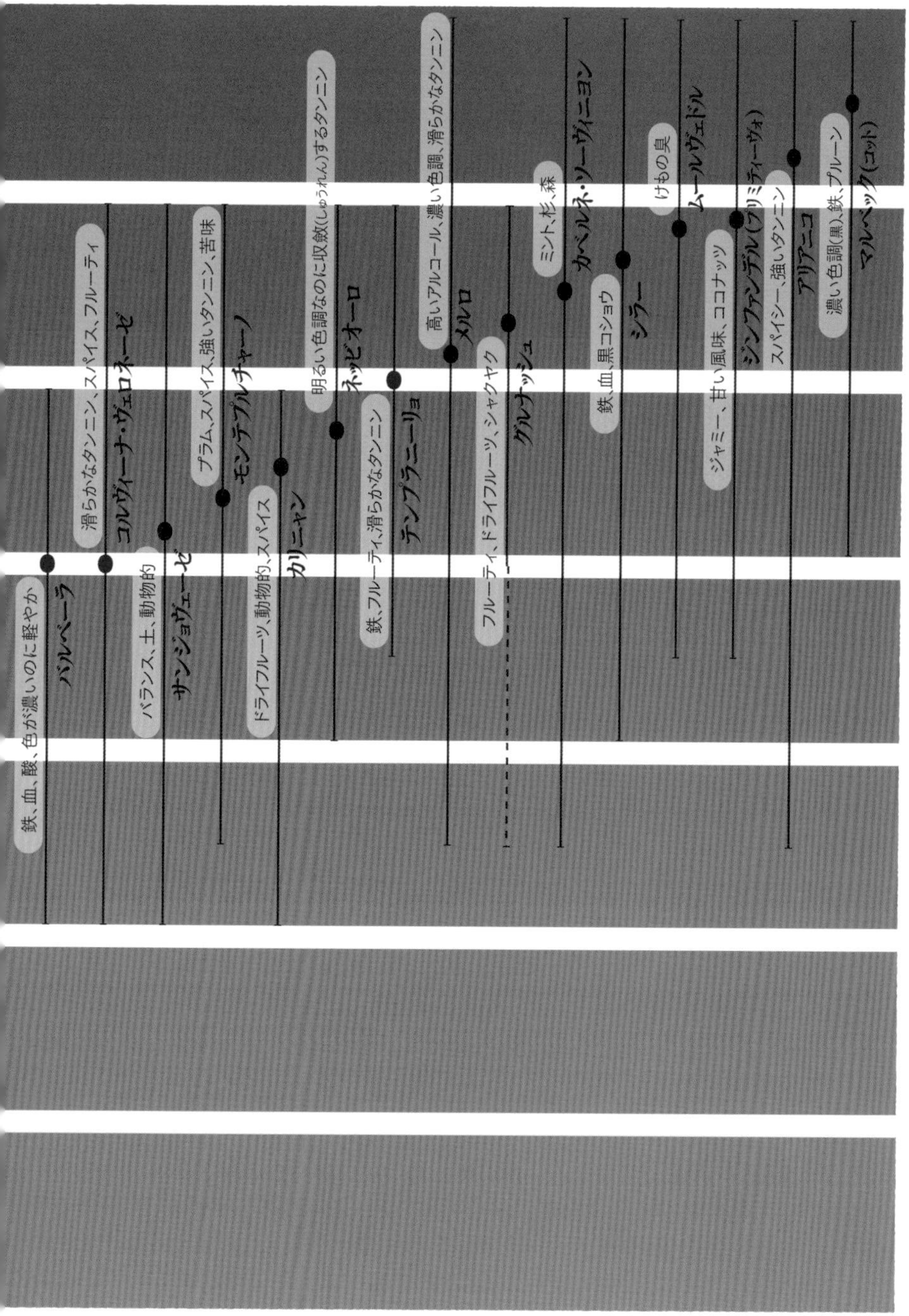

鉄、血、酸、色が濃いのに軽やか
バルベーラ
滑らかなタンニン、スパイス、フルーティ
コルヴィーナ・ヴェロネーゼ
バランス、土、動物的
サンジョヴェーゼ
プラム、スパイス、強いタンニン、苦味
モンテプルチャーノ
ドライフルーツ、動物的、スパイス
カリニャン
明るい色調なのに収斂(しゅうれん)するタンニン
ネッビオーロ
鉄、フルーティ、滑らかなタンニン
テンプラニーリョ
高いアルコール、濃い色調、滑らかなタンニン
メルロ
フルーティ、ドライフルーツ、シャクヤク
グルナッシュ
ミント、杉、森
カベルネ・ソーヴィニヨン
鉄、血、黒コショウ
シラー
けもの臭
ムールヴェードル
ジャミー、甘い風味、ココナッツ
ジンファンデル(プリミティーヴォ)
スパイシー、強いタンニン
アリアニコ
濃い色調(黒)、鉄、プルーン
マルベック(コット)

2 外観・香り・味わいから考える産地の寒暖

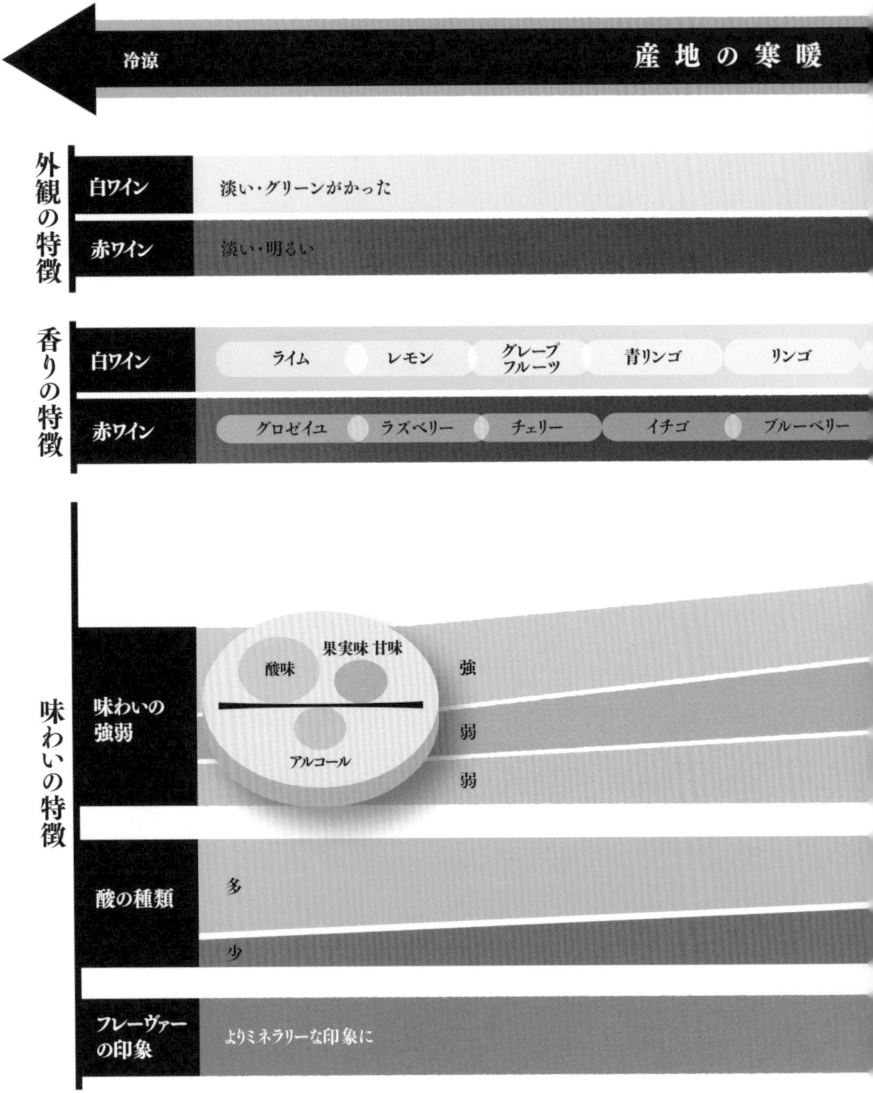
冷涼
産地の寒暖
外観の特徴
白ワイン
淡い・グリーンがかった
赤ワイン
淡い・明るい
香りの特徴
白ワイン
ライム
レモン
グレープフルーツ
青リンゴ
リンゴ
赤ワイン
グロゼイユ
ラズベリー
チェリー
イチゴ
ブルーベリー
味わいの特徴
味わいの強弱
酸味
果実味 甘味
アルコール
強
弱
弱
酸の種類
多
少
フレーヴァーの印象
よりミネラリーな印象に

外観・香り・味わいの各ステップで見てきた、産地の寒暖を判断する基準をまとめました。ブドウ品種や造り手の個性、土壌といった、ほかの要素も関わってくるため例外もありますが、基本的には以下の傾向がみられます。目安として参考にしてください。

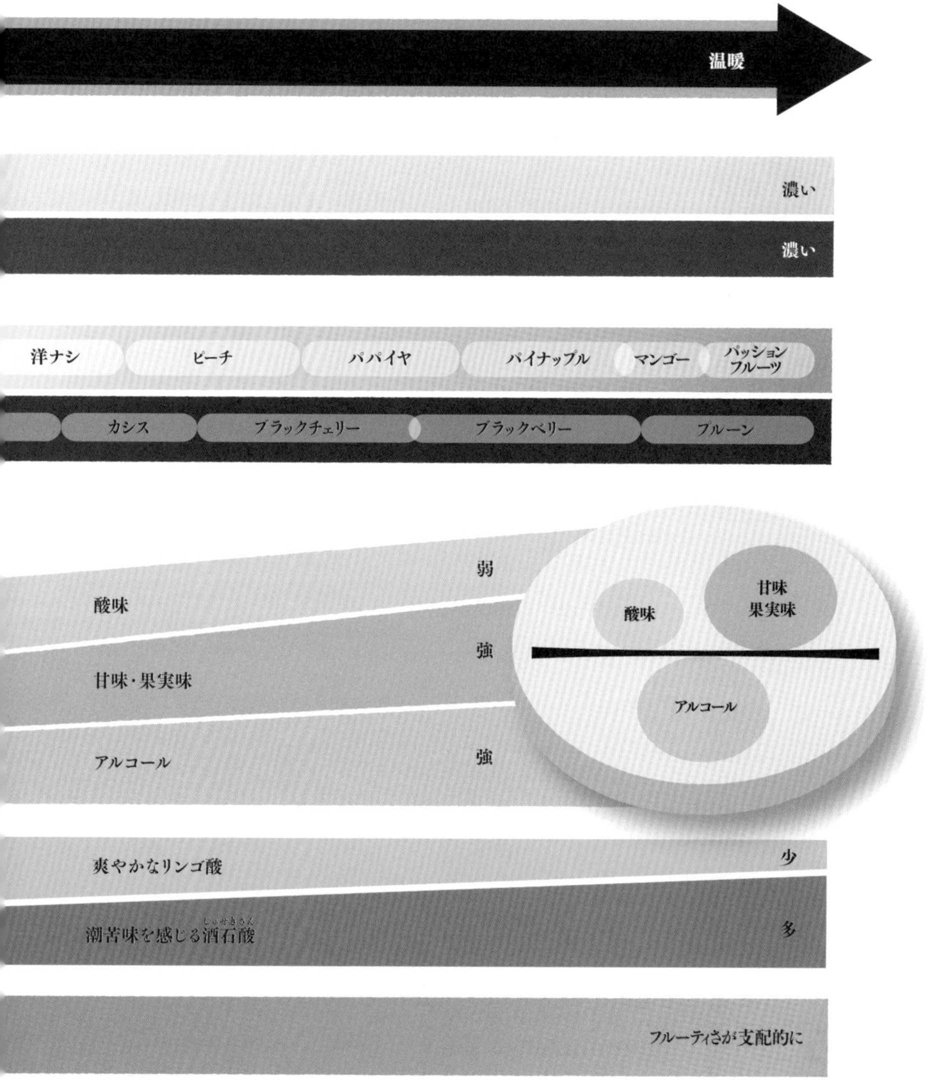
温暖
濃い
濃い
洋ナシ
ピーチ
パパイヤ
パイナップル
マンゴー
パッション
フルーツ
カシス
ブラックチェリー
ブラックベリー
プルーン
酸味
弱
甘味・果実味
強
アルコール
強
酸味
甘味
果実味
アルコール
爽やかなリンゴ酸
少
潮苦味を感じる酒石酸
多
フルーティさが支配的に

3 外観・香り・味わいから考える熟成度

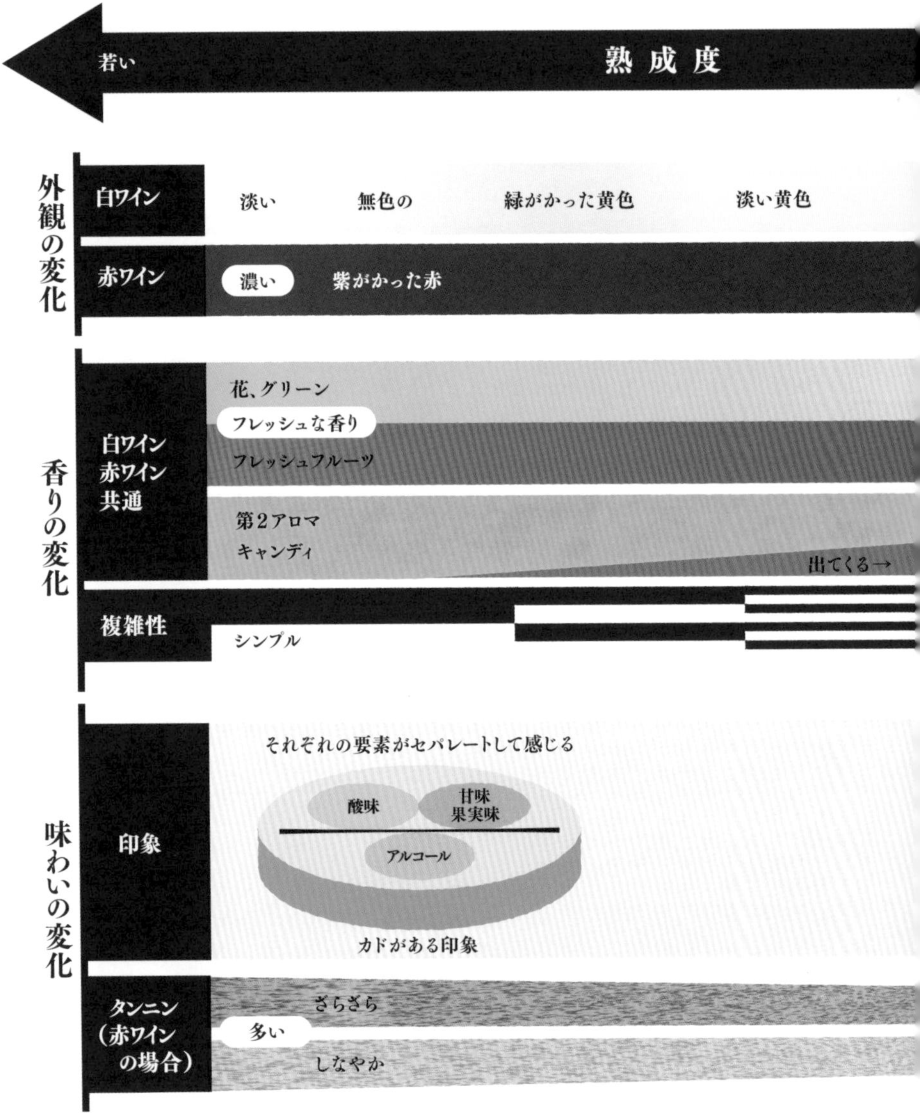
若い
熟成度
外観の変化
白ワイン
淡い
無色の
緑がかった黄色
淡い黄色
赤ワイン
濃い
紫がかった赤
香りの変化
白ワイン
赤ワイン
共通
花、グリーン
フレッシュな香り
フレッシュフルーツ
第2アロマ
キャンディ
出てくる→
複雑性
シンプル
味わいの変化
印象
それぞれの要素がセパレートして感じる
酸味
甘味
果実味
アルコール
カドがある印象
タンニン
（赤ワインの場合）
ざらざら
多い
しなやか

熟成による外観・香り・味わいの変化を以下にまとめました。熟成を経るにつれて、それぞれがどのように変わっていくのか、熟成度の判断に役立ててください。ただし、熟成のスピードはワインによって様々ですから注意が必要です（詳細は P.188 参照）。

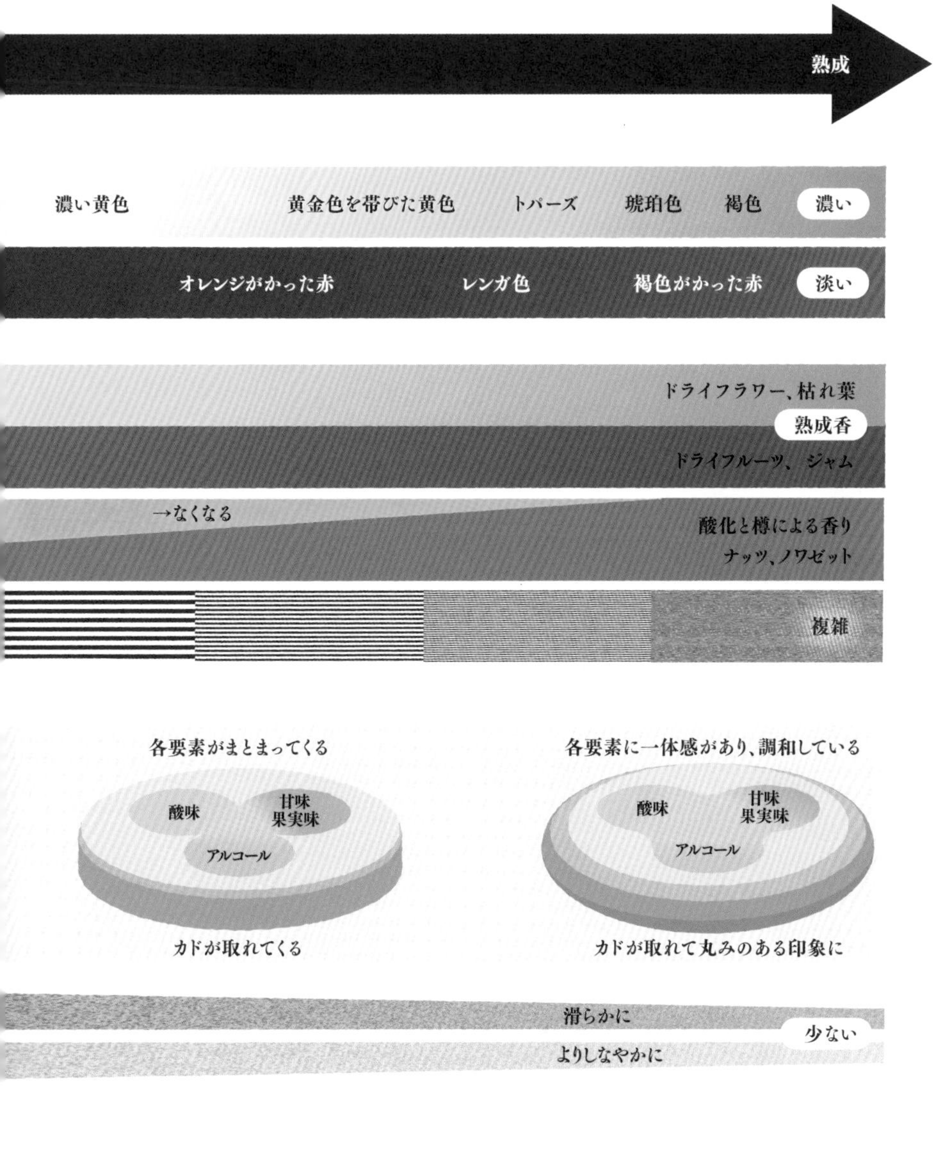

熟成
濃い黄色
黄金色を帯びた黄色
トパーズ
琥珀色
褐色
濃い
オレンジがかった赤
レンガ色
褐色がかった赤
淡い
ドライフラワー、枯れ葉
熟成香
ドライフルーツ、ジャム
→なくなる
酸化と樽による香り
ナッツ、ノワゼット
複雑
各要素がまとまってくる
酸味
甘味
果実味
アルコール
カドが取れてくる
各要素に一体感があり、調和している
酸味
甘味
果実味
アルコール
カドが取れて丸みのある印象に
滑らかに
少ない
よりしなやかに

サービス方法を判断する

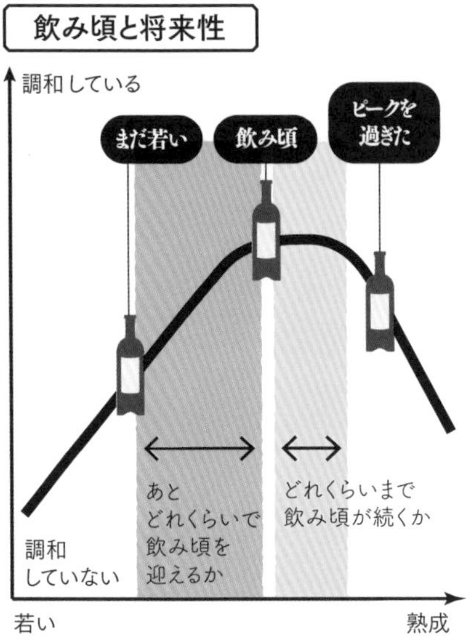
飲み頃と将来性
調和している
まだ若い
飲み頃
ピークを過ぎた
あと
どれくらいで
飲み頃を
迎えるか
どれくらいまで
飲み頃が続くか
調和
していない
若い
熟成

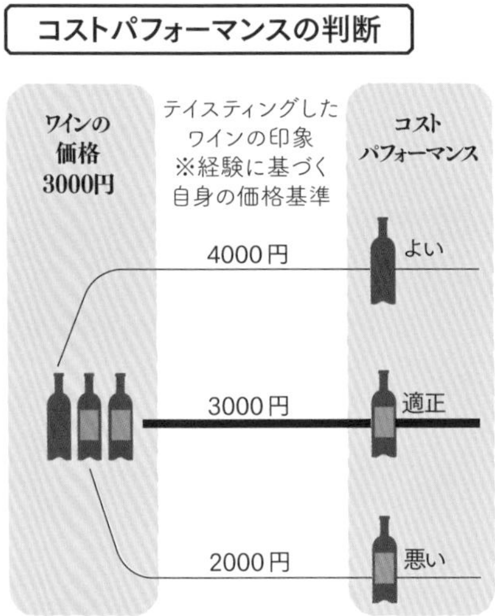
コストパフォーマンスの判断
ワインの価格3000円
テイスティングした
ワインの印象
※経験に基づく
自身の価格基準
コスト
パフォーマンス
4000円
よい
3000円
適正
2000円
悪い

4 飲み頃、将来性、価格

飲み頃と将来性の判断基準は、ブラインドテイスティングとサービスする場合で異なります。テイスティングでは、その品種や産地「本来の特徴」が発揮されていれば飲み頃。例えばボルドー地方のワインにキャンディのような第2アロマを感じたら「まだ若く、数年寝かせた方がいい」と判断できます。一方、サービスではお客様の嗜好に沿うことが大前提。「古いワイン」といっても求めるものは人それぞれなので、お客様との会話で意図を理解することが重要です。価格については、経験に基づく自身の価格基準がベースとなります。これをもとに、例えば3000円のワインを3本飲み比べ、3000円と思えば適正、4000円ならコストパフォーマンスがよい、2000円ならコストパフォーマンスが悪いなどと判断していきます。

ワインの個性をとらえたら、次はプロとしてお客様にサービスする方法を判断していきます。「飲み頃、将来性、価格」やサービスする「順番」「提供温度」「抜栓、デカンタージュ」「グラス」「合わせる料理」といった、6つの項目を順に確認していきましょう。

5 順番

ブラインドテイスティングでは、次のワインを予想してしまうので順序は気にしません。しかしワインをサービスするときは、お客様に心地よくワインを味わっていただくために、提供する順番が重要となります。複数のワインをサービスする場合は、次のワインの味を損なわないよう「軽いものから重いものへ」が基本。特に甘口ワインは、次のワインの味を感じにくくなるので要注意です。ただし、ワインと料理を合わせるときはアレンジも必要。例えば前菜がフォアグラのテリーヌなら、甘口ワインであるソーテルヌを合わせるのが定番ですが、この場合、次のワインの前にパンを食べて口の中をリフレッシュしていただくなどの工夫をします。こうしたアレンジができるようになるためにも、順番のセオリーをきちんと押さえておきましょう。

心地よく味わうための順番

＜白・ロゼ・赤ワイン共通＞

熟成	若い	→	古い
品質	並級	→	上級
価格	低い	→	高い
余韻	短い	→	長い
ボディ	軽い	→	重い
香り	シンプル	→	複雑

＜白・ロゼワイン＞

甘辛度	辛口	→	甘口

＜赤ワイン＞

渋味	弱い	→	強い

＜白・ロゼワインと赤ワインの場合＞

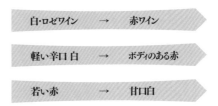

白・ロゼワイン → 赤ワイン

軽い辛口白 → ボディのある赤

若い赤 → 甘口白

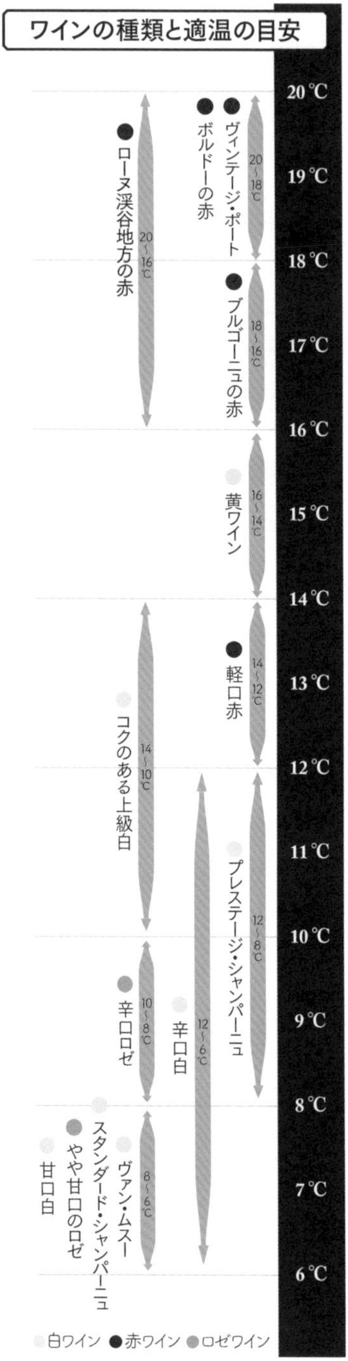
ワインの種類と適温の目安
20℃
19℃
18℃
17℃
16℃
15℃
14℃
13℃
12℃
11℃
10℃
9℃
8℃
7℃
6℃
● ヴィンテージ・ポート
● ボルドーの赤
20~18℃
● ローヌ渓谷地方の赤
20~16℃
● ブルゴーニュの赤
18~16℃
黄ワイン
16~14℃
● 軽口赤
14~12℃
コクのある上級白
14~10℃
プレステージ・シャンパーニュ
12~8℃
辛口白
12~6℃
辛口ロゼ
10~8℃
ヴァン・ムスー
8~6℃
スタンダード・シャンパーニュ
やや甘口のロゼ
甘口白
白ワイン
● 赤ワイン
ロゼワイン

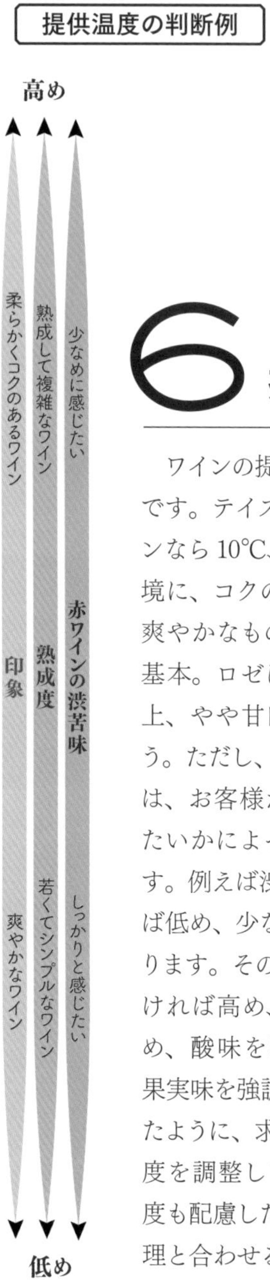
提供温度の判断例
高め
少なめに感じたい
赤ワインの渋苦味
しっかりと感じたい
熟成して複雑なワイン
熟成度
若くてシンプルなワイン
柔らかくコクのあるワイン
印象
爽やかなワイン
低め

6 提供温度

ワインの提供温度は、とても重要です。テイスティングでは、白ワインなら10℃、赤ワインなら18℃を境に、コクのあるものはそれ以上、爽やかなものはそれ以下の温度が基本。ロゼは8℃を境に辛口なら上、やや甘口なら下が目安でしょう。ただし、お客様へのサービスでは、お客様がどんな味わいを感じたいかによって提供温度を変えます。例えば渋苦味をより感じたければ低め、少なめがよければ高めとなります。そのほか甘味をより感じたければ高め、少なめが好みなら低め、酸味を強調したければ低め、果実味を強調したければ高めといったように、求める味わいに応じて温度を調整します。また、料理の温度も配慮したいポイント。冷たい料理と合わせるなら、ワインの温度も低め、温かい料理なら高めの方が違和感なく楽しめます。

7 抜栓、デカンタージュ

ワインの香りや味わいは、抜栓しただけでは変わりません。抜栓後にデカンタージュを行うことで、ワインに様々な変化が起こります。デカンタージュは、その優雅な動きによってデモンストレーションの役割を果たすこともありますが、温度を上げ、空気にふれさせ、オリを取り除くことが主な目的です。デカンタージュをすることで、ワインは少し酸化熟成を経たような状態になり、熟成感、複雑性が高まります。その結果、第1アロマ、第3アロマが上がり、第2アロマが下がるほか、密閉されているスクリューキャップのワインは還元状態から解放され、還元臭が取り除かれます。お客様にサービスする場合は、熟成度合いや味わいの強さ、オリの有無といったワインの状態を見極め、デカンタージュとそのタイミングを検討しましょう。

デカンタージュの目的

温度を上げる
空気にふれさせる
オリを取り除く
デモンストレーション

デカンタージュの判断ポイント

デカンタージュを検討すべきワインの特徴

冷たい

閉じている

オリがある

味わいが強い

＜具体例＞

熟成していながら強い赤ワインは早めのデカンタージュが必要

熟成していて繊細なワインはデカンタージュなし、もしくは直前にデカンタージュする

味わいの強い白ワインはデカンタージュが必要な場合も

スクリューキャップのワインはデカンタージュが必要な場合も

8 グラス

ワイングラスの形状はバルーン型とチューリップ型に大別されます。

バルーン型は酸味、チューリップ型は果実味や甘味が強調される形状なので、ワインの個性に合わせてグラスを選択します。グラスの大小も、例えば白ワインの場合、低い温度でサービスされるべきワインは小さめなグラスを使うなど、ワインの個性により選択しますが、レストランにおいては、お客様の会食の目的を考慮することが重要。ワインが中心の会なら大きめのグラスを使いますが、接待など会話が中心の会なら、小さめのグラスが好ましいでしょう。華やかさが求められるパーティならば、小さくて装飾性の高いグラスの方が、美しいドレスや場の雰囲気に合います。また、人によっては大きなグラスを持つことを苦痛に感じられることもあるので、配慮が必要です。

グラスの形状

バルーン型
ふくよかなワイン
酸味を感じさせたい場合

チューリップ型
スリムなワイン
果実味や甘味を感じさせたい場合

グラスの大きさ

会話を中心に会食を進める場合

ワインを中心に会食を進める場合

※お客様の好みによっても判断される

代表的なグラスの種類

ボルドーグラス

チューリップ型で大きめのグラス。その名の通り、ボルドー地方の赤ワインのように、タンニンが強く、果実味や甘味を強調したいものに用いられる。

ヴィノム カベルネ・ソーヴィニヨン/メルロ（ボルドー）

ピノ・ノワールグラス

バルーン型で大きめのグラス。ボウルの部分が大きいので、香りが開きやすく留まりやすい。ピノ・ノワールの赤ワインのように、酸味を感じさせたいものに使う。

ヴィノム ピノ・ノワール（ブルゴーニュ）

万能型グラス

ボウルの膨らみが大きめで、口の部分がすぼまっており、バルーン型とチューリップ型の中間といえる形状。大きさもほどよく、幅広いワインに使用される。

ヴィノム ソーヴィニヨン・ブラン/デザート・ワイン

シャルドネグラス

横長で、口が大きく開いており、顎を上げなくてもワインを飲むことができる形状。果実味が強調されるので、熟成した樽の風味が付いた上級の白ワインに最適。

ヴィノム オークド・シャルドネ（モンラッシェ）

フルートグラス

スパークリング・ワインにはフルートグラスを使うのが一般的。細長い形状で、立ち上る泡を観賞できるほか、空気と接する面積が少ないので発泡も長持ちする。

ヴィノム キュヴェ・プレスティージュ（ヴィンテージ・シャンパーニュ）

ポートワイングラス

アルコールが強いワインに使われるグラス。小さめだが、アルコール度が高いため十分に香りが立ち、大量に飲むことも少ないので、ちょうどいい大きさといえる。

ヴィノム ポート

商品／リーデル

組み合わせの基本

地方性を合わせる

同じ産地の食材を使った料理

同じ産地のチーズ

同じ産地の伝統料理

格を合わせる

格の高いワインに格の高い料理

気軽なワインに家庭料理

同調させる

食材の風味を合わせる

調理法による風味を合わせる

付け合わせの風味を合わせる

ソースの風味を合わせる

ヴォリュームの強弱を合わせる

複雑さを合わせる

補完する

甘味のあるワインに
塩分のある料理

9 合わせる料理

ワインと料理を合わせる場合、ヨーロッパの料理で地方性が表れているものには、同じ地方のワインを合わせるのがセオリー。特に料理名に地方名が入っていたら、可能な限りその地方のワインを合わせます。そのためにも、各国の地方料理についてしっかりと学んでおくことが必要です。また、手の込んだ料理には、完成度の高いワインを合わせるのが基本。お客様の期待度を考えると、料理とワインの格を合わせることも重要です。そのほか、食材や風味、調理法を考慮するのもポイント。例えば香ばしいグリル料理には、樽由来のロースト香をもつワインを合わせるといいでしょう。さらに、甘味と塩分、渋味と脂肪分など、味わいの要素を補完する組み合わせもあります。甘口ワインとチーズといった定番を押さえておきましょう。

風味を同調させる

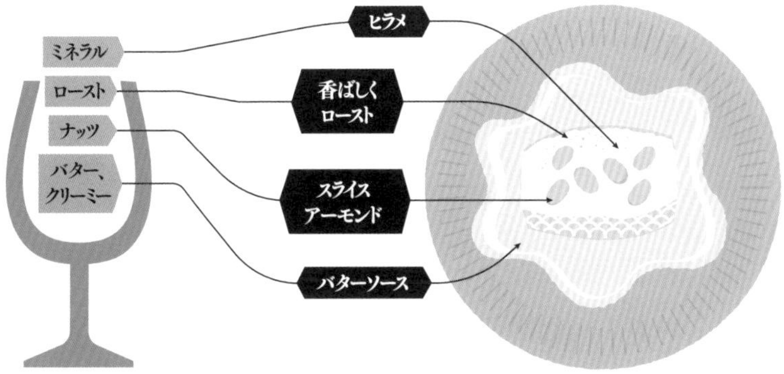
ミネラル
ロースト
ナッツ
バター、クリーミー
ヒラメ
香ばしくロースト
スライスアーモンド
バターソース

例）シャルドネの白

例）ヒラメのロースト バターソース アーモンド添え

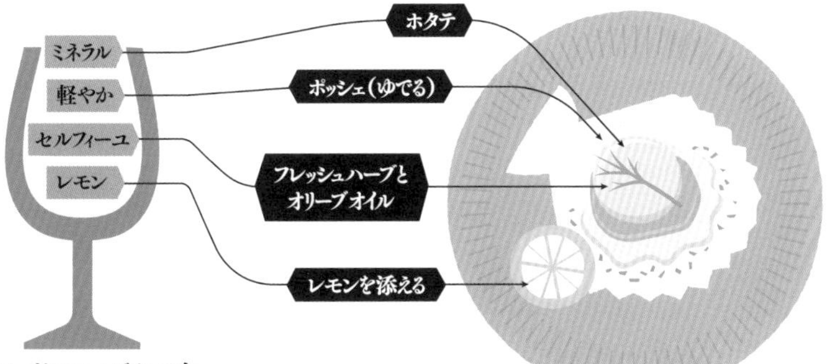
ミネラル
軽やか
セルフィーユ
レモン
ホタテ
ポッシェ（ゆでる）
フレッシュハーブとオリーブ オイル
レモンを添える

例）ソーヴィニヨン・ブランの白

例）ホタテのポッシェ 爽やかなハーブ添え

味わいを補完させる

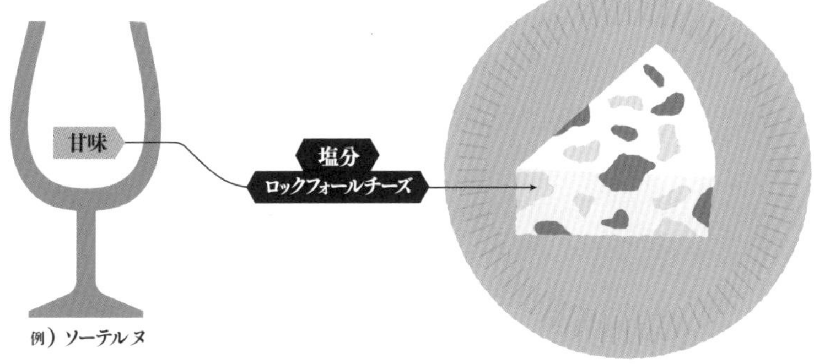
甘味
塩分
ロックフォールチーズ

例）ソーテルヌ

Message from Tani

資格取得を目指す方へ

ワインを味わうということは楽しいものです。しかし、そのワインの情報を知って飲むのと知らずに飲むのとでは、その楽しみ方の意味合いは大きく異なります。わかりづらいといわれるワインの世界ですが、一度体系立てて学ぶことによって、明確にワインを理解できるようになるはずです。単にワインを理解するために勉強に励むことができる人もいるとは思いますが、資格の取得を目標に掲げることによって、知識の吸収はよりスピードを増していくはずです。しかし、忘れないで下さい。資格を取ることがゴールではなく、資格を取ってからがスタートです。そして、取った資格を生かすのは自分自身です。ソムリエを目指す方なら、吸収した知識を生かし、ゲストに満足いただけるような提案やサービスをしている自分、ワインエキスパートを目指す方なら、吸収した知識をもとにワインの楽しみ方を考えている自分、といった具合に、取得後の資格を生かしている自分を思い描いて、ぜひ資格取得にチャレンジしてみてください。

判断基準の
幅を広げる

2
ワインの
基礎知識

STEP

1 ブドウ品種の特徴を知る

ブドウ品種紹介ページの使い方

代表的なブドウ品種を白ブドウ 26 種、黒ブドウ 26 種ピックアップ。ブドウ品種の特徴や、ワインの見分け方、外観、香り、味わい別の特徴をまとめたので、品種ごとの特徴を整理して理解しよう。

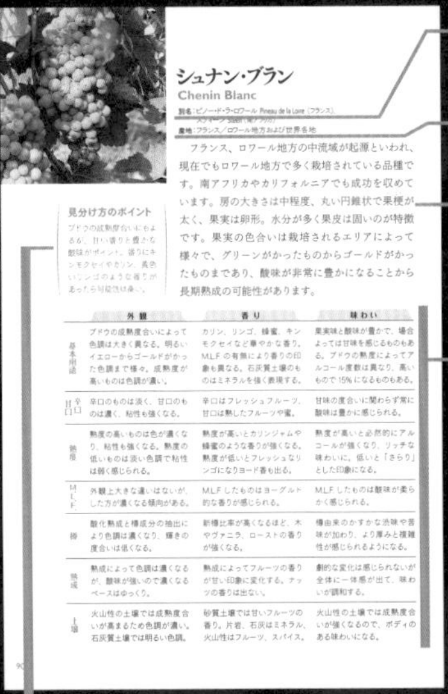

シュナン・ブラン
Chenin Blanc

別名：ピノー・ド・ラ・ロワール Pineau de la Loire（フランス）、スティーン Steen（南アフリカ）
産地：フランス／ロワール地方および世界各地

フランス、ロワール地方の中流域が起源といわれ、現在でもロワール地方で多く栽培されている品種です。南アフリカやカリフォルニアでも成功を収めています。房の大きさは中程度、丸い円錐状で果梗が太く、果実は卵形。水分が多く果皮は固いのが特徴です。果実の色合いは栽培されるエリアによって様々で、グリーンがかったものからゴールドがかったものまであり、酸味が非常に豊かになることから長期熟成の可能性があります。

見分け方のポイント
ブドウの成熟度合いにもよるが、甘い香りと豊かな酸味がポイント。香りにキンモクセイやカリン、黄色いリンゴのような香りがあったら可能性は高い。

	外観	香り	味わい
基本用語	ブドウの成熟度合いによって色調は大きく異なる。明るいイエローからゴールドがかった色調まで様々。成熟度が高いものは色調が濃い。	カリン、リンゴ、蜂蜜、キンモクセイなど華やかな香り。M.L.F. の有無により香りの印象も異なる。石灰質土壌のものはミネラルを強く表現する。	果実味と酸味が豊かで、場合よっては甘味を感じるものもある。ブドウの熟度によってアルコール度数は異なり、高いもので 15% になるものもある。
辛口 甘口	辛口のものは淡く、甘口のものは濃く、粘性も強くなる。	辛口はフレッシュフルーツ、甘口は熟したフルーツや蜜。	甘味の度合いに関わらず常に酸味は豊かに感じられる。
熟度	熟度の高いものは色が濃くなり、粘性も強くなる。熟度の低いものは淡い色調で粘性は弱く感じられる。	熟度が高いとカリンジャムや蜂蜜のような香りが強くなる。熟度が低いとフレッシュなリンゴになりヨード香も出る。	熟度が高いと必然的にアルコールが強くなり、リッチな味わいに。低いと「さらり」とした印象になる。
M.L.F.	外観上大きな違いはないが、した方が濃くなる傾向がある。	M.L.F. したものはヨーグルト的な香りが感じられる。	M.L.F. したものは酸味が柔らかく感じられる。
樽	酸化熟成と樽成分の抽出により色調は濃くなり、輝きの度合いは低くなる。	新樽比率が高くなるほど、木やヴァニラ、ローストの香りが強くなる。	樽由来のかすかな渋味や苦味が加わり、より厚みと複雑性が感じられるようになる。
熟成	熟成によって色調は濃くなるが、酸味が強いので濃くなるペースはゆっくり。	熟成によってフルーツの香りが甘い印象に変化する。ナッツの香りは出ない。	劇的な変化は感じられないが全体に一体感が出て、味わいが調和する。
土壌	火山性の土壌では成熟度合いが高まるため色調が濃い。石灰質土壌では明るい色調。	砂質土壌では甘いフルーツの香り。片岩、石灰はミネラル、火山性はフルーツ、スパイス。	火山性の土壌では成熟度合いが強くなるので、ボディのある味わいになる。

90

主な別名
カッコ内は別名が使われている地域名

主な産地

ブドウ品種の特徴
その品種の来歴や主な栽培地、栽培、醸造などを含めた品種特性について解説。

外観・香り・味わい別の特徴
その品種のワインの特徴について外観・香り・味わい別に解説。

基本用語
その品種のワインを表現する際によく使われる用語

冷涼／温暖
産地の寒暖の差による違いについて

辛口／甘口
辛口、甘口の造りの違いによる特徴について

熟度
収穫時のブドウの熟度による違いについて

M.L.F.
マロラクティック発酵の有無による違いについて

樽
発酵・熟成時に木樽を使用した場合の違いについて

熟成
熟成の有無による違いについて

土壌
ブドウが栽培された産地の土壌による違いについて

見分け方のポイント
ブラインドテイスティングなどでブドウ品種を見分ける際のポイントについて解説。

ブドウ品種の特徴を知るとは

ブドウは品種によって個性が大きく異なり、その違いは、ワインの個性にも色濃く現れます。ブドウ品種の個性を知ることは、ワインの個性を正しく判断するうえで非常に大切です。さらに、同じ品種であっても、育った環境や醸造方法によってワインの外観、香り、味わいは変わってきます。栽培地の環境による影響や、醸造方法の違いによる、それぞれの品種ごとのワインの個性まで理解することによって、生産者の意図を知り、理論的なテイスティングをすることができるのです。

紹介ブドウ品種リスト

本章で紹介するブドウ品種を50音順のリストにしたのがこちら。
ワインの特徴に影響を与える項目についての影響度合いを○、△、-で表記している。

白ブドウ品種26種

品種	ページ	冷涼/温暖	辛口/甘口	熟度	M.L.F.	樽	熟成	土壌
アシルティコ	98	-	-	-	-	△	-	-
アリゴテ	96	-	-	-	○	○	△	-
アルバリーニョ	96	-	-	○	-	△	△	-
アルネイス	99	-	-	-	-	△	-	-
ヴィオニエ	92	-	-	-	○	○	△	-
ガルガーネガ	94	-	△	△	○	○	△	○
グリューナー・ヴェルトリーナー	97	-	-	△	-	△	△	○
ゲヴュルツトラミネル	92	-	○	○	-	-	△	△
ケルナー	99	-	-	-	-	△	-	-
甲州	94	-	○	-	-	○	△	△
コルテーゼ	96	-	-	-	-	△	△	-
サヴァニャン	99	-	-	-	△	△	○	-
シャルドネ	84	○	△	○	○	○	○	○
シュナン・ブラン	90	△	○	○	○	○	○	○
シルヴァネル	95	-	△	-	-	-	△	-
セミヨン	91	-	○	○	-	○	△	△
ソーヴィニヨン・ブラン	86	○	-	-	-	○	○	○
トレッビアーノ	97	△	○	○	-	○	△	△
トロンテス	98	△	-	-	-	-	-	-
パロミノ	95	-	-	-	-	-	○	-
ピノ・グリ	93	○	○	○	-	-	△	△
フルミント	97	-	○	△	-	△	△	-
ミュスカ／マスカット各種	93	○	○	△	-	-	△	△
ミュスカデ	95	-	-	-	-	-	△	△
リースリング	88	○	○	○	-	-	△	○
ルカツィテリ	98	-	-	-	△	△	-	-

黒ブドウ品種26種

品種	ページ	冷涼/温暖	辛口/甘口	熟度	M.L.F.	樽	熟成	土壌
アリアニコ	113	△	-	-	-	△	○	△
カベルネ・ソーヴィニヨン	102	○	-	△	-	○	○	△
カベルネ・フラン	108	△	-	△	-	○	○	△
ガメイ	108	-	-	-	-	△	○	○
カリニャン	112	-	-	-	-	○	○	△
カルメネール	113	△	-	-	-	○	△	-
クシノマヴロ	114	-	-	-	-	○	△	-
グルナッシュ	109	○	-	△	-	○	○	△
コルヴィーナ・ヴェロネーゼ	111	-	○	-	-	○	○	△
サンジョヴェーゼ	107	△	-	△	-	○	○	○
シラー	105	○	-	△	-	○	○	△
ジンファンデル（プリミティーヴォ）	111	○	-	△	-	○	○	△
タナ	115	△	-	-	-	○	△	-
ツヴァイゲルト	115	△	-	-	-	○	△	-
テンプラニーリョ	110	○	-	△	-	○	○	△
トゥリガ・ナショナル	115	-	△	-	-	○	△	-
ネッビオーロ	106	△	-	△	-	○	○	△
ネレッロ・マスカレーゼ	114	△	-	-	-	○	△	-
バルベーラ	109	△	-	△	-	○	○	△
ピノタージュ	114	-	-	-	-	○	△	-
ピノ・ノワール	100	○	-	△	-	○	○	△
マスカット・ベーリーA	112	-	-	△	-	△	○	△
マルベック（コット）	110	△	-	△	-	○	○	△
ムールヴェドル	112	-	-	△	-	△	○	△
メルロ	104	△	-	△	-	△	○	△
モンテプルチャーノ	113	-	-	-	-	○	○	△

シャルドネ

Chardonnay

別名：ムロン・ダルボワ Melon d'Arbois
（フランス／ジュラ地方、ブルゴーニュ地方）
産地：フランス／ブルゴーニュ地方および世界各地

シャルドネはフランス原産で、ブルゴーニュ地方を中心に栽培され、世界中に広まっており、白ワイン用品種では最も人気のある品種になっています。早生（わせ）品種で、秋の寒さの前に収穫できます。病害には強く、特に灰色カビ病になりづらい個性があり、貴腐ブドウにもなりづらく、栽培に適した土壌は泥灰土や粘土石灰質土壌です。樹勢が強く、夏に蔓がよく伸びるため、果実の成長を妨げる恐れがあります。その場合、夏期剪定を行いブドウに十分に栄養が行くようにします。生産量も多いため、収量を抑えないと凝縮感のあるワインにはなりません。収穫直前の酸の低下が速いので、適切に収穫時期を見極める必要があります。

見分け方のポイント

シャルドネは様々な方法を用いて醸造を行うことができ、テロワールの個性を如実に表現できる品種でもある。端的に「この香りや味わいがあればシャルドネ」とはならないが、甘く成熟した果実香、樽からのヴァニラやトースト、マロラクティック発酵のニュアンス、ミネラルなどが感じられれば可能性は高くなる。

外観	香り	味わい
醸造方法や産地の気候によって色合いは大きく異なるが、イエローの色調は強め。粘性は豊かで艶、輝きがある。	世界中の様々な気候帯で栽培されるため、種々の特徴をもつ。冷涼な気候下ではライムやレモン、グレープフルーツのような柑橘系の香りがみられ、温暖な気候ではパイナップルやマンゴー、ピーチのような成熟した果実香が特徴となる。木樽との相性がよく、香りがなじみやすいのも特徴で、ヴァニラやトーストの香りをもつものも存在する。	果実風味が豊かで酸味が柔らかく、アルコールによるヴォリュームが強く感じられる。ドライな味わいだが、フルーティな風味とミネラルのニュアンスが口中に長く続いていく。樽を使ったものは、余韻にヴァニラやトーストの風味が感じられる。

	外観	香り	味わい
冷涼／温暖	大きな違いは感じられないが、冷涼地のものは色調が淡く輝きが強めで、粘性が軽やかに感じられる。温暖な産地のものは色調が濃いめで、粘性が強く感じられる傾向にある。	冷涼な産地ではライム、レモン、青リンゴ、メロンのような香りが中心になり、温暖な産地では熟したリンゴやパイナップル、マンゴー、パッションフルーツなどトロピカルフルーツの香りが中心になる。	ブドウの熟度によって口中でのフレーヴァーが異なる（香りで登場した要素が口中のフレーヴァーとしても感じられる）。酸味のレベルは冷涼な産地では強く、温暖な産地では弱くなる。
M.L.F.	若い状態では大きな違いは感じられないが、熟成により色調の違いは明確になる。M.L.F.をしていないものは豊かな酸味があるため、グリーンの色調が長い間保たれるが、M.L.F.をしたものは酸味が少ないため、比較的熟成が早い。	M.L.F.をしたものは杏仁豆腐、発酵バター、ヨーグルトなどの乳製品的な香りが感じられ、M.L.F.をしていないものに比べ香りの要素が多く、より複雑に感じられる。	M.L.F.をしたものは酸味の量は少なく、形状が丸くなるのでまろやかな質感のワインになる。M.L.F.によるフルーツ以外の香りが口中で感じられるようになるため、複雑な印象になる。
樽	樽からの色素成分の抽出とともに、酸化作用により色調が濃くなる。新樽の比率が高いほど、その影響は強くなる。	フレンチオークの場合は穏やかなヴァニラフレーヴァー、アメリカンオークの場合はココナッツやフレッシュミント、土のような香りが出る。新樽使用率が高まれば芳香性はより強くなる。樽内側のロースト具合が浅いと木の樹脂の香りが強くなり、ローストが強いとコーヒーやトーストのような香りが強くなり、ヴァニリン等の成分は少なくなる。	口中でのフレーヴァーに香ばしい香りが感じられ、より複雑な印象になる。樽からかすかなタンニンが抽出されるので僅かに渋苦味が感じられるようになる。
熟成	熟成とともに、黄色みが強くなり、黄金と茶の色調が強くなる。清澄度は低くなる傾向にある。	若いときはフレッシュに感じられたフルーツの香りが、ドライフルーツやジャムのニュアンスに。ヘーゼルナッツやモカ、シェリーのような香りが加わり複雑な印象になる。	酸味、果実味、アルコール等の要素が調和し、一体感が感じられる。フレーヴァーに蜂蜜やモカ、シェリーの香りが強くなり、特に余韻で感じる口中の香りが複雑になる。
土壌	土壌による外観の変化はないが、ブドウの熟度が変わることによっての違いは生まれる。熟度が上がる土壌のものは色調が濃く、粘性も強くなる。	シャルドネは土壌の性質を明確にワインに表現する。キンメリジャンや石灰質の土壌では、ミネラル感の強いワインになる。	土壌がブドウの熟度に影響を与える場合は違いが現れるが、大きな影響を受けるのは口中でのフレーヴァー。ミネラルの多い土壌のワインはミネラリーな印象になる。

ソーヴィニヨン・ブラン

Sauvignon Blanc

ソーヴィニヨン・ブランの出生は解明されていませんが、フランスのジロンド県が原産地であろうと考えられています。ボルドー地方およびロワール川流域一部のワイン産地では、白ワイン用のメインの品種になっており、現在では、新世界でも多く栽培されています。特にニュージーランドでは年々作付け面積を増やしており、同国における人気品種になっています。果粒は小さく、卵形で完熟すると黄金色となり、皮は厚く果肉は柔らかいのが特徴です。1970年代のニュージーランドでの成功をきっかけに、「シャルドネ以外の何か」を求めていたワイン愛好家たちから絶大な支持を集め、現在ではシャルドネに次ぐ人気品種になっています。

別名：ブラン・フュメ Blanc Fumé（サントル・ニヴェルネ）
フュメ・ブラン Fumé Blanc（カリフォルニア）
ミュスカ・シルヴァーナー Muskat Silvaner（オーストラリア）

産地：フランス／ボルドー地方、ロワール渓谷地方および世界各地

見分け方のポイント

様々な気候帯で栽培され、ブドウの成熟度によって大きく個性は異なる。香りは爽やかな香りから完熟したフルーツまで様々。冷涼地のものはフレッシュハーブの香りが強いが、温暖地のものからはほとんど感じられない。樽熟成させることもあるので注意が必要。旧世界のものからはミネラルのニュアンスを感じるものが多いが、新世界のものからは感じられないことが多い。

	外観	香り	味わい
基本用語	基本的には色調は淡くなる品種で、グリーンがかったイエローになることが多いが、スキン・コンタクトや小樽発酵・熟成または瓶内熟成によっても色調は濃くなる。酸味が強くなる品種であるため、輝きは強く粘性は中程度。スクリューキャップを使用しているものは、かすかな気泡が感じられるものもある。	グースベリー、ライム、グレープフルーツ、レモングラス、セルフィーユ、青リンゴ、白桃、黄桃、洋ナシ、パパイヤ、マンゴー、パッションフルーツなど様々な用語で表現できる。フルーツの成熟度によって産地の気候（ブドウの熟度）を想像し、ミネラルフレーヴァーの有無によって産地の土質（旧世界か新世界）を判断する。	成熟度の上がる産地のものは果実味が強くなり、成熟度の上がらないエリア、または早期収穫された場合は果実味が弱くなる。基本的に酸味は強いがブドウの成熟度合いによってレベルは異なる。アルコールはさほど強くはならない。香りの段階でハーブの香りが感じられなくても、口中のフレーヴァーで感じられることもある。

	外観	香り	味わい
冷涼／温暖	さほど大きな変化は感じられないが、冷涼な産地の方が明るくグリーンの色調と艶が強くなり、粘性は弱くなる。温暖な産地の方が黄色みはやや濃く、粘性は強めになる傾向がある。	寒暖差による香りの印象が大きく異なる品種で、グースベリーやライムから成熟したパッションフルーツまで様々な香りを表現する。潜在的にグリーンな香りをもつ品種であるが、産地の気温によりその強弱が変わる。冷涼地のブドウで造られたものには、はっきりと感じられるグリーンノートがある。冷涼地のものの方がフルーツの熟した香りが少ない分、ミネラルの香りが強めに感じられる。	基本的にはアルコールが極端に高くなる品種ではないが、気温によってはアルコールによるヴォリュームが強くなり、温暖な産地で完熟させた場合には14%くらいにはなる。成熟が進むほどフレーヴァーに甘い香りが感じられ、果実味も強くはなるが、酸味が豊かに感じられるためドライな印象に。潜在的にグリーンな香りをもつ品種であるため、熟したブドウからでもフレーヴァーにハーブ的な香りを感じる。
樽	特に小樽発酵•熟成した場合には、黄色い色調が強くなる。	樽を使った場合は、ヴァニラ、木、ビスケットの香りが強くなる。フレッシュハーブやパッションフルーツなどの香りとのコンビネーションが面白い。シャルドネに似通った香りになるが、乳製品的な香りはないので、判断の目安にすることができる。	樽を使わない場合は極めて爽やかな印象のワインになり、苦味などの成分も感じられないが、樽熟成することで、微かな渋味や苦味がワインに加わるため、それらが厚みとなって感じられる。余韻に木の香りがはっきりと現れることが多い。
熟成	熟成による色調の変化が少ない品種ではあるが、時間の経過とともに緩やかに黄色の色調を強めていき、グリーンの色調も少なくなる。	フレッシュなタイプのものは、熟成とともにフルーツのニュアンスが少なくなり、ミネラルのフレーヴァーが強まる。成熟タイプのワインの場合は、感じられたフルーツの香りがドライフルーツやジャムのような印象になる。	若いときには、豊かな酸味を基調としたフレッシュな味わいであるが、熟成とともに酸味、果実味などに一体感が生まれる。しかし、熟成による味わいの変化は少なく、ナッツの香りも強くは出てこない。
土壌	土壌成分による大きな外観の違いは感じられない。	土壌によって芳香が変化する品種。シレックス土壌やキンメリジャン土壌ではミネラル感が強くなり、砂利では成熟度の高いフルーツの香りなどを表現する。	石灰質のように保水性の高い土壌の場合は、酸味が豊かになりエレガントな印象になる。砂利のように水はけがよく熱くなる土壌では、ブドウの成熟度が高くなるためアルコールが強くリッチな味わいに。

リースリング

Riesling

ライン渓谷がリースリングの発祥地で、現在でもドイツとフランスのアルザス地方で多く栽培されています。また、新世界ではカナダ、アメリカのワシントン州、オーストラリアの南オーストラリア州などで栽培され、高い品質のワインが生み出されています。ブドウの育成が難しく、土壌や気候を選んで栽培しなければなりません。そのため、栽培面積や生産量が比較的少ないのも特徴のひとつです。この品種は酸が豊かであるため、長期熟成に耐えるワインとしても知られています。リースリング＝ペトロール（石油香）とステレオタイプに考える人がいますが、間違いです。見分け方のポイントで解説していますが、私の思うリースリングの特徴は豊かな酸味です。

別名：ヴァイサー・リースリング Weisser Riesling（ドイツ）
ラインリースリング Rheinriesling（ドイツ）
ホワイト・リースリング White Riesling（アメリカ）
ヨハニスベルク・リースリング
Johannisberg Riesling（アメリカ）
産地：ドイツ、フランス／アルザス地方および世界各地

見分け方のポイント

リースリング＝ペトロール（石油香）と安易に決めつけてしまうのは間違い。確かにペトロール香があれば、リースリングである可能性は高くなるが、オーストラリアのハンター・ヴァレーのセミヨンにもペトロールがあるので要注意。リースリングでもペトロールのないものがほとんど。シャープで豊かな酸味を手がかりにするとよい。

	外観	香り	味わい
基本用語	リースリングは新樽が使われるケースの少ない品種なので、基本的には色調は淡いイエローになる。しかし、ブドウの熟度が高ければ濃い色調になることもある。色調の濃さにともなって粘性も変化し、色調が濃くなるほど強くなっていく。スクリューキャップが使われている場合は、気泡がグラスの内壁に付着するケースもある。	レモン、グレープフルーツ、青リンゴ、洋ナシ、カリン、スイカズラ、アカシア、菩提樹（ぼだいじゅ）、ヴェルヴェーヌなどの用語を用いて表現される。樽熟成やM.L.F.を行わないため、純粋に品種由来の香りが現れる。テロワールによっては、ミネラルのニュアンスが強くなる場合もある。	世界中で栽培される品種であるため、様々な味わいを表現するが、どのような環境で栽培されたとしても、酸味がシャープで豊かになる。醸造によってはアルコールが低くなる場合もあるが、12～13%程度のアルコール度数になる。酸味が豊かでミネラル感が豊かに感じられる。

	外観	香り	味わい
冷涼／温暖	冷涼な産地のリースリングは、色調が淡く輝きがある。温暖な産地のものは色調がやや濃くなる傾向がある。	ブドウの熟度によって香りが大きく変わる品種。冷涼な産地のものは、レモンやグレープフルーツ、青リンゴ、フレッシュハーブのような爽やかな香りが主体になり、温暖な産地のものは、フレッシュなリンゴや洋ナシ、またはコンポートにしたフルーツの香りに感じられる。	酸味は常にシャープに感じられる。産地の気温や収穫時期によって酸味のレベルは異なり、冷涼な産地では強く、温暖な産地では弱くなる傾向がある。残糖とアルコールのバランスに注意して味わうことにより、産地や生産者の特徴がみえてくる。
辛口／甘口	辛口に比べ甘口の方が、粘性が強くなる。	辛口の場合はレモンやグレープフルーツのような柑橘の香りが中心になり、甘口の場合には、リンゴやピーチの香りとともに熟したフルーツの香りが感じられるようになる。	辛口と甘口ではワイン中の残糖分が異なるが、ともに豊かでシャープな酸味がある。辛口のものはタイトで鋭角的な味わいとなり、甘口のものはフルーティで甘酸っぱい印象になる。
熟度	通常収穫のものは明るい色調で粘性も中程度。収穫期を遅らせてブドウの熟度を高めたものは、色調も濃く粘性が豊かになる。ヴァンダンジュ・タルディブ（遅摘み）やセレクション・ド・グラン・ノーブル（粒選り摘み、貴腐）になれば、なおさら粘性は強くなる。	ブドウの成熟度によって大きく香りの印象が変わる品種。成熟度が低い場合には、レモンやライム、グレープフルーツなど、柑橘の香りが主体で、場合によってはセルフィーユのようなフレッシュハーブの香りも出る。熟度が増すごとに白桃、洋ナシ、黄桃、パイナップル、マンゴー、パッションフルーツのような香りが出てくる。	基本的にアルコールが極端に上がる品種ではないが、遅摘みのブドウを完全発酵させた場合には高くなる。通常収穫のものは軽やかに感じられるものが多いが、遅摘みのものはアルコールと果実味が豊かでありながら酸味が強いので、肉厚でエレガントに感じられる。
土壌	大きな変化はみられないが、石灰質のワインは酸味が強くなる傾向があるため、透明感があり輝きが出る。また、火山性などの熱い土壌では成熟度が高まるため、濃い色調になる傾向がある。粘性にも多少の影響を与える。	フルーツフレーヴァーの強い品種ではないため、土壌の個性が香りに強く表現される。石灰質からはヨード香、花崗岩などからは石のような香り、火山岩土壌からは硫黄や蜜のような香りが出る。石灰質土壌のワインは酸味が強くなるため、還元熟成の状態になることからペトロールの香りが強くなる。	石灰質土壌のワインは酸味が強くスマートでドライな味わいになり、火山性の土壌のものは果実味が豊かで肉厚なスタイルになる。アルコールによるヴォリュームも後者の方が強い。

シュナン・ブラン
Chenin Blanc

別名：ピノー・ド・ラ・ロワール Pineau de la Loire（フランス）、スティーン Steen（南アフリカ）
産地：フランス／ロワール渓谷地方および世界各地

フランス、ロワール渓谷地方の中流域が起源といわれ、現在でもロワール地方で多く栽培されている品種です。南アフリカやカリフォルニアでも成功を収めています。房の大きさは中程度、丸い円錐状で果梗（かこう）が太く、果実は卵形。水分が多く果皮は固いのが特徴です。果実の色合いは栽培されるエリアによって様々で、グリーンがかったものからゴールドがかったものまであり、酸味が非常に豊かになることから長期熟成の可能性があります。

見分け方のポイント

ブドウの成熟度合いにもよるが、甘い香りと豊かな酸味がポイント。香りにキンモクセイやカリン、黄色いリンゴのような香りがあったら可能性は高い。

	外観	香り	味わい
基本用語	ブドウの成熟度合いによって色調は大きく異なる。明るいイエローからゴールドがかった色調まで様々。成熟度が高いものは色調が濃い。	カリン、リンゴ、蜂蜜、キンモクセイなど華やかな香り。M.L.F. の有無により香りの印象も異なる。石灰質土壌のものはミネラルを強く表現する。	果実味と酸味が豊かで、場合よっては甘味を感じるものもある。ブドウの熟度によってアルコール度数は異なり、高いもので 15% になるものもある。
辛口／甘口	辛口のものは淡く、甘口のものは濃く、粘性も強くなる。	辛口はフレッシュフルーツ、甘口は熟したフルーツや蜜。	甘味の度合いにかかわらず常に酸味は豊かに感じられる。
熟度	熟度の高いものは色が濃くなり、粘性も強くなる。熟度の低いものは淡い色調で粘性は弱く感じられる。	熟度が高いとカリンジャムや蜂蜜のような香りが強くなる。熟度が低いとフレッシュなリンゴになりヨード香も出る。	熟度が高いと必然的にアルコールが強くなり、リッチな味わいに。低いと「さらり」とした印象になる。
M.L.F.	外観上大きな違いはないが、した方が濃くなる傾向がある。	M.L.F. したものはヨーグルト的な香りが感じられる。	M.L.F. したものは酸味が柔らかく感じられる。
樽	酸化熟成と樽成分の抽出により色調は濃くなり、輝きの度合いは低くなる。	新樽比率が高くなるほど、木やヴァニラ、ローストの香りが強くなる。	樽由来のかすかな渋味や苦味が加わり、より厚みと複雑性が感じられるようになる。
熟成	熟成によって色調は濃くなるが、酸味が強いので濃くなるペースはゆっくり。	熟成によってフルーツの香りが甘い印象に変化する。ナッツの香りは出ない。	劇的な変化は感じられないが全体に一体感が出て、味わいが調和する。
土壌	火山性の土壌では成熟度合いが高まるため色調が濃い。石灰質土壌では明るい色調。	砂質土壌では甘いフルーツの香り。片岩、石灰はミネラル、火山性はフルーツ、スパイス。	火山性の土壌では成熟度合いが強くなるので、ボディのある味わいになる。

セミヨン
Sémillon

別名：ハンター・リースリング Hunter Riesling（オーストラリア）
産地：フランス／ボルドー地方および世界各地

フランスのボルドー地方が発祥の品種。ボルドー以外では、オーストラリアや南アフリカ、チリで多く栽培されていましたが、1980年代のシャルドネブームによりその面積は減少しました。現在ではオーストラリアのハンター・ヴァレーで栽培され、品質的にも高い評価を受けています。しかし、ハンター・ヴァレーのものは、早期収穫によって造られるため、フランス産のものとは個性が大きく異なります。樹勢が強く、早生（わせ）で果皮が薄いため貴腐菌が繁殖しやすい特徴をもち、蜜ろう、メロン、イチジクなどと表現される香りが生まれます。果実味や糖度は高くなりますが、酸味は少ないのが特徴です。

見分け方のポイント

フランスのものはメロンやイチジク、黄桃やパイナップルなどの甘く成熟したフルーツの香りが主体。フルーティでボディがあり、オイリーなテクスチャーになる。オーストラリアのものはペトロールフレーヴァーとライムのような爽やかな香りがあり、酸味が豊かでフレッシュな味わいが特徴。

	外観	香り	味わい
基本用語	基本的に明るい色調をもつが、酸化が早いため熟成によって濃い色調になりやすい。粘性は強くなる傾向がある。	成熟したメロンやイチジクの香りが特徴的に感じられる。フランスのものは樽を使って醸造されることが多く、トーストやナッツの香りが特徴。	リッチでヴォリュームのある味わいで、オイリーな質感がある。酸味は少なくまろやかな味わいをもつ。
辛口／甘口	辛口のものは色調が淡く粘性も軽め、甘口のものは色調が濃くなり、粘性が強くディスクも厚くなる。	辛口のものは成熟したフルーツの香りが主体になるが、甘口のものは、より熟度が増し、蜂蜜の香りも入る。	辛口のものはオイリーな質感をもつがドライに感じられ、甘口のものは、はっきりと強い粘性を口中でも感じる。
熟度	成熟度合いが高いものの方が、色調は濃くなる。またアルコールも強くなる傾向があるため粘性も強くなる。	ライムからトロピカルフルーツまで様々なレベルの香りを表現する。過熟したものからは、蜜の香りが現れる。	熟度によってフレーヴァーが香り同様に変わるのに加え、触感に変化がみられる。熟度が高いとオイリーになる。
樽	酸味の弱い品種であるため、樽熟成によって色調が濃くなりやすい。	品種由来の甘い香りと、樽由来の甘い香りの相性がよい。オーストラリア産のものは樽を使わない傾向がある。	樽を使わない場合はフレッシュで爽やかな味わいになり、樽を使うと豊かで厚みがあり、複雑な印象になる。

ゲヴュルツトラミネル

Gewürztraminer

別名：トラミネル Traminer（ドイツ）

産地：フランス／アルザス地方、ドイツ、アメリカ、カナダ、オーストラリア、ニュージーランド、南アフリカ

見分け方のポイント
ライチ、バラ、白檀、スパイスのような香りが特徴。

イタリア北部が起源で、主な栽培地はアルザスとドイツ。アメリカ北部でも成功しています。辛口、甘口ともスパイシーでフローラルな香りをもちます。

	外観	香り	味わい
基本用語	やや濃いめのイエローで粘性が豊か。	ライチ、バラ、白檀（びゃくだん）、コリアンダー、白コショウなどの華やかな香りがある。	オイリーな触感があり果実味が豊かで酸味が少なめ。アルコールはブドウの熟度による。
辛口／甘口	甘口のものは色調が濃いめに感じられる。糖分により粘性も強くなる。	甘口のものは過熟したフルーツの香りが中心になる。	酸味の少ない品種であるため、甘口のものは甘味が際立って感じられる。
熟度	熟度の高いものは黄色の色調が濃くなり、粘性も強い。	熟度の高いものは甘い香りが強く、品種の個性が一層強くなる。	熟度の高いものは甘いフレーヴァーが強くなり、酸味は少なく感じられる。

ヴィオニエ

Viognier

産地：フランス／ローヌ渓谷地方、アメリカ、オーストラリア

見分け方のポイント
華やかな香りがありゲヴュルツトラミネルと似た個性をもつが、より酸味が少ない。

主にフランス、ローヌ渓谷地方で栽培されています。栽培量の少ない品種ではありますが、アメリカやオーストラリアでの生産が増えています。芳香性に富み酸味が少ないのが特徴です。

	外観	香り	味わい
基本用語	明るいイエローの色調から濃いものまで様々。酸味が少ないため、熟成によって色調が濃くなりやすい。温暖な産地で栽培されるため、粘性が強めになる。特に品質の高いものは粘性が強い。	ブドウの熟度にもよるが、トロピカルフルーツのような香りが強く感じられる。ジャスミンやキンモクセイのようなフローラルなキャラクターもあり華やか。生産者によっては樽発酵、樽熟成をするので香ばしい香りをともなうこともある。	アルコールと果実味が非常に強いため、アタックは強め。酸味が少なく柔らかいので、全体に丸い印象の味わいとなる。味わいの広がりとともにかすかな苦味が感じられる。ねっとりとした触感があり、リッチな味わい。華やかでありながらボディの強さをもつのが特徴となる。

ピノ・グリ
Pinot Gris

別名：ルーレンダー Ruländer（ドイツ）、グラウブルグンダー Grauburgunder（ドイツ、オーストリア）、ピノ・グリージョ Pinot Grigio（イタリア）
産地：フランス／アルザス地方、サヴォワ地方、ドイツ、イタリア、オーストラリア、ハンガリー

ピノ・ノワールの突然変異によって誕生した、ブルゴーニュ地方原産の品種。「グリ」といわれる赤紫色の果皮をもち、濃い色調のワインとなります。

見分け方のポイント
色が濃く粘性が豊かで、赤～紫色の果実の香りをもつ。

	外観	香り	味わい
基本用語	グリーンの色調が入ることは稀で、イエローが強い。粘性が強く艶、輝きともにある。	クエッチュや洋ナシ、トロピカルフルーツの香りが強く、場合によっては蜜の香りも。	アタック、果実味が強く酸味が控えめ。オイリーな触感がありリッチな味わい。
辛口／甘口	辛口のものは淡い色調になり、甘口のものは濃く、粘性も強くなる。	辛口であっても基本的には熟した甘いフルーツの香りが主体となる。	いずれのタイプも酸味が柔らかく、果実味が豊かで滑らかな触感が特徴になる。
熟度	濃淡も特徴として現れるが粘性に違いが顕著にみられる。遅摘みのものは粘性が強い。	通常収穫のものでも甘い果実の香りが強いが、遅摘みのものからは蜜の香りが感じられる。	基本的に甘味が残されるが、稀に完全発酵でドライに仕上げられアルコールが高くなる。

ミュスカ／マスカット各種
Muscat／Muscat Family

別名：Hanepoot ハネポート（南アフリカ）
産地：フランス南部および世界各地

地中海沿岸部が起源で様々なタイプに細分され、白・黒ブドウとも存在。軽やかなワインから酒精強化の甘口まで幅広く造られます。醸造用品種としては珍しくブドウの香りがワインに移行します。

見分け方のポイント
マスカットの香りがするのですぐにわかる。

	外観	香り	味わい
基本用語	明るい色調でグリーンのニュアンスを比較的強く感じる。粘性は弱く輝きがある。	フレッシュなメロンやウリの香りとマスカットやジャスミンのような華やかな香りをもつ。	フレッシュで爽やかなフレーヴァーがあり、軽やか。アルコールと酸味はほどほど。
冷涼／温暖	気候（気温）によって色調の濃さは異なるが、グリーンの色調はともに感じられる。	冷涼地のものは爽やかで、グリーンノートを中心にジャスミンの香りも出る。	冷涼地のものはヴォリュームが軽やかで、植物的なフレーヴァーを感じる。温暖地からは甘いマスカットの香りが出る。
辛口／甘口（酒精強化）	基本的に粘性は弱い品種ではあるが、甘いものは粘性が強く色調は濃いめになる。	辛口のものはウリや若いメロン、甘口は熟したメロンやトロピカルフルーツも感じる。	辛口のものは爽やかで軽やか。甘口のものは甘味とアルコールによりヴォリュームが強い。

ガルガーネガ
Garganega

産地：イタリア

見分け方のポイント
品種の個性は少ないが、ヨード香を感じる。

イタリア北東部で栽培され、樹勢が強く多産になりやすいため、収量が品質の決め手となります。産地によっても品質は大きく異なります。

	外観	香り	味わい
基本用語	淡い色調から濃いめの黄色まで様々な色調になる。粘性は弱くさらりとした印象。	リンゴや洋ナシ、柑橘の香りとともに、ミネラルやヨードの香りがある。	穏やかな果実味とともに、柔らかな酸味がある。味わいの後半に潮苦味を感じる。
M.L.F.	M.L.F. ありのものは、場合によっては色調が濃くなる。	乳製品やアーモンドの香りが現れるため複雑になる。	酸味が柔らかくなり、風味が複雑になる。
樽	黄色の色調が濃く、グリーンのニュアンスは少なくなる。	香ばしい風味やナッツのニュアンスが強くなる。	ミネラルとともに香ばしい香りが口中でも感じられる。
土壌	丘陵地は土壌にミネラルが多いため色調が濃くなる。	クラシコは火山性土壌および石灰質が豊富でミネラリーに。	ミネラル豊富なクラシコのエリアは凝縮度合いが強い。

甲州
Koshu

産地：日本

見分け方のポイント
色調が非常に淡く、透明に近い。アルコールは低め。

日本固有の品種で紫色の果皮をもちます。潜在的に苦味のある品種ですが、醸造技術の進歩により苦味のないワインも造られています。

	外観	香り	味わい
基本用語	黄色みが少なく透明に近い色調。粘性は弱い。	白桃やリンゴの穏やかな香りとともに、ハーブのニュアンスも感じる。	果実味、酸味、アルコールとも穏やかで、苦味も感じる軽やかな味わい。
辛口/甘口	色調の濃さに違いはないが、甘口のものは粘性が僅かに強くなる。	味わいの甘さに比例して、香りにも甘いフルーツの香りが出てくる。	辛口のものはスマートでミネラリーに感じられるのに対し、甘口のものはフルーティ。
樽	樽熟成したものは色調が僅かに濃くなる。ベージュのような色調が入る。	木の樹脂や香ばしい香りが顕著に感じられる。印象としては複雑になる。	僅かに渋苦味が感じられるようになり、厚みが出て、複雑な印象になる。

ミュスカデ
Muscadet

別名：ムロン・ド・ブルゴーニュ Melon de Bourgogne（フランス／ロワール渓谷地方）
産地：フランス／ロワール渓谷地方

ロワール川流域のナントのエリア（ペイ・ナンテ地区）で主に栽培される品種です。耐寒性があるため、ブルゴーニュ地方から導入されました。

見分け方のポイント
淡い色調をもち、イースティで果実味が少ない。

	外観	香り	味わい
基本用語	細やかな気泡がある場合もある。淡い色調で輝きが強く、粘性は弱め。	柑橘類、セルフィーユなどの爽やかな香りが主体で、ミネラルやイースト、ヨードもある。	果実味が少ないため酸味が目立つが酸量は多くはない。アルコールも穏やかで飲みやすい。

シルヴァネル
Sylvaner

別名：シルヴァーナー Silvaner（ドイツ）
産地：ドイツ、フランス／アルザス地方

アルザス地方の伝統的な品種です。基本的には軽やかなワインになりますが、気候や土壌によって長熟タイプのワインに仕上がります。

見分け方のポイント
洋ナシや白い花の香りと、白コショウやミネラルも。

	外観	香り	味わい
基本用語	グリーンがかった明るい色調で輝きがある。	洋ナシや白桃、白い花と白コショウの香りがあり、リンゴのニュアンスがある場合も。	フルーティで軽やか。酸味が穏やかで柔らかい質感をもつ。

パロミノ
Palomino

産地：スペイン／ヘレス、アメリカ、南アフリカ

スペインのアンダルシアで主に栽培されている、フィノ・シェリーの主要品種です。温暖な気候と石灰質土壌から最高品質のワインを生み出します。

見分け方のポイント
基本的に酒精強化ワインになる。フィノなど。

	外観	香り	味わい
基本用語	色調は熟成の度合いによって、粘性はアルコール度数によって異なる。	長い熟成を経ることが多いので、ナッツとミネラルの香りが特徴となる。	酸味が豊かで強いヴォリュームとバランスをとる。余韻にナッツフレーヴァーが長く残る。

アリゴテ
Aligoté

産地：フランス／ブルゴーニュ地方

見分け方のポイント
色調が明るく輝きがあり、柑橘主体で酸味が強い。

ブルゴーニュ地方において長い歴史をもつ品種です。現在では脇役的な存在になっていますが、収量を抑えることで素晴らしいワインになります。

基本用語	外観	香り	味わい
	明るい色調で、輝きがあり粘性は中程度。樽熟成によって色調は濃くなる。	柑橘類やミネラルのニュアンスを強く感じる。品種としての個性は少ない。	ヴォリュームは比較的軽やか。果実味が弱くミネラルフレーヴァーがあり酸味は極めて強い。

アルバリーニョ
Albariño

別名：アルヴァリーニョ Alvarinho（ポルトガル）
産地：スペイン、ポルトガル

見分け方のポイント
海に由来するヨードの香りやグリーンノートがある。

スペインやポルトガルの海沿いのエリアで栽培されます。皮が厚いため高湿度に強く、高いアルコール、酸、芳香を生成する能力があります。

基本用語	外観	香り	味わい
	色調は淡くグリーンの色調が強い。軽やかな気泡を呈する場合がある。	柑橘やヨードの香りが顕著に感じられる、熟成によりナッティにもなる。	軽やかでミネラリーなニュアンスが口中に広がる。非常にドライに感じられる。

コルテーゼ
Cortese

産地：イタリア

見分け方のポイント
柑橘類、ハーブ、ミネラルをバランスよく感じる。

ピエモンテ原産で長い歴史をもちます。イタリアを代表する白ワイン「ガヴィ」の主要品種で、そのほとんどがピエモンテ南東部で栽培されています。

基本用語	外観	香り	味わい
	グリーンがかった淡いイエローで、艶、輝きが強い。粘性は軽やか。	柑橘類やフレッシュハーブとともに、石を擦ったようなミネラルのニュアンスがある。	軽やかで酸味、果実味は中程度。アルコールは強くならない。

トレッビアーノ
Trebbiano

産地：イタリア

イタリアで最もポピュラーな白ブドウ品種です。イタリア中部で主に栽培され、軽やかでカジュアルなワインの生産に向きます。

見分け方のポイント
黄色が少ない明るい色調。柑橘や若葉の香りをもつ。

	外観	香り	味わい
基本用語	グリーンがかった明るい色調で輝きが強い。粘性は中程度から弱め。	フレッシュハーブやグリーンオリーブのような爽やかな香りとともに柑橘の香りもある。	果実味が控えめで酸味が豊かなためドライな印象に。潮、苦味があり軽やかな味わい。

グリューナー・ヴェルトリーナー
Grüner Veltliner

産地：オーストリア

オーストリア原産で、同国を代表する白ブドウ品種です。熟度によって個性が異なり、軽やかなものから重量感のあるタイプまであります。

見分け方のポイント
グリーンノート、ミネラル、白コショウの香り。

	外観	香り	味わい
基本用語	淡くグリーンの色調が強い。粘性は軽やかで少し気泡を感じるものもある。	ライムやミネラルのような爽やかな香りを中心に、白コショウのような香りも漂う。	軽やかな味わいで、口中ではっきりとミネラルフレーヴァーを感じる。

フルミント
Furmint

産地：ハンガリー

ハンガリーのトカイ原産で、ハンガリーにおける白ブドウの主要品種です。辛口から貴腐による甘口ワインまで生産することができます。

見分け方のポイント
辛口は酸味が強く、甘口はナッツやチャツネが特徴。

	外観	香り	味わい
基本用語	明るい色調で輝きが非常に強い。さらりとした粘性で軽やかな印象。甘口は濃い色調に。	柑橘を中心に熟したリンゴの香りもある。甘口のものはアプリコットジャムの香りがある。	酸味が非常に強く、タイトでスマートな印象。軽やかでフレッシュ。

トロンテス

Torrontés

産地：アルゼンチン

見分け方のポイント
透明に近い色調。マスカット、オレンジピールの芳香。

アルゼンチンで主に栽培される品種です。マスカット・オブ・アレクサンドリアを片方の親にもつため、華やかな芳香が特徴となります。

基本用語	外観	香り	味わい
	嫌気的な醸造が行われるため黄色の少ない色調になる。粘性は強めになる傾向がある。	マスカット、ジャスミン、オレンジピールのような華やかな香りを特徴とする。	高地で栽培されることが多く酸味が豊かで、成熟の高さからリッチなテクスチャーとなる。

アシルティコ

Assyrtiko

産地：ギリシャ

見分け方のポイント
高めなアルコール、酒石酸（しゅせきさん）を思わせる塩苦い酸。

ギリシャのサントリーニ島で主に栽培される品種です。酸味の強い品種であるため、温暖な産地でも酸味が落ちないのが特徴です。

基本用語	外観	香り	味わい
	嫌気的な醸造による明るい色調。輝きと粘性が強い。	ライムのような爽やかな芳香に、ヨードや蜜ろう、砕いた石のような香りがある。	はっきりと感じる塩味と後半にじわじわと感じる酒石酸由来の強い酸味がある。

ルカツィテリ

Rkatsteli

産地：ジョージア

見分け方のポイント
ニュートラルで個性は少ないが、酸味が強い。

ジョージアを起源とする白ブドウ品種です。クヴェヴリやステンレスタンクを用いて醸造され、個性の異なるワインに仕上げられます。

基本用語	外観	香り	味わい
	ステンレス醸造のものは明るく輝くイエロー。オレンジワインは黄金から琥珀の色調。	柑橘中心でカリンや白桃、白い花のニュアンスもある。オレンジワインはスパイシー。	酸味が強くスマート。柑橘のアロマが残る。オレンジワインはタンニンが強くスパイシー。

ケルナー
Kerner

産地：ドイツ、日本／北海道

トロリンガーとリースリングの交配によってドイツで生まれた品種です。リースリングの栽培地よりも冷涼地で栽培できるように開発されました。

見分け方のポイント
花と柑橘の香りと、パリッとした強い酸味がある。

	外観	香り	味わい
基本用語	グリーンを帯びた淡いイエローで、艶と輝きが非常に強い。粘性は中程度。	柑橘と白い花が中心で、場合によってはグリーンなキャラクターが入ることもある。	軽やかな口当たりでスムーズ。酸味が非常に強く、突出した印象があることも。

アルネイス
Arneis

産地：イタリア／ピエモンテ州

ピエモンテ原産の品種。以前はネッビオーロの味わいを和らげるためにブレンドされていましたが、栽培技術の向上で単一醸造されるようになりました。

見分け方のポイント
ニュートラルだが、アーモンドやアンズの香りがある。

	外観	香り	味わい
基本用語	基本的には嫌気的な醸造が行われるので、明るい色調になる。	アンズなどストーンフルーツの香りが主体で、柑橘とアーモンドの香りが加わる。	果実味は十分にあるがドライな味わい。酸味は穏やかで柔らかな辛口の印象となる。

サヴァニャン
Savagnin

別名：ナチュレ Naturé（フランス／ジュラ地方）
産地：フランス／ジュラ地方

フランス、ジュラ地方で主に栽培される品種で、マイナーな品種でありながらあまたの有名品種の親というミステリアスな特徴をもちます。

見分け方のポイント
ニュートラルでシャルドネに似るが、酸味がより強い。

	外観	香り	味わい
基本用語	ヴァンジョーヌはイエローが強く曇りがあり、白ワインの場合は輝きが強くなる。	ストーンフルーツとミネラルの特徴が強い。ヴァンジョーヌはノワゼットが特徴。	チョーキーなミネラル感と引き締まった酸味が特徴。ヴァンジョーヌは余韻にナッツを残す。

ピノ・ノワール

Pinot Noir

別名：グロ・ノワリアン Gros Noirien
（フランス／ジュラ地方）、
シュペートブルグンダー Spätburgunder（ドイツ）、
ブラウブルグンダー Blauburgunder、
ブラウアー・ブルグンダー Blauer Burgunder
（オーストリア）
産地：フランス／ブルゴーニュ地方および世界各地

4世紀にはすでにブルゴーニュ地方で栽培されていた記録が残るブルゴーニュ原産の品種です。果皮が薄く繊細で、カビに弱く生産性が低く、栽培が困難な品種であるにもかかわらず、その妖艶とも称される官能的で優しく複雑な風味を求めて、世界各地の生産者が栽培にチャレンジしています。淡い色調でありながら香りが豊かで、ラズベリーやチェリーなどの赤いフルーツの香りと、熟成によって紅茶や枯れ葉のようなニュアンスをもち、非常に複雑な印象となります。産地の個性を明確に表現し、冷涼地のものは豊かな芳香性と伸びのある酸味がワインに表現されます。一方、温暖な土地では果実味が前面に出た、フルーティなワインとなります。

見分け方のポイント

色調が淡く芳香性が非常に豊か。カシスやチェリーなどの赤みを帯びたフルーツの香りとともに、血や鉄のようなミネラルのニュアンスもある。場合によってはスパイシーな要素も。酸味は豊か、タンニンは緻密でビロードにたとえられる。酸味が強いことから味わいはエレガントに感じられるものが多い。

	外観	香り	味わい
基本用語	基本的には明るいラズベリーレッドの色調で醸造方法や産地により濃さに変化が出る。マセラシオンが長いと色は濃く、短いと淡くなる。産地の気候や傾斜などによっても濃度は異なり、日照に恵まれた産地のものの方が濃くなる。ワインの格により粘性は異なり、格上のものは生産量を絞って造られるため、粘性が強くなる。熟成によりオレンジの色調が入る。	アセロラ、グロゼイユ、クランベリー、ラズベリー、チェリー、ストロベリー、カシスなど様々なフルーツに例えられる。スミレやバラなどの花の香りやコショウのようなスパイスの香りも表現される。若いときには鉄や血のような香りがあり、熟成によりなめし革に。除梗（じょこう）しないものは樹脂やグリーンノート、スパイスの香りが出る。	アタックは穏やかでソフト。果実味は豊かに感じられるが、酸味が強いためドライな印象になる。味わいにもミネラルの印象があり鉄や血のフレーヴァーを感じる。アルコールによるヴォリュームは強くなりすぎず、中程度になることが多い。タンニンはビロードのように滑らかでスムーズ。繊細でエレガントなワインになる。

	外観	香り	味わい
冷涼／温暖	冷涼な産地の場合は果実の色付きがよくないため、色調は明るくなる。温暖な産地のものは色素成分が多くなるため色調は濃くなる。冷涼な産地のものはアルコールや濃度が低い場合が多いので粘性は軽やかになり、温暖な産地のものはアルコールが高くなる傾向があるため粘性は強くなる。	産地の寒暖の違いによって、感じ取れるフルーツの種類やニュアンスが異なる。冷涼な産地では果実の成熟度が低くなるため、明るい色調で酸味の豊かな果実の香りを感じ、温暖な産地では成熟度が上がるため、赤黒く甘味の多い果実の香りが主体になる。冷涼地の方が花の香りが出やすく華やかな印象になり、温暖地のものは種まで成熟することによって、スパイシーな印象になる。	冷涼な産地のものは酸味が強く、ヴォリュームが弱くなるためエレガントな印象になる。温暖地のものは果実味が豊かでヴォリュームが豊かになりふくよかな印象となる。醸造方法にもよるが、温暖地のものの方がタンニンは豊かになる傾向がある。基本的には辛口に仕上げられるが、温暖な産地のものからは甘味が感じられることもある。
樽	樽熟成は酸化熟成でもあるので、樽を用いて長く熟成したものはオレンジの色調が入ってくる。	樽材にもよるが木の樹脂やヴァニラ、トーストのような香りが出る。また、樽熟成することにより発酵によって生まれた香り（第２アロマ）が少なくなり、ワインの香り自体は強くなる。	樽熟成によって渋味と苦味が加わることで、味わいはより複雑な印象となる。樽由来のタンニンはブドウ果実由来のタンニンに比べて緻密であるため、樽熟成により滑らかなタンニンがワインに与えられる。また酸化熟成を経ることによって味わい全体に一体感が出るとともに、フルーツフレーヴァーも強く感じられるようになる。
熟成	熟成により、紫主体だった色調から紫が落ち着き、オレンジのニュアンスが出てくる。酸味が豊かな品種なので、比較的色調の変化が遅い。	熟成を経ることによって、若いときに感じられた生肉や鉄のような風味が落ち着き、なめし革と表現されるような動物的なニュアンスに変化する。植物的なアロマも紅茶や枯れ葉のような香りに変化する。果実味の強いワインの場合は、フルーツの香りが熟成によってドライフルーツ的な香りになる。若いときに比べて、香りに複雑な要素が多く感じられるようになる。	果実味、タンニン、酸味、アルコールは熟成によって成分量の大きな減少はみられないが、 全体が調和することによって滑らかな印象になる。

産地：フランス／ボルドー地方および世界各地

カベルネ・ソーヴィニヨン

Cabernet Sauvignon

起源は定かではありませんが、ボルドー地方で成功しているブドウ品種です。1990年代の遺伝学的研究により、ソーヴィニヨン・ブランとカベルネ・フランとの自然交配によって誕生した品種であることが明らかになりました。温暖な気候を好み、多くの熱量を必要とするため、収穫までに要する期間が長く収量も少ない品種です。しかしながら生み出されるワインの品質のよさから、世界中の多くの生産地で作付けされています。果実は小さく皮が厚いため、ワインはタンニンを豊富に含み、長期熟成タイプになります。潜在的にミントやメントールの香りがあり、熟したフルーツのアロマとともに爽やかな香りをもつのが特徴です。

見分け方のポイント

色調が非常に濃く、中心は黒みを帯びる。成熟したフルーツのアロマが強く、潜在的にミントやメントールの香りをもち、甘いフルーツの香りとともに爽やかな香りがある。ヒマラヤ杉の香りがあり森の中を散策しているときのような印象を感じる。ほかの品種にはない特徴なので比較的品種はとらえやすい。

	外観	香り	味わい
基本用語	色調は非常に濃く、若い段階では紫の色調が強くなる。アルコールが高くなりやすいので粘性は強めになることが多い。酸味とタンニンが強いので色調の変化はゆっくりと進む。	よく熟したブルーベリーやカシス、プラムのような香りが豊か。また、特徴的な要素としてミントやユーカリの香りも出る。ヒマラヤ杉やシガーボックスのニュアンスもある。樽熟成が行われることが多いため、ヴァニラや木の樹脂のような香りが感じられることもある。	アタック、果実味、酸味ともに強く、タンニンも豊かに感じられることから、肉厚な印象となる。アルコールによるヴォリュームも豊かなので、リッチな印象に。口中でも熟した果実の香りとともにミントのような爽やかな香りがあるため、フレッシュな印象も感じる。

	外観	香り	味わい
冷涼／温暖	冷涼な産地のものは色調が淡く明るい。温暖な産地のものは濃い色調で、中心に黒みを帯びる。冷涼な産地のものはアルコールが低くなるため粘性が軽やかになり、温暖地のものはアルコールが高まるため粘性が強くなる。	カベルネ・ソーヴィニヨンの香りの特徴は熟した果実香と爽やかなミントの香り。すべてのこの品種のワインに両者の個性を感じることができるが、バランス的に冷涼な産地のものはミントの香りが強く、温暖な産地のものは熟したベリーの香りが強くなる。	産地の寒暖の差によってアルコールの強さが異なるため、口に含んだときの印象やヴォリュームに大きな影響を与える。温暖な産地のものの方がアタックは強くリッチな味わいになる。また、口中でのフレーヴァーも異なり、温暖な産地のものは熟した果実とスパイスのフレーヴァーが中心となるのに対し、冷涼な産地のものはミントのフレーヴァーが強くなるため爽やかな印象になる。
樽	外観上大きな変化は見られないが、樽熟成されているものは紫の色調が落ち着き、赤い色調が強く感じられる。	樽の素材によって感じる香りは異なるが、木質的な香りが付き、樽の成分に由来するヴァニラやココナッツ、トーストのフレーヴァーが出てくる。	樽を使うことによって木に含まれるタンニンがワインに移行するため、僅かに渋味は強くなるが、酸化熟成によってタンニンは全体的に柔らかくなる。樽熟成によって味わいの一体感が出るとともに柔らかな味わいに。口中でのフレーヴァーも醸造・発酵由来の第２アロマはほとんど感じられなくなり、熟成により現れる第３アロマが中心に感じられるワインとなる。
熟成	紫色を帯びた濃い色調から紫の色調が落ち着いて赤の色調が強くなり、時間の経過とともにオレンジの色調が入るようになる。中心が黒みを帯びるような外観は熟成とともに色素成分が落ち着き、明るい色調になる。もともとの色素成分が非常に強いため、色調の変化はエッジに多く現れる。	若い段階ではフレッシュな印象のフルーツや植物などの香りが中心だが、熟成とともに乾燥したニュアンスをもつフルーツや植物のような香りが強くなる。熟成とともに様々な芳香成分が生まれるため、複雑な印象に。長い熟成を経ることによって、腐葉土やキノコ、なめし革と表現されるような香りになる。	熟成とともに柔らかな味わいになる。もともと強かったタンニンは柔らかな印象になり、酸味と果実味はそれぞれ溶け合い滑らかな質感に。口中でのフレーヴァーは複雑に感じられる。余韻の長さに変化はみられない。

メルロ
Merlot

産地：フランス／ボルドー地方および世界各地

メルロはボルドー原産で、フランスを代表する重要なブドウ品種です。現在では世界中で栽培され成功を収めています。カベルネ・ソーヴィニヨンに比べ湿度が高く冷涼な環境を好み、果粒は大きく皮は薄いため、タンニンの柔らかなワインになります。糖分を多く生成するのでアルコールの豊かなワインになり、酸味が少なめで柔らかな味わいになる特徴があるため、ボルドーではカベルネ・ソーヴィニヨンを補完する品種として用いられてきました。酸味やタンニンの多いカベルネ・ソーヴィニヨンを柔らかくし、メルロをブレンドすることによって熟成も早まる効果があります。ボルドー地方では最も多く栽培される黒ブドウ品種です。

見分け方のポイント

メルロの場合、品種を断定できる際立った個性は少ないが、ほかの品種とは異なった柔らかい味わいがあるため判断できる。色調は濃く黒みを帯びる。香りにスパイスやミントのような香りがなく、熟した赤黒いフルーツの香りが中心。味わいは酸味が少なくヴォリュームが強い。

	外観	香り	味わい
基本用語	中心に黒みを帯びる濃いめの色調で、粘性は豊か。若いときには紫の色調も見られるが、早い段階で紫の色調は落ち着きをみせ、オレンジのニュアンスが入り始める。	成熟した赤黒いフルーツの香りが中心になる。ミントやスパイスの香りは少なく、甘く成熟した果実香が強い。熟成するとドライフルーツのような香りとともに、土やキノコのような香りも現れてくる。長い熟成を経たものは黒トリュッフにたとえられることもある。	アタックは強い。果実味が強く酸味は控えめ、アルコールによるヴォリュームが強くなる傾向にある。タンニンは色調が濃いにもかかわらず滑らかで柔らかい質感となる。余韻の長さはワインの質による。
熟成	カベルネ・ソーヴィニヨンやシラーに比べてタンニンと酸味が少ないため、これらのワインに比べると熟成は比較的早く進む傾向にある。熟成によって全体にオレンジの色調が強くなり、色素成分がオリとなって沈殿するので明るい色調になる。	香りの発展も早く、熟成とともにドライフルーツや黒い土、枯れ葉のような香りが出てくる。若いときには鉄のような香りが出ることもあるが、熟成とともにほかの香りが強くなるため、目立たなくなる。	熟成によるヴォリュームの強さに違いは感じられないが、タンニンはより滑らかになり、酸味や果実味などの味わいの一体感が増してくる。

シラー
Syrah

別名：セリーヌ Sérine（フランス／ローヌ渓谷地方）、
シラーズ Shiraz（オーストラリア）
産地：フランス南部、アメリカ、オーストラリア、南アフリカ

フランスのローヌ渓谷地方が起源とされる品種です。主にローヌ渓谷地方とオーストラリアのバロッサ・ヴァレーで栽培されていますが、その際立った個性が認められ、現在では世界各地で栽培される品種になっています。ブドウの成熟が進まないと単調なワインになる傾向があり、新世界では主に温暖なエリアで栽培されています。フランスのシラーはスパイシーでエレガントな個性をもちますが、オーストラリアのシラーズをはじめ、新世界のものは濃厚かつパワフルでフルーティなタイプのワインになります。栽培される環境によってスタイルを変える品種でもあります。

見分け方のポイント

青い色調が強くなる傾向があり、若い状態では紫の色調が極端に強く感じられる。味わい的にも抗酸化物質である酸味とタンニンが強いため、青い色調はなかなか消えない。熟成に長い時間を要する品種ともいえる。赤黒い果実や黒コショウ、鉄、血など個性的な香りも特徴。

	外観	香り	味わい
基本用語	色調は濃く、中心は黒みを帯びる。紫がかった色調が強い。粘性は比較的強めでアルコールの高さを表す。	熟した赤黒いフルーツとともに挽きたての黒コショウのような香りがある。黒オリーブや鉄、血などの個性的な香りが出る。	アタックは強く、タンニンと酸味が豊かで、固く引き締まった印象。余韻にスパイシーなフレーヴァーを長く残す。
冷涼／温暖	色調の濃さに明確に現れる。冷涼地のものは明るくなるが、温暖地のものは濃く黒みを帯びた色調になる。	産地により大きく異なる。冷涼地では黒コショウや黒オリーブが主体となるが温暖地ではシナモンやプルーンが中心。	ヴォリュームが大きく異なり、冷涼地ではほっそりとするのに対し、温暖地では強くリッチになる。
樽	外観上は大きな違いは感じられないが、樽熟成させたものは紫の色調が少なくなる。	木材によって感じる香りは異なるが、アメリカンオークを使った場合はココナッツやスモーキーな香りが強くなる。	樽を使ったものは味わいに一体感が生まれる。また、フレーヴァーに樽の香りが加わるため、複雑な印象となる。
熟成	ほかの品種に比べ色調の変化は遅く、長い時間の経過とともにゆっくりとオレンジの色調が入っていく。	フローラルな香りが少なくなり、血や鉄の香りが熟成とともにジビエのような香りに変化する。	フレッシュな味わいがあるので変化はゆっくり。タンニンが柔らかくなり、複雑な香味が感じられるようになる。

ネッビオーロ
Nebbiolo

別名：スパンナ Spanna（北ピエモンテ）、
キアヴェンナスカ Chiavennasca（ヴァルテッリーナ）
産地：イタリア／ピエモンテ州

イタリアの北部、ピエモンテ州やロンバルディア州、ヴァッレ・ダオスタ州で栽培される黒ブドウ品種で、最高級赤ワインとされるバローロやバルバレスコはこの品種から造られます。非常に晩熟なブドウ品種で、土壌や日当たり等の栽培条件が極めて難しく、ほかの国ではほとんど栽培されていません。基本的には色調は明るく、酸味とタンニンが強いのが特徴です。その強い味わいを和らげるため、樽の中で長く熟成させるのが伝統とされてきました。若いうちはタンニン、酸味ともに強いため固いワインに感じられますが、熟成により成分が重合していき偉大なワインに感じられるようになります。長い熟成を必要とする品種です。

見分け方のポイント

外観上は明るい色調で軽やかなイメージを感じるが、味わいは対照的で、タンニンが収斂（しゅうれん）し酸味も強いことから、印象として厳しさを感じるワイン。ほかにこのような個性をもった品種はないので、比較的特徴をみつけやすい品種といえる。

	外観	香り	味わい
基本用語	熟成期間によって色調は異なるが、明るい色調が基本となる。多くのものが樽によって熟成されているので、オレンジがかった色調のものが多い。	成熟したプルーンやスパイスの香りをふんだんに感じる。熟成期間が長いものは乾燥した花、フルーツの香りが強くなる。基本的にはスパイシーな印象の強い品種。	アルコールによるヴォリュームは中程度でさほど強くはないが、タンニンが強く収斂し酸味も強いことから非常に固く感じられる。余韻にスパイシーな印象を残す。
樽	樽のタイプ（大樽、小樽）や熟成期間によって入り方は異なるが、オレンジの色調が入る。	乾燥した花やフルーツの香りとともにスパイシーな風味が強く感じられるようになる。小樽で熟成させたものは、木の樹脂やロースト香が強くなる。	樽熟成を行うことによって、収斂するタンニンが柔らかくなるが、もともとのタンニン量が多いのでざらつくタンニンの印象に変わりはない。
熟成	熟成の期間が長くなるとオレンジの色調が強くなり、透明感が増して明るい色調になる。	乾燥したフルーツの香りやトリュッフのような香りが感じられるようになる。	もともとタンニン量の多い品種であるため、瓶熟成によっていくぶんタンニン量は少なくなるが、収斂する印象に変化はみられない。

サンジョヴェーゼ
Sangiovese

別名：ニエルキオ Nielluccio（フランス／コルシカ島）
産地：イタリア／トスカーナ州、アメリカ、フランス／コルシカ島、オーストラリア

イタリアのトスカーナ州に起源をもち、同州で主に栽培されています。イタリアで最もポピュラーな黒ブドウ品種であり、アメリカやオーストラリアでも栽培されています。突然変異を起こしやすく、様々な亜種や別名をもっています。収量が多くなる品種であるため、生産者の考えによって味わいの凝縮度合いは異なり、テーブルワインから高級ワインまで幅広いタイプのワインを造ることが可能な品種です。果実味、酸味、タンニンのバランスがよいワインとなり、若いうちから心地よく味わうことができます。また、熟成とともにドライフルーツや動物的なニュアンスが感じられるようになります。

見分け方のポイント

この品種の際立った個性はないが、若いときからバランスがよく、タンニンが滑らかなのが特徴となる。動物的な香りのあるものもあるが、すべてのワインに感じられるわけではないので注意が必要。土のニュアンスもある。

	外観	香り	味わい
基本用語	ブドウの収量や成熟度合いのレベルによって色調は異なるが、やや濃いめに感じられるものが多い。艶、輝きも強め。	成熟したブラックベリーやプラムの香りとともにかすかにスパイスや動物的なニュアンスを感じることもある。木樽熟成されることが多い品種。	フレッシュな果実味と酸味を感じる。アルコールのヴォリュームは中程度。タンニンは若いうちから滑らかで心地がよい。
樽	紫の色調は少なめ。長い樽熟成を経たものはオレンジの色調が入ることもある。	果実の香りの立ち方が強い。新樽を用いた場合には樹脂やトースト香、スパイシーな印象も加わる。	酸化熟成を経ることでよりタンニンが滑らかになり、全体に一体感が生まれる。香ばしいフレーヴァーが生まれる。
熟成	熟成とともにオレンジの色調が入り、色素が重合し落ちるので明るい色調になる。発展は比較的早い。	もともと熟した果実の香りが強いが、熟成とともに乾燥したフルーツや花の香りが感じられるようになり複雑になる。	若い段階でもバランスがよいワインではあるが、より一体感が増し調和した印象に。複雑な風味が余韻に感じられる。
土壌	石灰岩と泥灰岩の混ざる土壌では果実の成熟度が増し、濃い色調のワインになる。	石灰や泥灰の多い土壌では成熟した黒系の果実の香りが主体になり、ミネラルの香りが強く感じられるようになる。	ミネラル分の多い土壌では、土壌に由来する鉱物的な香りが口中のフレーヴァーにも強く現れる。

カベルネ・フラン
Cabernet Franc

別名：ブーシェ Bouchet（フランス／ボルドー地方）、
ブルトン Breton（フランス／ロワール渓谷地方）
産地：フランス／ボルドー地方、ロワール渓谷地方および世界各地

見分け方のポイント
産地や収量にもよるが、グリーンな香りがある。

フランス原産の品種で、ロワール地方で最も多く栽培されています。ボルドー地方では栽培量は少ないながら、重要な役割を果たしている品種です。

	外観	香り	味わい
基本用語	明るい色調で紫のトーンが強く、粘性はさほど強くない。	ブルーベリーやアスパラガス、ピーマンのような香りをもつ。シンプルな構成。	酸味がフレッシュで豊か。果実味が生き生きとしておりスマートな味わい。
樽	元来、青い色調の強くなる品種ではあるが、樽熟成することにより青い色調が落ち着く。	発酵由来のスミレやキャンディの香りが落ち着き、果実と樽の香りを心地よく感じる。	樽の風味が加わることにより、味わいに複雑味が感じられるようになる。
熟成	紫の色調が落ち着き、オレンジのニュアンスが入る。明るい色調に変化する。	植物的な香りが枯れ葉や紅茶の香りに変化する。フルーツの香りはドライな印象になる。	フレッシュな味わいをもつ品種だが、熟成によりまろやかになる。

ガメイ
Gamay

産地：フランス／ブルゴーニュ地方ボージョレ地区、
ロワール渓谷地方、アメリカ、南アメリカ

見分け方のポイント
色調は明るく、軽やかな味わい。タンニンも少なめ。

ブルゴーニュ地方、特に最南端のボージョレ地区で多く栽培されています。豊産で大粒なため、色調は明るく、タンニンは軽やかになります。

	外観	香り	味わい
基本用語	色調は明るく、粘性は弱め。	フレッシュな赤いフルーツや、イチゴジュース、黒蜜など甘味を連想させる香りがある。	フレッシュで軽やかな味わい。タンニンも少なめで軽やか。
土壌	花崗岩土壌で栽培されると、色調が濃くなり黒みを帯びる。粘性も強くなる。	花崗岩土壌ではブドウの成熟度が増すため、甘い果実の香りが強くなりスパイシーな印象に。	花崗岩土壌のものは、ヴォリュームとミネラル感、タンニンの収斂（しゅうれん）性が強くなる。
熟成	熟成のスピードは早く、オレンジの色調が全体的に感じられるようになる。	乾燥した果実の香りとともに、甘草（かんぞう）のようなスパイシーな香りが強くなる。	フレッシュな味わいが全体的に調和し、心地のよい印象になる。発展は早い。

グルナッシュ
Grenache

別名：グルナッシュ・ノワール Grenache Noir（フランス南部）、
ガルナッチャ・ティンタ Garnacha Tinta（スペイン／リオハ、ナーバラ）
産地：フランス南部、アメリカ、オーストラリア、スペイン

スペインを原産地とする品種で、フランス南部でも多く栽培されています。世界中で栽培され、テーブルワインから高級ワインまで造られます。

見分け方のポイント
プルーンのような完熟フルーツと華やかな香りがある。

	外観	香り	味わい
基本用語	明るい色調から濃い色調まで様々。比較的発展は早く、オレンジの色調が入る。	イチジクなどの甘い果実の香りとともにシャクヤクのような華やかな香りがある。	果実味、アルコールが強く酸味が少ないため、丸い印象に感じられる。
冷涼／温暖	温暖地のものは色調が濃くなり粘性も強め。	温暖になるほど、フルーツの甘い香りが強くなる。	アルコール度数が異なり口中でのインパクトに違いが出る。
樽	早い段階でもオレンジの色調が見られるようになる。	甘い果実の香りにトーストの香りがマッチする。	樽の風味により、厚みが一層増す。
熟成	オレンジの色調が入り、明るくなる。	ドライフルーツやドライフラワーの香りが強くなる。	様々な芳香が形成されるので複雑な印象になる。

バルベーラ
Barbera

産地：イタリア／ピエモンテ州、アメリカ

イタリアの北部、ピエモンテ州が主な生産地の品種です。多産で比較的安価なワインが生産されていますが、近年評価の高まりつつある品種です。

見分け方のポイント
濃い色調でありながら味わいは軽やか。

	外観	香り	味わい
基本用語	色調は濃く、粘性は軽やかに感じられる。	赤いベリーや鉄、血などの香りとともに、ミネラリーなニュアンスもある。	濃い色調の割に味わいは軽やかで、酸味が強くタンニンは少なめ。チャーミングな印象。
樽	外観に大きな変化はないが、紫の色調は落ち着く。	華やかな香りは少なくなり、樽由来の香ばしい香りや熟成による複雑な香りが入る。	シンプルな構成のワインではあるが、味わいに厚みが感じられるようになる。
熟成	濃い色調のワインであるがエッジにオレンジの色調が入る。	鉄や血のような香りが乾燥肉のような香りに変化する。土のような香りも出てくる。	フレッシュな味わいが落ち着く。全体に調和が感じられるようになる。

マルベック（コット）

Malbec (Côt)

別名：オーセロワ Auxerrois（フランス／南西地方カオール）
産地：フランス／ボルドー地方、南西地方カオール、スペイン、カナダ、オーストラリア、アルゼンチン

見分け方のポイント
全体が黒みを帯びるほど濃くなり、タンニンが収斂。

フランス南西部に起源をもつ品種で、フランスとアルゼンチンで多く栽培されています。色調が濃くタンニンの非常に強い品種です。

	外観	香り	味わい
基本用語	全体に黒い色調があり、紫の色調も強いため若い印象が長く続く。	プルーンやブラックベリーの熟した香り、鉄、スパイスなどの香りもある。	果実味が強くタンニンは収斂（しゅうれん）し、酸味も強く、渋く固い印象のワイン。
樽	樽を使うことによって、もともとある青い色調に落ち着きが出る。	果実の香りに加え、ローストやスパイスの香りが強く感じられるようになる。	風味が増し、よりリッチな味わいになる。
熟成	色調の変化はゆっくりでオレンジのニュアンスはなかなか出ない。	ドライフルーツの香りが顕著に感じられるようになる。複雑な印象に変化する。	タンニンの収斂性は変わらないが全体に滑らかさが出る。

テンプラニーリョ

Tempranillo

別名：ウル・デ・リェブレ Ull de Llebre、センシベル Cencibel（ラ・マンチャ）、ティント・フィノ Tinto Fino（カスティーリャ・レオン）
産地：スペイン／リオハ、ナーバラ、ポルトガル、アルゼンチン

見分け方のポイント
色調が濃く果実味も強いながらタンニンは滑らか。

スペインのリオハ原産の品種であり、スペインで最もポピュラーな品種です。「早熟」を意味し、冷涼地であっても完熟する優れた品種です。

	外観	香り	味わい
基本用語	濃い色調で、樽熟成によってオレンジの入り方に変化がみられる。	プルーンやブラックチェリー、鉄や樽の香りが豊かに感じられる。	果実味が豊かで、タンニンも豊富で緻密。密に詰まった印象が感じられる。
冷涼／温暖	温暖地のものの方が色調は濃くなる。	黒いフルーツの香りは共通で感じられるが甘さが異なる。	温暖地のものはアルコールが強くなりリッチに感じられる。
樽	オレンジの色調がエッジに入る。	ヴァニラやココナッツ、トーストの香りが出る。	滑らかなタンニンの印象が強くなる。
熟成	オレンジの色調が強くなり明るい色調になる。	プルーンや枯れ葉のような香りが強くなる。	味わいが滑らかになり様々な風味が感じられるようになる。

ジンファンデル（プリミティーヴォ）
Zinfandel (Primitivo)

産地：アメリカ、イタリア／プーリア州

ヨーロッパに起源をもつ品種ですが、アメリカで多く栽培される品種です。温暖で水はけのよい土壌を好み、長い成熟期間を必要とします。

見分け方のポイント
色調が濃く果実味が非常に豊かでアルコールが高い。

	外観	香り	味わい
基本用語	色調が非常に濃く粘性が豊かに感じられる。	フルーツの凝縮した香りが強くジャミーな香りがあり、ココナッツ、シナモンの香りもある。	アルコールと果実味が豊かでリッチな味わいがある。タンニンはとても滑らか。
冷涼／温暖	温暖地のものは色調と粘性が非常に強くなる。	温暖地のものは甘く熟した果実の香りが豊か。	栽培地の気温によってヴォリュームに違いが生まれる。
樽	紫の色調はあまり感じられなくなる。	ヴァニラやココナッツの香りが現れる。	苦味が出るため、より複雑で厚みが感じられる。
熟成	オレンジの色調が入り明るくなる。	ドライフルーツの香りが強まる。	滑らかな印象が強くなり、まとまりが出る。

コルヴィーナ・ヴェロネーゼ
Corvina Veronese

産地：イタリア

ヴェネト州の限られた地域で栽培され、単一で仕込まれることは少なく混醸されます。陰干しにより凝縮したワインを造ることでも有名な品種です。

見分け方のポイント
果実味が豊かでタンニンは滑らか。少しスパイシー。

	外観	香り	味わい
基本用語	濃いめの色調になり、中心に黒みが入る。粘性はやや強め。	果実の成熟した芳香が豊かでスパイスの香りと血や鉄のニュアンスもある。	果実味が豊かに広がり酸味が味わいのバランスをとる。ヴォリュームは中程度で心地よい。
辛口／甘口	甘口のものは色調が濃く、粘性も強い。	甘口のものはドライフルーツやスパイスが強い。	甘口のものはアルコールを強く感じリッチな印象になる。
樽	紫の色調が落ち着いて感じられる。	ヴァニラやトーストの香りが強くなる。	甘いフレーヴァーがあり、豊かな味わいになる。
熟成	オレンジの色調が全体に感じられるようになる。	ドライフルーツの香りと動物的な香りが出る。	全体の味わいが滑らかに感じられるようになる。

マスカット・ベーリーA
Muscat Bailey A

産地：日本

見分け方のポイント
イチゴ、土、ゴボウのような香りが感じられる。

日本原産の交配品種で川上善兵衛氏がベーリー種とマスカット・ハンブルグ種を交配して作りました。多湿に強い日本を代表する黒ブドウ品種です。

	外観	香り	味わい
基本用語	明るいラズベリーレッドで熟成は早くオレンジが入りやすい。	イチゴのほか、ブドウジュースやサツマイモ、木の根や土のような独特な香り。	果実味、タンニン、酸味、アルコール、いずれも穏やかで軽やかな味わい。

ムールヴェドル
Mourvèdre

別名：モナストレル Monastrell（スペイン）、
マタロ Mataro（オーストラリア、アメリカ）
産地：フランス南部、スペイン、オーストラリア

見分け方のポイント
動物的な香りが出やすく、タンニンが非常に強い。

フランス南部、スペインやオーストラリアで栽培されます。晩熟な品種で、暑く乾燥した土地でよく成熟し、長熟タイプのワインになります。

	外観	香り	味わい
基本用語	色調は濃く中心に黒みを帯び、粘性も強めになる。	ジビエやスパイス、ガリッグの香りがあり、動物的な香りも強い。	地中海沿岸のワインにみられる、口中を締め付けるような乾いたタンニンがある。

カリニャン
Carignan

別名：カリニェナ Cariñena、マスエロ Mazuelo（スペイン）
産地：スペイン／アラゴン、カタルーニャ

見分け方のポイント
若い段階で動物、スパイス、ドライフルーツが強く現れる。

スペイン原産で地中海沿岸やアメリカ大陸で栽培され、晩熟で温暖地に適しています。味わいが強いためブレンドされることが多い品種です。

	外観	香り	味わい
基本用語	色調は濃く粘性も強め。ただし粘性はワインのレベルにより、品質が高いほど強い。	熟した果実とともにジビエや革、甘草（かんぞう）のようなスパイスの香りが豊か。	酸味は少なくタンニンが強く感じられ苦味となって余韻に残っていく。

アリアニコ
Aglianico

産地：イタリア

イタリア南部を中心に栽培される品種です。晩熟で温暖な気候を好み、濃い色調のタンニンが豊かなワインを生み出します。

見分け方のポイント
色が非常に濃く、タンニンが収斂(しゅうれん)し肉厚。

	外観	香り	味わい
基本用語	中心に黒みを帯びる濃い色調。粘性が強い。	成熟したベリーやプルーン、スパイスなどの香りが豊かに感じられる。	収斂するタンニンが豊富で、果実味とともに肉厚な印象となる。

モンテプルチャーノ
Montepulciano

産地：イタリア

イタリア中央部で多く栽培される品種。古くは16世紀にアブルッツォ州でこの品種のワインが造られていました。イタリアで知名度の高い品種です。

見分け方のポイント
収斂するタンニンとスパイス、苦味を余韻に残す。

	外観	香り	味わい
基本用語	濃い色調で粘性が強い。元来、紫の色調が強いが樽熟成によりオレンジが入る。	完熟したベリーの香りやプラム、イチジク、鉄やミネラルの風味が強い。	アルコール、酸味が強く、タンニンも強く収斂し、固い印象に感じられる。

カルメネール
Carmenère

産地：チリ

19世紀半ばまでボルドーで広く栽培されていましたが、フィロキセラ対策の台木との相性が悪く減少。台木を必要としないチリで広く栽培されています。

見分け方のポイント
完熟した黒いフルーツとともにあるパプリカの香り。

	外観	香り	味わい
基本用語	非常に濃いダークチェリーレッドで中心には黒みを帯びる。色素と粘性が強い。	完熟した黒系フルーツの香りと、パプリカを思わせる植物的なアロマ。埃っぽい特徴も。	たっぷりの果実味があり、濃い色調のわりに滑らかなタンニンと優しい酸味をもつ。

ピノタージュ
Pinotage

産地：南アフリカ

見分け方のポイント
親品種の特徴から赤い果実香と粗いタンニン。

ピノ・ノワールとサンソーの交配によって南アフリカで誕生しました。エレガントなピノ・ノワールの個性をもちつつ栽培のしやすさを求めた品種です。

	外観	香り	味わい
基本用語	様々なスタイルに仕上げられるため、中程度から黒みを帯びる色調まである。	黒系果実、スモーク、土や漢方薬のような香りが共存。焦げたゴム臭があることも。	強い果実味と優しい酸味、サンソー由来の粗く強めなタンニンと高めなアルコール。

ネレッロ・マスカレーゼ
Nerello Mascalese

産地：イタリア／シチリア州

見分け方のポイント
高い酸味とタンニンによるタイトな味わい。

イタリア、シチリア島を起源とする品種です。他の地域ではあまり栽培されていません。そのエレガントな個性から近年高い評価を受けています。

	外観	香り	味わい
基本用語	明るいラズベリーレッドの色調。輝きが強く粘性も強め。	酸味を多く含む赤いフルーツの香りが中心で、僅かにスモーキーな香りが感じられる。	フレッシュで強い酸味と低い果実味。ミネラル感が強く僅かにタンニンがグリップする。

クシノマヴロ
Xinomavro

産地：ギリシャ

見分け方のポイント
果実香が低く、トマト、オリーブの香りが特徴。

ナウサなどで栽培されるギリシャの固有品種。品種名はギリシャ語で「酸」と「黒」を意味します。骨格のしっかりとしたワインになります。

	外観	香り	味わい
基本用語	明るいチェリーレッド。艶、輝きがありクリーンな印象。粘性はやや強めに感じる。	果実香が低く、トマトやオリーブ、スパイス、土の香りが全面に感じられる。	フレッシュな酸味が豊かに感じられ、グリップするタンニンが後半に強く現れる。

ツヴァイゲルト
Zweigelt

別名：ブラウアー・ツヴァイゲルト Blauer Zweigelt、ロートブルガー Rotburger（オーストリア）
産地：オーストリア

オーストリアで交配により開発された品種で、オーストリアで最も多く栽培される黒ブドウ品種です(2020年現在)。寒冷地で広く栽培されています。

見分け方のポイント
赤いフルーツの香りとスパイスが共存する。

	外観	香り	味わい
基本用語	明るいチェリーレッドの色調。透明感がある。艶、輝きが強く粘性はやや低め。	スパイスを効かせた赤いフルーツの香りとともに、土などアーシーな特徴もある。	フレッシュな酸味が豊かでタイトな印象。シルキーなタンニンとスパイシーなフィニッシュ。

タナ
Tannat

別名：アリアゲ Harriague（ウルグアイ）
産地：フランス／南西地方、ウルグアイ

フランス南西地方生まれで、ウルグアイでも成功し人気の品種になっています。タナはフランス語で「タンニン」を意味し、強い渋味が最大の特徴です。

見分け方のポイント
非常に濃い色調とグリップするタンニン。

	外観	香り	味わい
基本用語	黒味を帯びる濃いダークチェリーレッド。粘性が強く輝きがある。	プルーン、甘草、カルダモン、スモークや樹脂などの複雑で強い香り。	強い果実味とともに高い酸味と突出したタンニンがあり、かなり強く収斂する。

トウリガ・ナショナル
Touriga Nacional

産地：ポルトガル

ポルトガルで生まれたポートワインの主要品種。近年、スティルワインとしての可能性が見出されボルドー地方でも栽培が認められました。

見分け方のポイント
濃い色調。タンニンが強くアルコールが高い。

	外観	香り	味わい
基本用語	非常に濃いダークチェリーレッド。紫の色調。輝きがあり粘性も強い。	ブルーベリーやスミレ、ハーブのような香りも感じられる。華やかな印象。	フレッシュな酸と穏やかな果実味があり、強いタンニンと高いアルコールでボディが強い。

STEP 2 産地の特徴を知る

UK
英国
☛P.156
Germany
ドイツ
☛P.149
Hungary
ハンガリー
☛P.155
Japan
日本
☛P.171
Georgia
ジョージア
☛P.153
Spain
スペイン
☛P.150
Austria
オーストリア
☛P.152
Greece
ギリシャ
☛P.154
Australia
オーストラリア
☛P.166
Switzerland
スイス
☛P.156
Portugal
ポルトガル
☛P.155
Italy
イタリア
☛P.146
South Africa
南アフリカ
☛P.170

France
フランス
☛P.118

産地の特徴を知るとは

いまやワインは世界中で造られます。新世界といわれる国であっても、ヨーロッパに近い味わいのワインも造られています。しかし、それぞれの産地のワインは異なった地質、地勢、気候、文化、人のもとで造られます。そのいわゆる「テロワール」を知ることで、なぜそのようなワインが造られたかを理解することができるのです。産地の自然条件を考えながら地図を読み解くことによって、より深くワインの味わいを感じることができるでしょう。

産地紹介ページの使い方

世界の代表的な産地について、テロワールや造られるワインの特徴について紹介。フランス、アメリカについてはさらに詳細な地域についてもピックアップして紹介している。

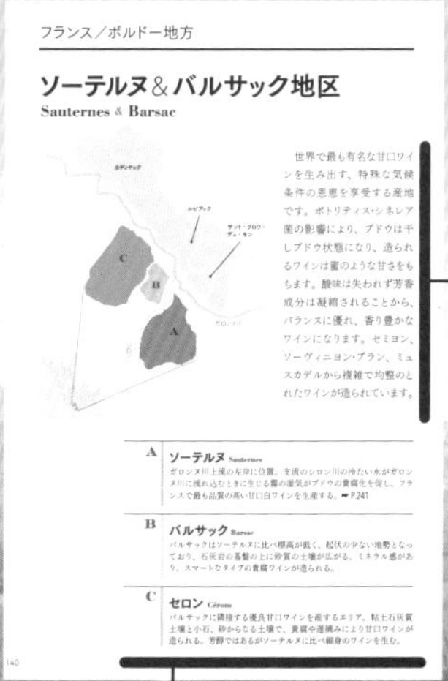

フランス／ボルドー地方

ソーテルヌ＆バルサック地区
Sauternes & Barsac

世界で最も有名な甘口ワインを生み出す、特殊な気候条件の恩恵を享受する産地です。ボトリティス・シネレア菌の影響により、ブドウは干しブドウ状態になり、造られるワインは蜜のような甘さをもちます。酸味は失われず芳香成分は凝縮されることから、バランスに優れ、香り豊かなワインになります。セミヨン、ソーヴィニヨン・ブラン、ミュスカデルから複雑で均整のとれたワインが造られています。

A ソーテルヌ Sauternes
ガロンヌ川上流の左岸に位置。支流のシロン川の冷たい水がガロンヌ川に流れ込むときに生じる霧の湿気がブドウの貴腐化を促し、フランスで最も品質の高い甘口白ワインを生産する。☛P.241

B バルサック Barsac
バルサックはソーテルヌに比べ標高が低く、起伏の少ない地勢となっており、石灰岩の基盤の上に砂質の土壌が広がる。ミネラル感があり、スマートなタイプの貴腐ワインが造られる。

C セロン Cérons
バルサックに隣接する優良甘口ワインを産するエリア。粘土石灰質土壌と小石、砂からなる土壌で、貴腐や遅摘みにより甘口ワインが造られる。芳醇ではあるがソーテルヌに比べ細身のワインを生む。

140

紹介するエリア全体についての解説

地図からピックアップした詳細産地についての解説。☛P.000は、その産地のワインを紹介している第3章のページ。

Canada
カナダ
☛P.156

Chile/Argentina
チリ／アルゼンチン
☛P.164

U.S.A.
アメリカ
☛P.158

カリフォルニア州―ナパ・カウンティ／ソノマ・カウンティ ☛P.159 ☛P.160

オレゴン州／ワシントン州
☛P.163

New Zealand
ニュージーランド
☛P.169

フランス

France

世界有数のワイン生産国であるフランスでは、恵まれた環境から多種多様なワインが生産されています。気候や土壌はブドウ栽培に適しており、それぞれの地方でテロワールに適した品種を栽培し、伝統的な醸造法をもとに、新しい技術を導入しつつ、個性の際立ったワインを生み出しています。長い歴史をもつワイン生産国であり、その長い歴史に裏打ちされた高い品質、ワインの発展とともに確立された郷土料理、歴史上のワインにまつわるストーリーなど、飲み手の心をつかんで離さない魅力に溢れたワイン生産国です。

1 シャンパーニュ地方
Champagne

国内で最も北にあり、ブドウ栽培の北限に近い場所に位置。白亜質土壌から酸味の豊かなワインが生まれ、アサンブラージュによりバランスのよいスパークリング・ワインが造られる。☛ P.237、238、239

- **気候**：大陸性気候（大西洋の影響も受ける）
- **土壌**：主に白亜質土壌

2 アルザス地方
Alsace

比較的緯度は高いが、西側のヴォージュ山脈に守られ温暖で、フランスで2番目に降雨量も少なく、アロマ豊かなワインを産する。☛ P.204、207、209、210、211、255

- **気候**：半大陸性気候
- **土壌**：花崗岩質、粘土質、頁岩質、砂岩質、石灰質まで幅広い

3 ブルゴーニュ地方
Bourgogne

小高い山の斜面に連なる産地。大陸性気候の影響を受け、昼夜と年間の寒暖差が大きい。基本的に単一品種で造られ、酸味と果実味の豊かなワインを産する。☛ P.212、216、250、252、254、258、259、262

- **気候**：大陸性気候
- **土壌**：粘土、泥灰岩、石灰岩

4 ジュラ／サヴォワ地方
Jura / Savoie

スイスとの国境付近のジュラ山脈の麓で、冷涼な気候から酸味の際立ったワインを生む。山中のため保存性を高めたワインが多く、ヴァン・ジョーヌやヴァン・ドゥ・パイユなど個性豊かなワインを産する。☛ P.254

- **気候**：半大陸性気候（ジュラ）
- **土壌**：石灰岩が主体（ジュラ）

5 ローヌ渓谷地方
Vallée du Rhône

ローヌ川の下流域に広がる産地。ローマ時代に交通の要所として栄えたヴィエンヌから法王庁が置かれていたアヴィニョン近辺まで約200kmにわたる。北部と南部で気候と土壌が異なる。☛ P.211、227、242

- **気候**：大陸性気候(北部)、地中海性気候(南部)
- **土壌**：多彩

6 プロヴァンス地方/コルシカ島
Provence / Corse

プロヴァンス地方は地中海沿岸の陽光降り注ぐ恵まれた環境の産地。コルシカ島はニースの南東180kmに位置。地理的・文化的にイタリアに近い。☛ P.232、247

- **気候**：地中海性気候
- **土壌**：石灰質など(プロヴァンス)、花崗岩質、片岩質、石灰質、粘土質(コルシカ島)

7 ラングドック/ルーション地方
Languedoc / Roussillon

地中海沿岸のマルセイユの西側からスペイン国境にかけて広がる。ブドウ栽培に適した地中海性気候の影響を受ける、フランス最大のワイン産地。酒精強化ワインも多く産出する。☛ P.245

- **気候**：地中海性気候
- **土壌**：石灰岩、片岩、砂利など多彩

8 南西地方
Sud-Ouest

ボルドーの東から中央山塊にかけて、南はスペインに国境を接するピレネー山脈の麓まで広いエリアを包括する産地。広域なため、様々な土壌で種々の品種が栽培され多彩なワインが造られる。☛ P.228、235

- **気候**：広いエリアであるため様々
- **土壌**：多彩

9 ボルドー地方
Bordeaux

西部の大西洋に面する銘醸地。大きな港を有し、交易によって発展した。沿岸を流れる暖流の恩恵を受け、気候は年間を通して穏やかで、ブドウの完熟を促す。世界有数の産地として知られる。☛ P.251

- **気候**：海洋性気候
- **土壌**：砂利質、粘土質など

10 ロワール渓谷地方
Val de Loire

長さ1000kmに及ぶフランス最長のロワール川沿いに広がる。ルネサンス期に築かれた古城が点在し「フランスの庭」といわれるほど、風光明媚な景観をもつ。多彩なスタイルのワインを生産する。

- **気候**：海洋性気候、大陸性気候
- **土壌**：多彩

フランス

シャンパーニュ地方

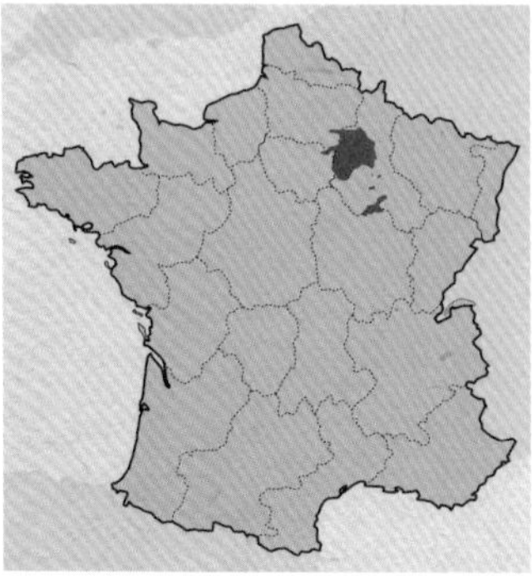

白亜質が強く、ブドウの栽培に適した土壌でありながら、気候的には恵まれずブドウの成熟がコンスタントに進まなかったために、先人たちは工夫を重ねアサンブラージュという技術を編み出しました。強い酸味と気泡をもつワインは、長い熟成期間が必要でしたが、この地方にはローマ人たちによる石灰岩の採掘跡があり、その空間でワインを長い期間完璧な状態で熟成させることができました。様々な条件が重なり生み出されたユニークなワイン。その魅惑的な味わいは歴代の国王や王妃、貴族たちを魅了しました。

ヴァレー・ド・ラ・マルヌ地区

Vallée de la Marne

シャンパーニュ地方の中央を東西に横切るマルヌ川に沿って広がる。畑の向きは様々で、粘土質など多様な地質が入り組んでいる。日照に恵まれているためブドウが完熟し、豊かな味わいのワインが生まれる。ムニエ中心。☛ P.239

⊙ **土壌**：泥灰、粘土、砂質

グラン・クリュ

アイ Aÿ
歴史的にも最高のワインを生むと評される。

トゥール・シュル・マルヌ Tours-sur-Marne
砂利が多く、フルーティで柔らかい酸が特徴。

コート・デ・ブラン地区

Côte des Blancs

エペルネから南にまっすぐ続く東向きの地域。この地方のなかでも特に強い石灰質土壌で、地表近くにまで石灰岩が広がる。豊かなミネラル分をブドウに供給し、酸味とアロマ豊かなワインを生み出す。シャルドネ中心。☛ P.236

⊙ **土壌**：白亜質土壌

グラン・クリュ

アヴィズ Avize
石灰質が強く、ワインもミネラル感豊か。

シュイイ Chouilly
個性は穏やかだが、バランスに優れている。

クラマン Cramant
南向きの斜面。果実味豊かでクリーミー。

ル・メニル・シュル・オジェ Le Mesnil-sur-Oger
シャープでミネラル感豊かなワインを生み出す。

オジェール Oger
北風から守られる東向きの斜面で成熟度が高い。

オイリー Oiry
傾斜下部は平地で、柔らかな味わい。

モンターニュ・ド・ランス地区
Montagne de Reims

ランスとエペルネを結ぶ、半円を描くように北、東、南向きの丘陵に広がる栽培地域。土壌は白亜質と粘土によって構成される。シャンパーニュのブドウの約8割を栽培する重要な産地。ピノ・ノワール中心。☛ P.236

⊙ **土壌**：粘土を含む白亜質土壌

グラン・クリュ

アンボネー Ambonnay
東南向きの斜面で豊満な風味のワインを生む。

ボーモン・シュル・ヴェスル Beaumont sur Vesle
平地で、軽やかかつマイルドなワインを生む。

ブージー Bouzy
日照条件に恵まれ、濃密な果実香をともなう。

ルーボワ Louvois
南西向きで標高が高く、風通しがよいため可憐。

マイイ Mailly
北向き斜面で表土は浅い。軽やかでミネラリー。

ピュイジュー Puisieux
平地に広がる小さな産地。密度はあるが軽やか。

シルリ Sillery
平地で風が強く吹くことから軽やかに。

ヴェルズネー Verzenay
北向き斜面ならではの精密な酸味が心地よい。

ヴェルジ Verzy
力強くワイルドなワインを産する。

2 フランス
アルザス地方

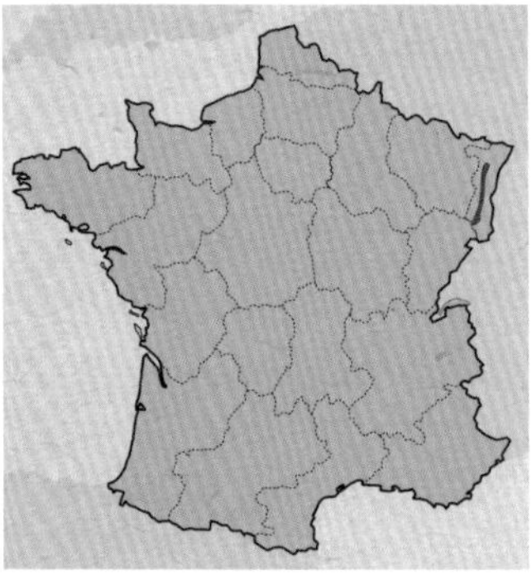

ライン川に面したヴォージュの丘にあり、全長約120km、幅15kmの南北に細長い産地です。標高200～400mの丘陵地に畑が広がっており、西側にそびえるヴォージュ山脈のおかげで、海洋性気候の影響を免れ、フランスのなかでも降雨量が2番目に少なく、暖かくて乾燥しています。太古の昔、海底でしたがアルプス造山時にアルザスも隆起し、その後突然陥没。そのときに地層が「モザイク」のように混ざり合い、ワインの多様な個性を引き出す土壌を造りました。

バー・ラン県 ●
Bas-Rhin

アルザスの栽培地域の北部に広がる。西側のヴォージュ山脈の標高が比較的低いため西からの風の影響を受けやすい。土壌の個性を生かした良質なワインも多く造られるが、グラン・クリュや遅摘み、貴腐ワインの生産量は少ない。代表的な畑はカステルベルグ。アンドローの北側にある南向きの斜面に広がり、シスト土壌からミネラル豊かなワインを生む。

オー・ラン県 ●
Haut-Rhin

アルザス南部に広がる。西側のヴォージュ山脈の標高が高く、大西洋から吹く風を完全に防ぐ環境にあり、温暖で乾燥している。特にコルマール近郊は最も降雨量が少ない。恵まれた環境から成熟度の高いブドウが収穫されるが、時には遅摘みや貴腐ワインも仕込まれる。アルザスで偉大なワインを生産するエリア。代表的な畑はシュロスベルグで、土壌は片麻岩や花崗岩。

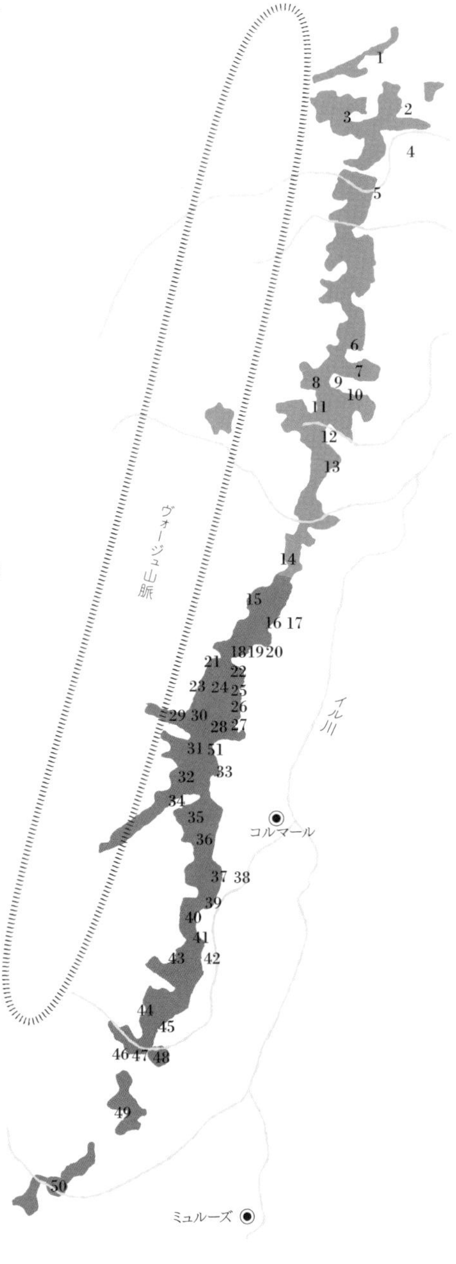

グラン・クリュ

1 スタインクロッツ Steinklotz
2 エンゲルベルグ Engelberg
3 アルテンベルグ（ベルグビーテン） Altenberg (Bergbieten)
4 アルテンベルグ（ヴォルクスハイム） Altenberg (Wolxheim)
5 ブリュデルタール Bruderthal
6 キルヒベルグ（バール） Kirchberg (Barr)
7 ツォツェンベルグ Zotzenberg
8 カステルベルグ Kastelberg
9 ヴィーベルスベルグ Wiebelsberg
10 メンヒベルグ Moenchberg
11 ミュンヒベルグ Muenchberg
12 ヴィンツェンベルグ Winzenberg
13 フランクスタイン Frankstein
14 プレラーテンベルグ Praelatenberg
15 グルッケルベルグ Gloeckelberg
16 アルテンベルグ・ド・ベルクハイム Altenberg de Bergheim
17 カンツレールベルグ Kanzlerberg
18 ガイズベルグ Geisberg
19 キルヒベルグ・ド・リボヴィレ Kirchberg de Ribeauville
20 オステルベルグ Osterberg
21 ロザケール Rosacker
22 フローエン Froehn
23 シェーネンブール Schoenenbourg
24 スポレン Sporen
25 ゾンネングランツ Sonnenglanz
26 マンデルベルグ Mandelberg
27 マルクラ Marckrain
28 マンブール Mambourg
29 フュルステンタム Furstentum
30 シュロスベルグ Schlossberg
31 ヴィネック・シュロスベルグ Wineck-Schlossberg
32 ゾンマーベルグ Sommerberg
33 フロリモン Florimont
34 ブラント Brand
35 ヘングスト Hengst
36 スタイングリュブレール Steingrubler
37 アイヒベルグ Eichberg
38 フェルシグベルグ Pfersigberg
39 ハッチュブール Hatschbourg
40 ゴルデール Goldert
41 スタイネール Steinert
42 フォルブール Vorbourg
43 ツィンクフレ Zinnkoepflé
44 フィングストベルグ Pfingstberg
45 スピーゲル Spiegel
46 ケスレール Kessler
47 キッテルレ Kitterlé
48 セーリング Saering
49 オルヴィレール Ollwiller
50 ランゲン Rangen
51 ケフェルコプフ Kaefferkopf

3 フランス ブルゴーニュ地方

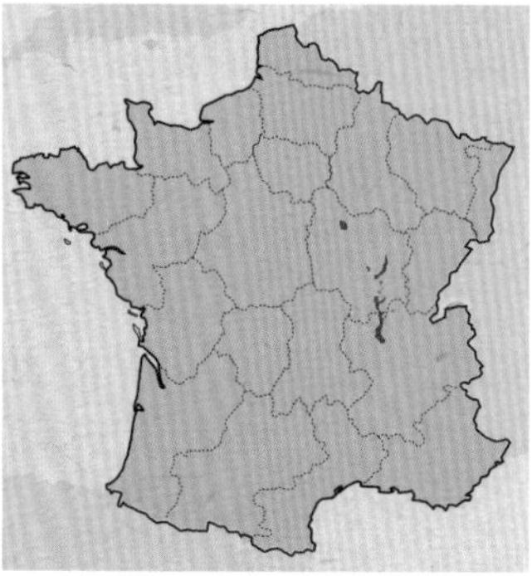

フランス東部、約300kmにわたって広がるブルゴーニュは6つのエリアに分けて考えられます。太古の地殻変動によって形作られた丘の斜面に位置し、向きは東から西までバラエティに富みます。大陸性気候の影響を受け、土壌は石灰質、粘土、泥灰土などからなり、そのバランスにより栽培される品種が選ばれます。基本的に単一品種で醸造されますが、微妙な地質の違い、傾斜の向き、標高の違いなどから異なった味わいのワインを生みます。

シャブリ地区

Chablis

ブルゴーニュの中心部から北西約100kmに位置し、ジュラ紀後期のキンメリジャン期の石灰岩と泥灰岩からなる。冷涼な気候と特異な土壌からミネラル感の際立ったドライな味わいのワインを生み出す。

☛ P.200

⊙ **土壌**：キンメリジャン

コート・ド・ボーヌ地区

Côte de Beaune

コート・ドール南部に位置し、粘土石灰質を中心に泥灰土を多く含む土壌をもつ。南東向きの斜面が多く日照条件に恵まれ、果実味が豊かで柔らかな赤ワインと、世界が羨む偉大なる白ワインを生み出す。

⊙ **土壌**：粘土石灰質、泥灰土

ボージョレ地区

Beaujolais

ブルゴーニュ地方南部に位置し、土壌は花崗岩や砂岩など様々。比較的温暖で大西洋や地中海、大陸性気候からの影響を受けブドウが最も早く成熟する産地のひとつ。エリアによりワインのタイプが異なる。

☛ P.226、251

⊙ **土壌**：粘土や花崗岩など様々

Bourgogne

ブルゴーニュ運河
セラン川
ディジョン
コート・ドール
ソーヌ川
リヨン

コート・ド・ニュイ地区
Côte de Nuits

コート・ドール北部に位置し、石灰の強い粘土石灰質土壌で、場所によって石灰岩が露出する場所もある。豊富なミネラル分を含む土壌から、アロマ豊かで骨格のしっかりとした長命なワインが生み出される。

☛ P.260

⊙ **土壌**：粘土石灰質

コート・シャロネーズ地区
Côte Chalonnaise

コート・ド・ボーヌから続く傾斜地に位置し、コート・ド・ボーヌと似通った土壌構成をもつ。なだらかな丘陵地帯にブドウ畑が点在。フルーティで軽やかなバランスに優れたワインを生み出す。

☛ P.254

⊙ **土壌**：粘土石灰質

マコネ地区
Mâconnais

ブルゴーニュ南部に50km以上の長さで、幅広の帯状に広がる。温暖で特にシャルドネの生産に向き、成熟度の高いブドウからリッチな味わいのワインを生む。石灰質の強いエリアもありミネラル香を特徴とする。☛ P.200

⊙ **土壌**：粘土石灰質

コート・ド・ニュイ地区
Côte de Nuits

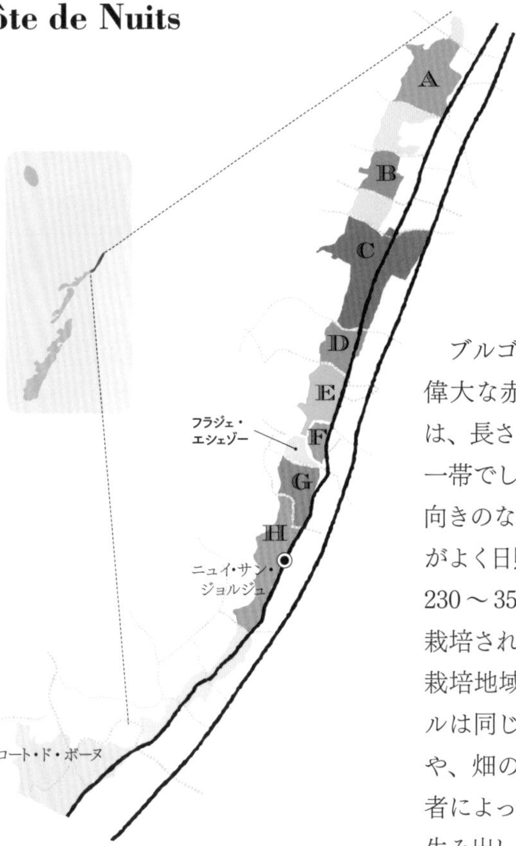

ブルゴーニュ地方のなかでも、最も偉大な赤ワインを生み出すこの地区は、長さ20km弱、幅数百mの小さな一帯でしかありません。ほとんどが東向きのなだらかな斜面にあり、水はけがよく日照条件に恵まれており、標高230～350mで優れたピノ・ノワールが栽培されています。同じ年代の地層に栽培地域があるため、味わいのスタイルは同じですが、地質の微妙な違いや、畑の傾斜、位置、収穫年、生産者によって異なった味わいのワインを生み出します。

A **マルサネ** Marsannay

明るい色調の果実香と滑らかで優しい渋味が特徴。軽快でチャーミング、爽やかな味わいのワインを生む。☛P.260

⊙**土壌**：粘土石灰質

B **フィサン** Fixin

バランスがとれており、ヴォリューム感が強め。マルサネとジュヴレ・シャンベルタンの中間的な個性をもつ。

⊙**土壌**：粘土石灰質

C ジュヴレ・シャンベルタン Gevrey-Chambertin

面積が広くばらつきが多いため、生産者を選ぶ必要がある。酸化鉄を含む土壌で、鉄や血のようなミネラルと動物的な香りがあり、スパイシーでタンニン豊かな力強い味わい。グラン・クリュの畑は西側に小高い丘があり、西からの風を遮るためブドウがよく成熟し、ワインの濃度が高い。☛ P.263

⊙ **土壌**：酸化鉄を含む粘土石灰質

グラン・クリュ

- シャンベルタン Chambertin
- シャンベルタン・クロ・ド・ベーズ Chambertin-Clos-de-Bèze
- シャルム・シャンベルタン Charmes-Chambertin
- マゾワイエール・シャンベルタン Mazoyères-Chambertin
- シャペル・シャンベルタン Chapelle-Chambertin
- グリオット・シャンベルタン Griotte-Chambertin
- ラトリシエール・シャンベルタン Latricières-Chambertin
- マジ・シャンベルタン Mazis-Chambertin
- ルショット・シャンベルタン Ruchottes-Chambertin

D モレ・サン・ドニ Morey-Saint-Denis

村の面積は小さいながら、高い比率で1級畑と特級畑が存在することから、安定して高い品質のワインを生む。果実味がありコンパクトでまとまったワインを生産。☛ P.261

⊙ **土壌**：石灰岩が露出する粘土石灰質

グラン・クリュ

- クロ・ド・ラ・ロッシュ Clos de la Roche
- クロ・サン・ドニ Clos Saint-Denis
- クロ・デ・ランブレ Clos des Lambrays
- クロ・ド・タール Clos de Tart
- ボンヌ・マール Bonnes-Mares

E シャンボール・ミュズニィ Chambolle-Musigny

粘土質が多くなり「優雅で女性的」と形容される、肉付きのよい果実味豊かなワインを生む。

⊙ **土壌**：石灰岩が露出する粘土石灰質

グラン・クリュ

- ミュズニィ Musigny
- ボンヌ・マール Bonnes-Mares

F ヴージョ Vougeot

村のほとんどがグラン・クリュ。総じて果実味とタンニンが強いワインを産出する。

⊙ **土壌**：緩やかな斜面ではあるが上部は石灰岩の影響が強く、下部は粘土の影響が強い

グラン・クリュ

- クロ・ド・ヴージョ Clos de Vougeot

G ヴォーヌ・ロマネ Vosne-Romanée

このエリアの土壌は、石灰と泥灰土の成分バランスがよいのが特徴。そのため、果実味とミネラルのバランスに長けたワインを生み出す。若い段階でも味わいの均整がよく、力強い味わいもあり、それらが熟成によって昇華する。

⊙ **土壌**：石灰と粘土のバランスがよい

グラン・クリュ

- ロマネ・コンティ Romanée-Conti
- ラ・ロマネ La Romanée
- ロマネ・サン・ヴィヴァン Romanée-Saint-Vivant
- ラ・ターシュ La Tâche
- リシュブール Richebourg
- ラ・グランド・リュ La Grande Rue
- グラン・エシェゾー Grands-Echézeaux
- エシェゾー Echézeaux

H ニュイ・サン・ジョルジュ Nuits-Saint-Georges

北側と南側の畑に分けられ、北側は石灰質が多くエレガント、南側は鉄分を含む粘土石灰質土壌でパワフルなワインになる。

⊙ **土壌**：北部と南部に分けられる。北部は粘土質が少なく、南部は赤い粘土を含む土壌

コート・ド・ボーヌ地区

Côte de Beaune

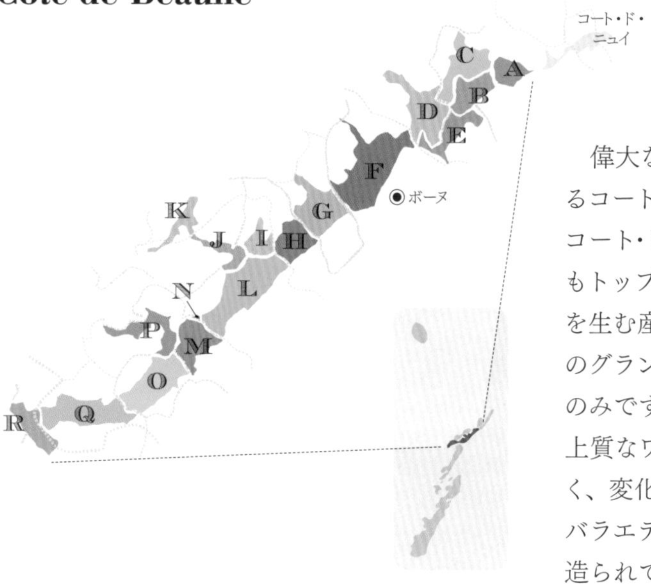

偉大なる赤ワインを産するコート・ド・ニュイに対し、コート・ド・ボーヌは世界でもトップクラスの白ワインを生む産地です。赤ワインのグラン・クリュはコルトンのみですが、マイナーでも上質なワインを造る村が多く、変化に富んだ地形からバラエティ豊かなワインが造られています。日照に恵まれた傾斜地に位置する石灰質に富んだ土壌の畑から、ミネラル豊かで余韻の長いワインを生みます。

A ラドワ・セリニィ Ladoix-Serrigny

コート・ド・ニュイの名残を残す、コート・ド・ボーヌ最北の村。東向きの斜面から、ミネラリーで構成の強いワインを生む。

⊙ **土壌**：小石が多く、鉄分を含んだ石灰質土壌

グラン・クリュ
コルトン Corton
コルトン・シャルルマーニュ Corton-Charlemagne

B アロクス・コルトン Aloxe-Corton

コルトンの丘の周囲に栽培地域が広がり、斜面の向きにより個性が異なる。ヴォリューム感豊かで強い味わいのワインが造られる。

⊙ **土壌**：赤く色付いた石灰岩の褐色土壌

グラン・クリュ
コルトン Corton
コルトン・シャルルマーニュ Corton-Charlemagne

C

ペルナン・ヴェルジュレス Pernand-Vergelesses

3つの丘に囲まれた村で、様々な向きの傾斜から、種々のワインを生む。石灰質が強くミネラル豊かなワインが造られる。

◎**土壌**：鉄分を含む粘土石灰質

グラン・クリュ
コルトン Corton
コルトン・シャルルマーニュ Corton-Charlemagne

D

サヴィニィ・レ・ボーヌ Savigny-lès-Beaune

北部の特徴は少なくなり、典型的なボーヌ・スタイルのワインが造られる。

◎**土壌**：粘土石灰質

E

ショレイ・レ・ボーヌ Chorey-lès-Beaune

標高が低く平坦な畑が多い。フルーティでフレンドリーなワインを産する。

◎**土壌**：砂礫を含む石灰質泥灰土

F

ボーヌ Beaune

面積が広く畑の位置によって個性の異なるワインを生む。果実味の豊かさが特徴。

◎**土壌**：石灰岩質泥灰土壌

G

ポマール Pommard

土壌に鉄分を多く含み、成熟度の高いブドウから男性的な味わいのワインを生む。

◎**土壌**：鉄分を含む石灰質泥岩

H

ヴォルネイ Volnay

石灰岩の影響を受け、エレガントで女性的なワインが造られる。

◎**土壌**：ジュラ紀の石灰岩の上に鉄分を含む泥灰土

I

モンテリ Monthélie

標高が高くムルソーを見下ろすように存在する。力強く骨格のしっかりとしたワイン。

◎**土壌**：泥灰土中心

J

オクセイ・デュレス Auxey-Duresses

ほとんどが南向きの傾斜地。長熟タイプのワインが生まれる。

◎**土壌**：小石の多い泥灰・石灰岩質、石灰質

K

サン・ロマン Saint-Romain

標高が高く、豊富なミネラルと冷涼な気候が、酸味の豊かなワインを生む。

◎**土壌**：ジュラ紀の石灰岩質土壌と泥灰土

L
ムルソー Meursault
石灰岩の上に多量の粘土と泥土があり、シャルドネ栽培に理想的な環境。厚みのあるワインが生まれる。

⊙**土壌**：強い石灰岩質土壌と泥灰土

M
ピュリニィ・モンラッシェ Puligny-Montrachet
石灰岩が地表近くに存在し、地下水位が高いことから、ミネラル感が際立った、酸味の豊かな長期熟成タイプの白ワインが造られる。

⊙**土壌**：粘土石灰質

グラン・クリュ
モンラッシェ Montrachet（一部）
シュヴァリエ・モンラッシェ Chevalier-Montrachet
バタール・モンラッシェ Bâtard-Montrachet（一部）
ビアンヴニュ・バタール・モンラッシェ
Bienvenues-Bâtard-Montrachet

N
ブラニィ Blagny
小さな村で行政上はピュリニィ。礫を多く含む泥灰土で黒ブドウの栽培に向き、豊かなボディをもったワインを生み出す。

⊙**土壌**：石灰岩質泥灰土

O
シャサーニュ・モンラッシェ Chassagne-Montrachet
石灰岩と粘土がモザイク状に入り組む特異な土壌構成。シャルドネとピノ・ノワールがほぼ半々で栽培されるが、比較的赤ワインに向いた土壌のため、白は果実味が豊かになる。

⊙**土壌**：石灰岩および泥灰土

グラン・クリュ
モンラッシェ Montrachet（一部）
バタール・モンラッシェ Bâtard-Montrachet（一部）
クリオ・バタール・モンラッシェ
Criots-Bâtard-Montrachet

P
サン・トーバン Saint-Aubin
偉大な白ワインを産する村々の裏手に位置し、似通った土壌をもつため、共通した個性があるが線は細め。

⊙**土壌**：粘土石灰質

Q
サントネイ Santenay
ジュヴレ・シャンベルタンと共通する、酸化鉄を含む粘土石灰質土壌で、コート・ド・ボーヌのなかで唯一ニュイ的な個性を生み出す。

⊙**土壌**：酸化鉄を含む粘土石灰質

R
マランジュ Marranges
コート・ド・ボーヌ最南端に位置し、サントネイに近い土壌構成をもち、力強いワインが生まれる。

⊙**土壌**：酸化鉄を含む粘土石灰質

シャブリ地区
Chablis

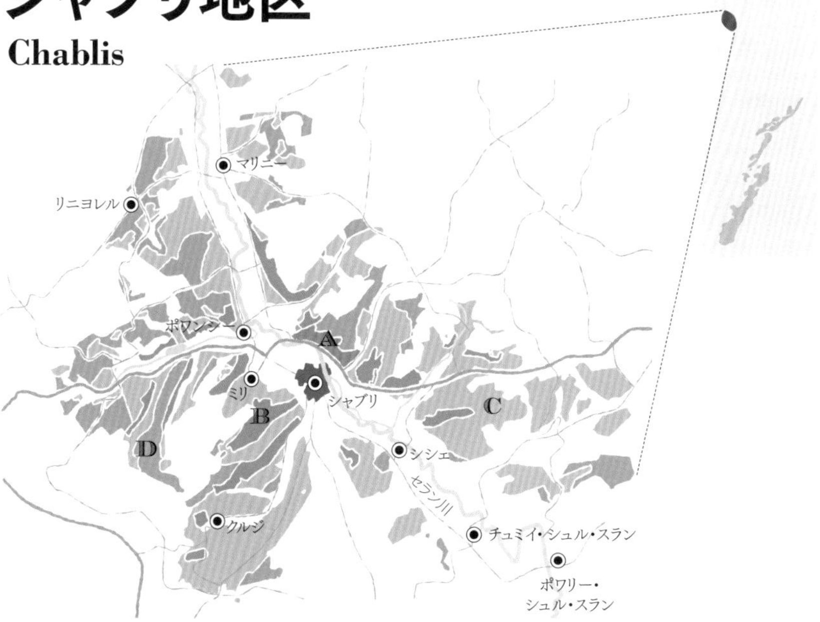
マリニー
リニヨレル
ポワンシー
A
ミリ
シャブリ
B
C
D
シシェ
セラン川
クルジ
チュミイ・シュル・スラン
ポワリー・
シュル・スラン

A シャブリ・グラン・クリュ Chablis Grand Cru
シャブリ地区の中心に位置し、最もキンメリジャン土壌の強いエリア。芳醇でミネラリー。
⊙ **土壌**：キンメリジャン

B シャブリ・プルミエ・クリュ Chablis Premier Cru
シャブリ地区全体に広がるA.O.C.で、畑の位置により個性は異なる。スマートでミネラリー。
⊙ **土壌**：キンメリジャン

C シャブリ Chablis
最も広いA.O.C.であるため、様々なタイプのワインが造られる。爽やかでミネラル感がある。
⊙ **土壌**：エリアが広いため様々

D プティ・シャブリ Petit Chablis
石灰土壌の畑から、シンプルで軽やかなワインが生まれる。
⊙ **土壌**：ポートランディアンの石灰質

ブルゴーニュ地方の中心よりかなり北に位置しており、気候、土壌などにも大きな違いがあります。畑はシャブリの街を中心にセラン川両岸に広がり、冷涼なため、春の遅霜の被害に遭うこともあります。キンメリジャン期の石灰質に粘土や泥灰土が混ざったエリアが最上とされ、そこがグラン・クリュとプルミエ・クリュにあたり、ブドウがよく熟し、ミネラルの風味をたっぷりと含んだワインが生まれます。

コート・シャロネーズ地区
Côte Chalonnaise

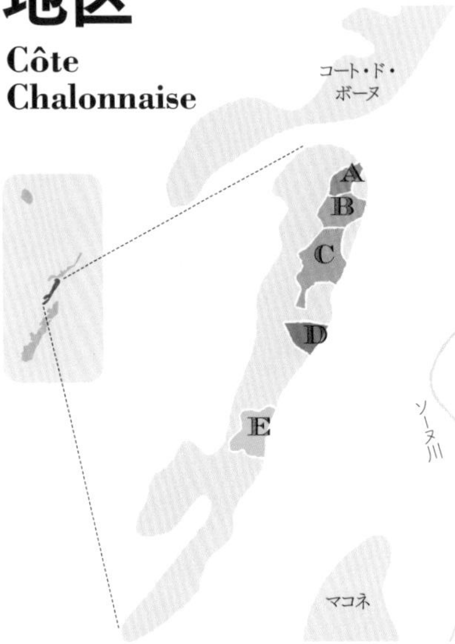

マコネ地区
Mâconnais

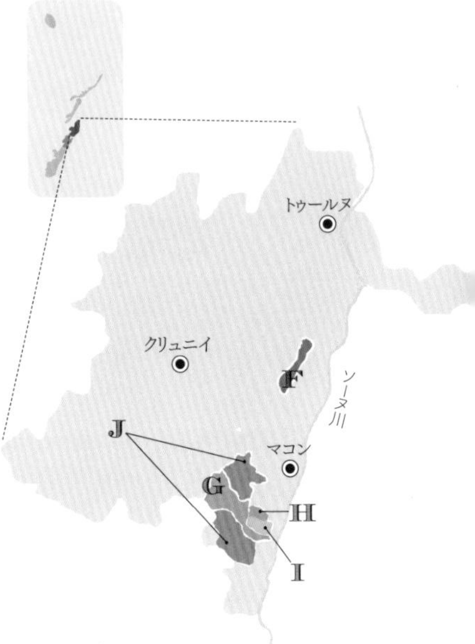

ふたつの地区とも、ブドウ畑はコート・ドールのようなまとまりはなく、ほかの農作物の畑や牧場、山林などが広がるなだらかな丘陵地帯にブドウ畑が点在しています。気候や土壌はコート・ドールに似ていますが、偉大なワインは少ないエリアです。

A　ブーズロン Bouzeron
アリゴテから鮮烈なワインを生む。

B　リュリー Rully
コート・ドールに似るが小ぶり。

C　メルキュレ Mercurey
泥灰質石灰岩から高品質なワインを生産。

D　ジヴリ Givry
豊かで濃い色調のワインを生む。☛ P.254

E　モンタニィ Montagny
泥灰土が強くシャルドネに向く。

F　ヴィレ・クレッセ Viré-Clessé
泥灰土を有する東斜面から豊かなワイン。

G　プイイ・フュイッセ Pouilly-Fuissé
粘土石灰質土壌からエリア最上のワイン。

H　プイイ・ロッシェ Pouilly-Loché
プイイ・フュイッセに近い個性をもつ。

I　プイイ・ヴァンゼル Pouilly-Vinzelles
プイイ・フュイッセに比べソフト。

J　サン・ヴェラン Saint-Véran
まろやかで早飲みのワインを生む。

ボージョレ地区
Beaujolais

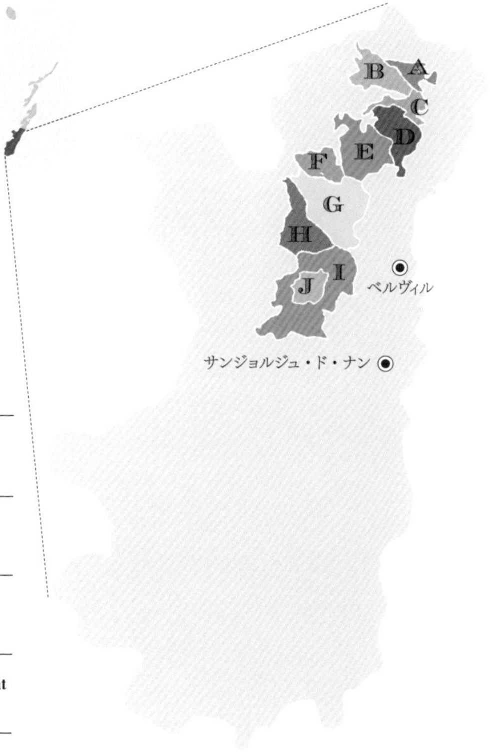

A サン・タムール Saint-Amour
北東端に位置し長熟なワインを生む。

B ジュリエナス Juliénas
骨格が強く肉付きがよい。

C シェナス Chénas
スパイシーで濃度が高い。

D ムーラン・ア・ヴァン Moulin-à-Vent
最上質といわれ、最も長熟。☛ P.252

E フルーリー Fleurie
軽やかでフローラルなワインを生む。

F シルーブル Chiroubles
高い標高の畑。女性的でエレガント。

G モルゴン Morgon
鉱物成分豊かな土壌。長熟。☛ P.226

H レニエ Régnié
砂が多く、軽やかなワインを産する。

I ブルイイ Brouilly
土壌のタイプは様々。芳醇で肉厚。

J コート・ド・ブルイイ Côte de Brouilly
丘の上部に位置。タイトでエレガント。

ブルゴーニュ地方南端のこの地区は、南北に55kmにわたり続く地区です。北部と南部に分けられ、北部は花崗岩を主体とするミネラル成分豊かな土壌であり、南部は砂質が中心になります。ヌーヴォーで有名なため、軽やかなワインを産する地区のように思われますが、北部のワインは骨格が強く長熟になります。

5

フランス

ローヌ渓谷地方

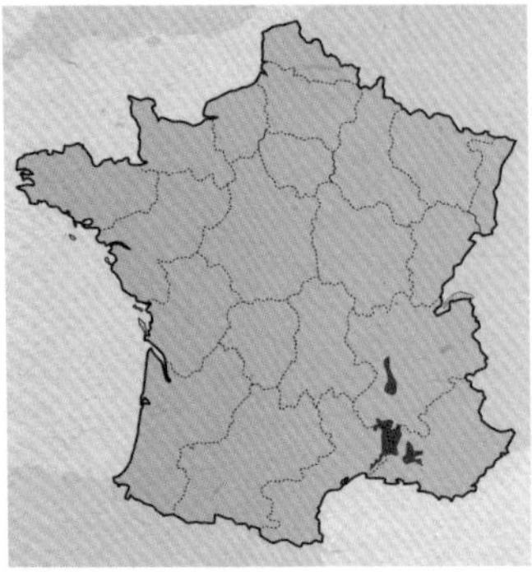

フランス南部を流れるローヌ川沿いのワイン産地です。ヴィエンヌからアヴィニョン南部まで約200kmにわたり産地が広がり、個性豊かなワインを生み出します。北部と南部に分類され、異なる気候と土壌から個性の際立ったワインが造られます。北部は急な斜面から単一品種による凝縮した味わいのワインを生み、南部は緩やかな起伏の平野から複数品種のブレンドによってバランスのとれた肉厚なワインを生み出します。

シャトー・グリエ ●

Château Grillet

コンドリューの畑が点在するなかに、まとまって存在する産地。急な斜面からアロマ豊かなワインが造られる。ローヌで最も小さなA.O.C.で、モノポールでもある。

⊙ **土壌**：片麻岩

コンドリュー ●

Condrieu

傾斜30度にも及ぶ急な斜面で、激しい雷雨がもたらす大量の雨水を排出する。石垣によって守られる土壌は片麻岩主体で、ミネラル豊かなワインを生む。

⊙ **土壌**：片麻岩

サン・ジョゼフ ●

Saint Joseph

ローヌ川右岸に50kmにわたって広がる産地。畑は点在しているため傾斜や土壌構成は様々。大陸性気候と地中海性気候の間にあり両方の影響を受ける。☛ P.222

⊙ **土壌**：花崗岩、粘土、片麻岩など

コルナス ●

Cornas

ヴァランスの町の対岸にあり、急な斜面に畑があることから、石垣で囲われ階段状の景観に。北風から守られ強い日照を受けるため、ほかの産地より収穫期が早い。

⊙ **土壌**：花崗岩

タヴェル ●

Tavel

石灰岩の起伏の上に広がる東向きの傾斜にあり、グルナッシュを中心にロゼのみを産するA.O.C.。ほかの産地のロゼとは一線を画す、フランスを代表する芳醇なワイン。

⊙ **土壌**：砂質土壌、粘土石灰岩など

コート・ロティ

Côte-Rôtie

ローヌ川沿いの真南を向く急な斜面に広がる。「コート・ロティ＝焼けた丘」の名の通り、強い日差しを受けた完熟ブドウで造られるが、味わいはいたってエレガント。

⊙ **土壌：**花崗岩や片麻岩、鉄分を含む

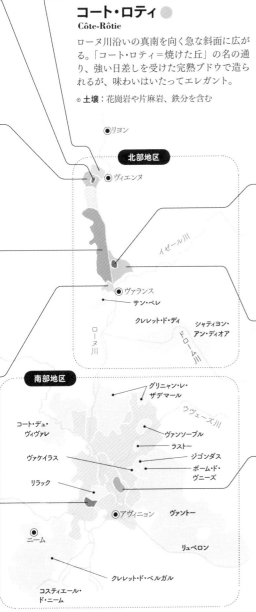

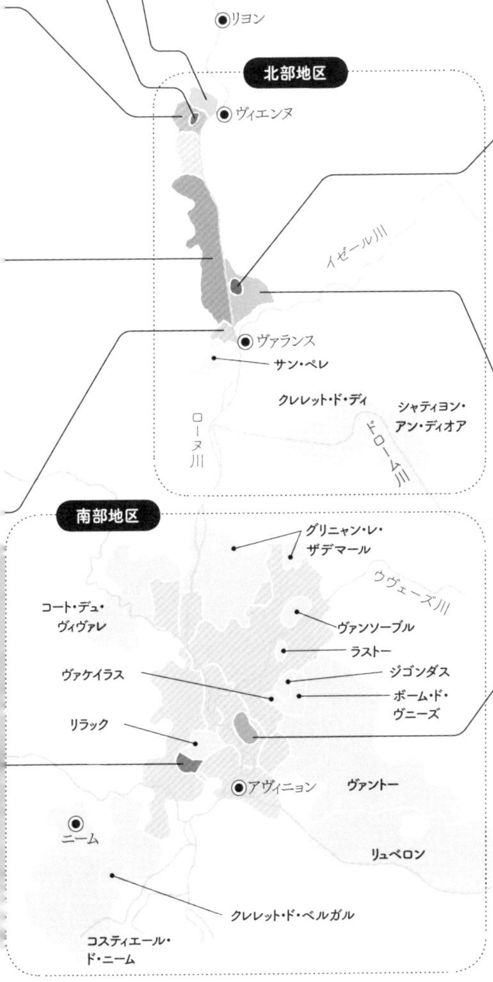
リヨン
北部地区
ヴィエンヌ
イゼール川
ヴァランス
サン・ペレ
クレレット・ド・ディ
シャティヨン・
アン・ディオア
ローヌ川
ドローム川
南部地区
グリニャン・レ・
ザデマール
ウヴェーズ川
コート・デュ・
ヴィヴァレ
ヴァンソーブル
ラストー
ヴァケイラス
ジゴンダス
ボーム・ド・
ヴニーズ
リラック
アヴィニョン
ヴァントー
ニーム
リュベロン
クレレット・ド・ベルガル
コスティエール・
ド・ニーム

エルミタージュ

Hermitage

エルミタージュの丘の斜面に畑は広がり、南向きで北風と霜の影響を受けず、温暖で日照に恵まれている。味わいが豊かで長熟なワインを生み出す。

⊙ **土壌：**花崗岩

クローズ・エルミタージュ

Crozes-Hermitage

北ローヌで最も広い面積のA.O.C.。エルミタージュの栽培地を取り囲むように広がり、傾斜は緩やか。エリアが広く傾斜、土壌に相違性があり、様々なワインを生む。

⊙ **土壌：**片麻岩、石灰岩、砂質など

シャトーヌフ・デュ・パプ

Châteauneuf du pape

南ローヌを代表するA.O.C.。ミストラルの影響を受け非常に乾燥し、地表に堆積した小石が日中の熱を蓄え夜間にブドウを暖める。豊満なワインを生む。

⊙ **土壌：**石灰岩、粘土など様々
表土には丸石のある場所も

フランス

9 ボルドー地方

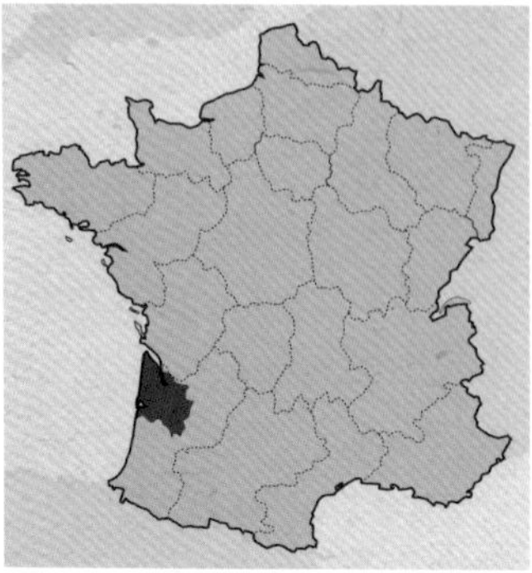

高い緯度に位置する産地でありながら、大西洋沿岸を流れる暖流の影響で気候は年間を通して穏やかです。長い歴史のなかで堆積した土壌により、左岸は砂利質、右岸は粘土質になり、様々な品種から、ブレンドによってバランスに優れたワインが造られます。1855年にシャトーの格付けが行われ、今でも有効に活用されています。現在のボルドー地方の隆盛はこの格付けから始まったと言っても過言ではありません。

コート地区

Côtes

ブライ・コート・ド・ボルドー／コート・ド・ブール／フラン・コート・ド・ボルドー／カスティヨン・コート・ド・ボルドー／カディアック・コート・ド・ボルドー／プルミエール・コート・ド・ボルドー／コート・ド・ボルドー・サン・マケール

ボルドー地方内に飛び地で存在するA.O.C.。ボルドーを流れる3本の川の右岸にあり、すべてが南から南西を向く傾斜地。それぞれのエリアでの単独醸造もできるが、地区内のブレンドを行うこともできる。

☛ P.202、220

⊙ **土壌**：粘土石灰質が多く、粘土質や砂利質の土壌もみられる

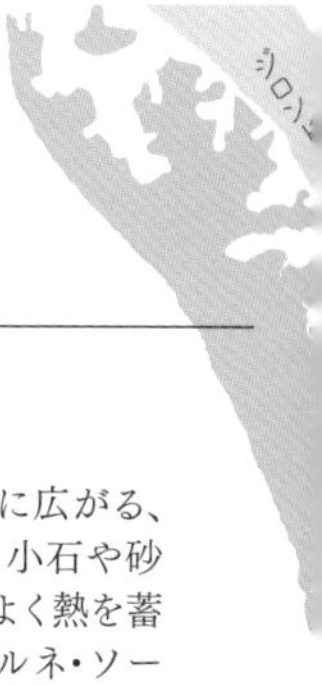

メドック地区

Médoc

ガロンヌ川とジロンド川の左岸に広がる、ボルドー地方を代表する地区。小石や砂利が堆積した土壌で、水はけがよく熱を蓄える。成熟度合いの高いカベルネ・ソーヴィニヨンから厚みのある味わいのワインを生む。下流に行くほど粘土の割合が多くなり、メルロに適した土壌となる。

⊙ **土壌**：砂利質と粘土質の土壌が混ざり合う

グラーヴ地区

Graves

ボルドー市南部に広がるエリア。「グラーヴ＝小石」が示すように小石や砂礫の多い土壌。メルロの作付けが多く、柔らかい味わいのワインが造られる。特に北部では長熟タイプのワインが造られ、熟成によって非常に複雑な香りが生まれる。

⊙ **土壌**：小石、砂利、砂が堆積した土壌

ブライ・
コート・ド・ボルドー
コート・ド・ブール
ラランド・ド・
ポムロール
サン・テミリオン衛星地区
ポムロール
フラン・
コート・ド・ボルドー
フロンサック
カノン・フロンサック
カスティヨン・
コート・ド・ボルドー
リブルヌ
サン・
テミリオン
ボルドー
ドルドーニュ川
ルーピアック
サン・クロワ・
デュ・モン
コート・ド・ボルドー・
サン・マケール
セロン
ガロンヌ川
バルサック
ソーテルヌ
シロン川

サン・テミリオン／ポムロール／フロンサック地区

Saint-Émilion / Pomerol / Fronsac

ドルドーニュ川右岸のリブルヌを中心とするエリア。世界遺産に登録されているサン・テミリオンは石灰岩と粘土が多く、ミネラル感の強い長期熟成タイプのワインを生む。ポムロールは酸化鉄を含む強い粘土質土壌で、メルロに最適な環境。生産量は少ないが世界的に評価の高いワインを生み出す。フロンサックは粘土と砂岩が混じり合った土壌で、力強く豊かなボディをもったワインを生み出す。

◎ **土壌**：サン・テミリオンは石灰岩と粘土質に一部砂利や砂が混じる。ポムロールは鉄の酸化物を含んだ粘土石灰質、フロンサックは粘土と砂岩が混ざり合った軟質砂岩土壌

アントル・ドゥ・メール地区

Entre-Deux-Mers

ボルドーを流れるガロンヌ川とドルドーニュ川の間にある広大な産地。多彩な土壌と傾斜がみられるこの地区では、様々な品種が植えられる。特に白ワインの生産で有名で、ソーヴィニヨン・ブランを中心に爽やかなワインを生む。

◎ **土壌**：主に粘土石灰質

ソーテルヌ&バルサック地区

Sauternes & Barsac

ボルドー市の南東、ガロンヌ川と小川であるシロン川の合流地点に産地は広がる。ふたつの川が合流することで霧が発生し貴腐菌の繁殖を助ける。土壌の違いから、ソーテルヌは濃厚、バルサックからはエレガントなタイプのワインが生まれる。

◎ **土壌**：ソーテルヌは砂利や丸い小石が多い粘土を含む石灰質。バルサックは石灰質

メドック地区/グラーヴ地区

Médoc/Graves

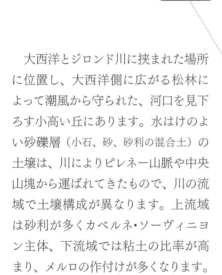

大西洋とジロンド川に挟まれた場所に位置し、大西洋側に広がる松林によって潮風から守られた、河口を見下ろす小高い丘にあります。水はけのよい砂礫層（小石、砂、砂利の混合土）の土壌は、川によりピレネー山脈や中央山塊から運ばれてきたもので、川の流域で土壌構成が異なります。上流域は砂利が多くカベルネ・ソーヴィニヨン主体、下流域では粘土の比率が高まり、メルロの作付けが多くなります。

A

メドック Médoc

河口に最も近いエリア。緩やかな丘陵と標高の低い台地に、川を望む畑が広がる。海に近く湿潤であるため寒暖の差が少なく、近くに広がる松林や川から蒸発した水分が日中の太陽の日差しを和らげる。

B

オー・メドック Haut-Médoc

年間を通じて穏やかな気候で、コンスタントに優れたワインを生産できる環境をもつ。石灰岩の上に分厚い砂礫層があり、小石、砂、粘土のバランスにより異なった味わいのワインを生み出す。

C サン・テステーフ Saint-Estèphe

メドック地区の村名アペラシオンのなかで最北に位置する。粘土の多い土壌で、ほかの産地に比べ高い割合でメルロが栽培される。サン・テステーフ石灰岩と呼ばれる基盤の上に、砂礫質の土壌が広がる。

D ポイヤック Pauillac

基盤は石灰岩で、平均8mにも及ぶ砂礫質土壌をもつ。起伏があり、良質なワインは丘の頂の畑から生まれる。1級に3つのシャトーが格付けされたことからも、この村の優位性を感じることができる。

E サン・ジュリアン Saint-Julien

大きな石が混ざった粘土質や石灰質の層を、大きめな砂利が覆い、水はけのよい環境を作っている。1級のシャトーはないが11のシャトーが2級から4級までに格付けされている優れた産地。☛ P.264

F マルゴー Margaux

メドック地区の6コミューンのなかでは面積が最大で、最も上流に位置する。砂利の大きさは中程度だが、含有量は多く水はけに優れている。ボルドーでも特に優れた地質をもつエリアのひとつ。☛ P.218

G ムーリ(ムーリ・アン・メドック) Moulis (Moulis-en-Médoc)

ジロンド川から離れた位置にあるため、川からの湿気によるカビなどのリスクが少ない。ほかのエリアにはみられないピレネー河川砂礫層や露出した石灰岩の影響で、エレガントな味わいのワインを生む。

H リストラック・メドック Listrac-Médoc

ムーリと同じく、内陸部に位置し川の影響は受けづらい。メドック地区のなかで最も標高の高い台地で、石灰岩の基層に砂利質の段丘が広がる。力強く骨格のしっかりとしたワインを生み出す。

I グラーヴ Graves

ボルドー市の南に長さ50km、幅20kmにわたり広がる。温暖な海洋性気候に加え、気温を調整するガロンヌ川、湿った風から守ってくれるランドの森のおかげで理想的な環境を享受している。

J ペサック・レオニャン Pessac-Léognan

ボルドー市の市街地に隣接するエリアで、もともとはグラーヴの一部だったが1987年にその優位性が認められて独立した。貝殻化石片が混ざる基盤の上に砂礫が堆積している。

ソーテルヌ＆バルサック地区

Sauternes & Barsac

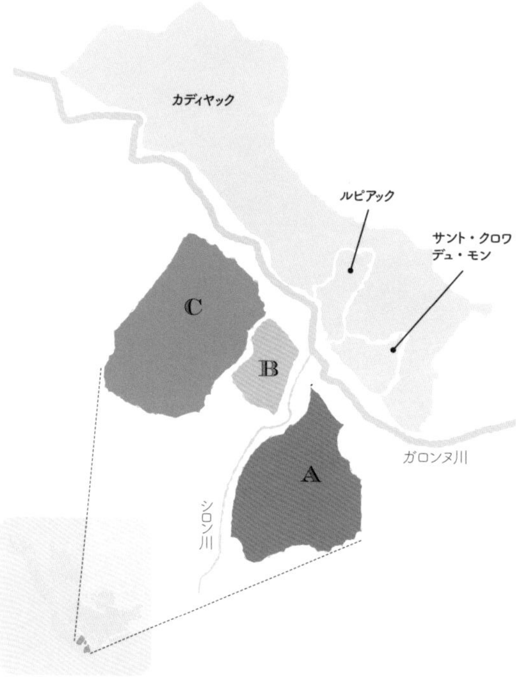

世界で最も有名な甘口ワインを生み出す、特殊な気候条件の恩恵を享受する産地です。ボトリティス・シネレア菌の影響により、ブドウは干しブドウ状態になり、造られるワインは蜜のような甘さをもちます。酸味は失われず芳香成分は凝縮されることから、バランスに優れ、香り豊かなワインになります。セミヨン、ソーヴィニヨン・ブラン、ミュスカデルから複雑で均整のとれたワインが造られています。

A

ソーテルヌ Sauternes

ガロンヌ川上流の左岸に位置。支流のシロン川の冷たい水がガロンヌ川に流れ込むときに生じる霧の湿気がブドウの貴腐化を促し、フランスで最も品質の高い甘口白ワインを生産する。☛ P.241

B

バルサック Barsac

バルサックはソーテルヌに比べ標高が低く、起伏の少ない地勢となっており、石灰岩の基盤の上に砂質の土壌が広がる。ミネラル感があり、スマートなタイプの貴腐ワインが造られる。

C

セロン Cérons

バルサックに隣接する優良甘口ワインを産するエリア。粘土石灰質土壌と小石、砂からなる土壌で、貴腐や遅摘みにより甘口ワインが造られる。芳醇ではあるがソーテルヌに比べ細身のワインを生む。

Column

甘口ワイン

代表的な甘口ワインは甘味と酸味を基調とします。貴腐ワインは蜂蜜の香りとねっとりとした触感があり厚みを感じ、遅摘みタイプは軽やかで蜂蜜の香りやねっとりとした触感はなく、アイスワインは甘味が強く、寒冷地ゆえ酸味が非常に強くアルコールが低いのが特徴です。この違いを利き分けるには多くの経験が必要になります。甘口といえば忘れられないのは2010年の世界最優秀ソムリエコンクール決勝です。私は日本代表として目の前で観戦しました。登場したのは過去何度も決勝を経験したジェラール・バッセ。最後に手に取った色の濃いワインも、バッセは貴腐ワインを思わせるコメントをいつものようにスムーズにしていきます。おそらく会場の誰もが「フランス、ソーテルヌ」の答えを期待していたでしょう。しかしコメントがぱったりと止まってしまいました。答えを言わないのです。会場は固唾をのんで見守ります。制限時間ギリギリでバッセは「アイスワイン、ヴィダル」と言い、会場は意外な答えへの驚きと健闘を讃える拍手に包まれました。そして発表された正解はバッセの答えと同じワイン。人の嗅覚や味覚は、極限まで鍛えればどんな緊張状態でも正しい判断ができるのです。全身に鳥肌が立ちました。

サン・テミリオン／ポムロール／フロンサック地区

Saint-Émilion / Pomerol / Fronsac

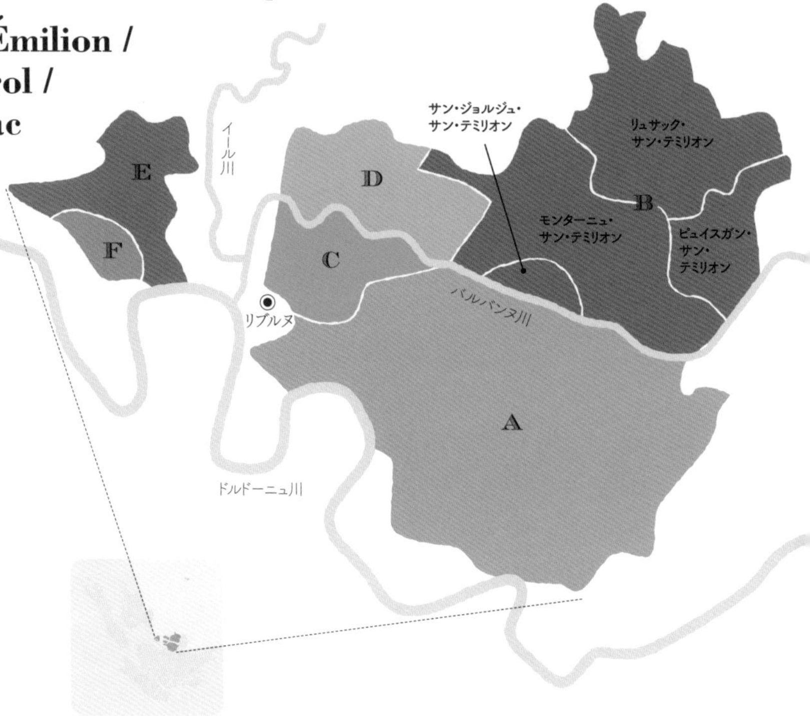

左岸のメドック地区とは異なる歴史的背景をもち、石灰岩や粘土質を含んだ土壌とドルドーニュ川が造った変化に富んだ地形、メドックに比べ海洋性気候の影響が少ない点などから、性格の異なったワインを生み出します。左岸エリアが英国との結びつきが強いのに比べ、この地域のワインは英国以外の北欧諸国との結びつきが強く、ワイン生産とその交易は自立して発展しました。メルロが主体で、豊かな果実味、滑らかなタンニン、リッチな味わいが、評論家たちから高い評価を受け、生産量が少ないことも手伝って、近年価格が高騰する銘柄が続出しています。

A サン・テミリオン Saint-Émilion

土壌と地形から、高台にあるコートと砂利質土壌のグラーヴのふたつに大きく分けられ、コートではメルロ、グラーヴでは主にカベルネ・フランが栽培される。ワインは力強くコクがあり、ビロードのように滑らかな味わいになる。

B サン・テミリオン衛星地区 Saint-Émilion Satellite

サン・テミリオンの北部に広がる産地。A.O.C.は、サン・ジョルジュ・サン・テミリオン、モンターニュ・サン・テミリオン、リュサック・サン・テミリオン、ピュイスガン・サン・テミリオンの4つ。いずれも粘土石灰質の土壌から、メルロ主体の滑らかで力強いワインが造られる。

C ポムロール Pomerol

強い粘土質土壌のなかにクラス・ドゥ・フェールという酸化鉄がある独自の土壌構成。メルロが主に栽培され、成熟度の高いブドウからまろやかで繊細、滑らかな味わいのワインを生む。その柔らかな個性から、しばしば「ボルドーが生むブルゴーニュ」といわれる。

D ラランド・ド・ポムロール Lalande-de-Pomerol

ポムロールの北側にある産地で、バルバンヌ川の右岸に位置している。ポムロールと同様、粘土質土壌が中心となり、栽培される品種もメルロが中心となる。ポムロールに比べ砂礫が多くなり、粘性豊かで強く長い熟成をするワインが生産される。

E フロンサック Fronsac

ポムロールの西側に位置し、イール川によって産地は分断されている。7つの村で構成されるA.O.C.で、ドルドーニュ川とイール川が蛇行する間に広がる起伏に富んだ地形になっている。石灰岩と粘土からなる土壌で、サン・テミリオンとポムロールの中間的な個性をもつ。

F カノン・フロンサック Canon Fronsac

フロンサックに囲まれるような形で広がる産地。丘陵地に位置し面積も小さいことから、土壌は均一で共通性のあるワインを生み出す。土壌はサン・テミリオンに似るが、より薄い石灰岩の土壌と粘土からなる。味わいとしては力強くスパイシーで、長熟なワインとなる。

10

フランス

ロワール渓谷地方

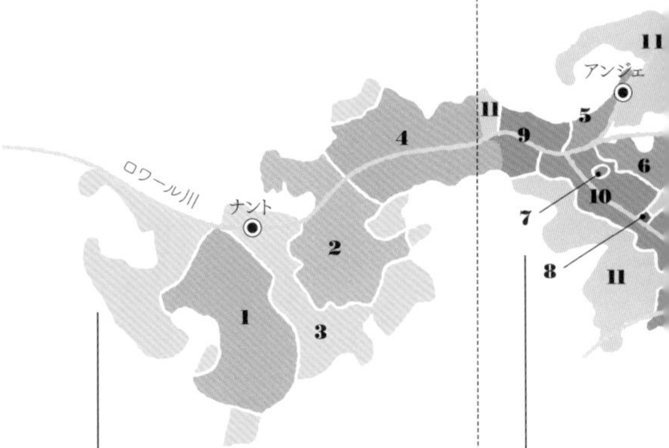

北部エリアに属しますが、大西洋の暖流、メキシコ湾流により夏は非常に暖かく、冬であっても厳寒になることは稀な産地です。広大な産地であるため、中央高地地区を含め5つの地域に分類され、それぞれの地域で気候と土壌に適応した品種から個性豊かなワインが造られています。

ペイ・ナンテ地区

Pays Nantais

ロワール川流域の最西端、大西洋に注ぐ手前に広がるナント周辺は、ミュスカデなどから造られる、辛口白ワインの産地として有名。☛ P.211、253

⊙ **土壌**：片麻岩、シスト、花崗岩、砂質など様々

主な A.O.C.

1 ミュスカデ・コート・ド・グランリュー Muscadet-Côtes de Grandlieu
2 ミュスカデ・セーヴル・エ・メーヌ Muscadet Sèvre et Maine
3 ミュスカデ Muscadet
4 ミュスカデ・コトー・ド・ラ・ロワール／コトー・ダンスニ Muscadet-Coteaux de la Loire / Coteaux d'Ancenis

アンジュー＆ソミュール地区

Anjou & Saumur

アンジューとソミュールは隣り合っており、気候的影響、また土壌のタイプという点からも共通点がある。ブドウ栽培に適した気候をもち、バラエティ豊かなワインを生む。☛ P.206、225、241

⊙ **土壌**：白亜と粘土石灰質

主な A.O.C.

5 サヴニエール Savennières
6 アンジュー・ヴィラージュ・ブリサック／コトー・ド・ローバンス Anjou Villages Brissac / Coteaux de l'Aubance
7 カール・ド・ショーム Quarts de Chaume
8 ボンヌゾー Bonnezeaux
9 アンジュー・コトー・ド・ラ・ロワール Anjou Coteaux de la Loire
10 コトー・デュ・レイヨン Coteaux du Layon
11 アンジュー Anjou
12 ソミュール・シャンピニィ Saumur Champigny
13 ソミュール Saumur

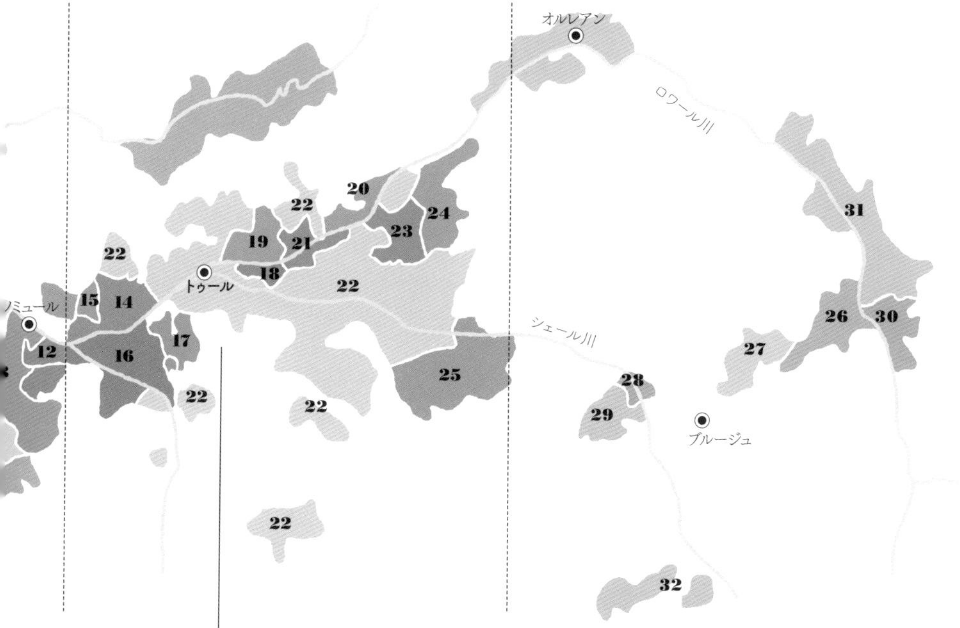

トゥーレーヌ地区

Touraine

フランスの歴史にもたびたび登場する風光明媚な地区。シノンやブルグイユのカベルネ・フランによる香り高い赤や、シュナン・ブランの華やかな白が有名。☛ P.225

⊙ **土壌**：主に石灰質

主なA.O.C.

14 ブルグイユ Bourgueil
15 サン・ニコラ・ド・ブルグイユ Saint-Nicolas-de-Bourgueil
16 シノン Chinon
17 トゥーレーヌ・アゼイ・ル・リドー Touraine Azay-le-Rideau
18 モンルイ・シュール・ロワール Montlouis-sur-Loire
19 ヴーヴレ Vouvray
20 トゥーレーヌ・メスラン Touraine Mesland
21 トゥーレーヌ・アンボワズ Touraine Amboise
22 トゥーレーヌ Touraine
23 シュヴェルニイ Cheverny
24 クール・シュヴェルニイ Cour-Cheverny
25 ヴァランセ Valençay

サントル・ニヴェルネ地区

Cantre Nivernais

ミネラル分豊かな土壌をもち、冷涼な気候を生かしたフレッシュなタイプのワインを生む。ブルゴーニュのヨンヌ県に近く、土壌と気候が似ている。☛ P.202

⊙ **土壌**：石灰質土壌など

主なA.O.C.

26 サンセール Sancerre
27 メヌトゥー・サロン Menetou-Salon
28 カンシー Quincy
29 ルイイ Reuilly
30 プイイ・フュメ／プイイ・シュル・ロワール
Pouilly-Fumé / Pouilly-sur Loire
31 コトー・デュ・ジェノワ Coteaux du Giennois
32 シャトーメイヤン Châteaumeillant

イタリア

Italy

ヨーロッパ南部に位置し、地中海に突き出たイタリア半島と島々からなります。北部をアルプス山脈、中南部は三方を海に囲まれ、温暖で日照にも恵まれており、ブドウの生育期にはほとんど雨が降らないことから、理想的な生育環境になっています。海に囲まれていますが、半島の中央部にはアペニン山脈があり地形は変化に富みます。気候、土壌、品種、生産者の個性も様々で多種多様なワインを生む産地です。地方性が明確に現れたワインが多く造られます。

オーストリア
46
トレンティーノ・アルト・アディジェ州 4
Trentino-Alto Adige
スイス
アルプス山脈
6
フリウリ・ヴェネツィア・ジューリア州
Friuli-Venezia Giulia
ヴァッレ・ダオスタ州
Valle d' Aosta
1
3
ロンバルディア州
Lombardia
ミラノ
ヴェネツィア
44
トリノ
5 ヴェネト州
Veneto
2
ピエモンテ州
Piemonte
エミリア・ロマーニャ州 7
Emilia Romagna
フランス
12
リグーリア州
Liguria
フィレンツェ
トスカーナ州
Toscana
8 マルケ州
Marche
42
13
14
ウンブリア州
Umbria
9 アブルッツォ州
Abruzzo
アペニン山脈
ローマ
10 モリーゼ州
Molise
アドリア海
ラツィオ州 15
Lazio
40
11 プーリア州
Puglia
ナポリ
ティレニア海
カンパーニア州 16
Campania
17 バジリカータ州
Basilicata
20
サルデーニャ州
Sardegna
18
カラブリア州
Calabria
38
イオニア海
山麓地帯
パダーナ平野地帯
アドリア海沿岸地帯
中部およびティレニア海沿岸地帯
地中海の島々
シチリア州 19
Sicilia
36 N

1 ヴァッレ・ダオスタ州
Valle d' Aosta

イタリア北西部に位置する州で、北はスイス、西はフランスに接している。イタリアで最も小さな州で、山々に囲まれており、ブドウも急な傾斜面で栽培される。比較的品種のバラエティは豊かで、多彩なワインを生み出す。

2 ピエモンテ州
Piemonte

ピエモンテは「山の麓」を意味し、その名の通りアルプス山脈の南に広がり、隣接するフランスからの影響を強く受ける。トスカーナと並ぶ銘醸地で、特にネッビオーロから造られる長期熟成能力の高い赤ワインは有名。☛ P.213、215、223、231

3 ロンバルディア州
Lombardia

イタリア北西部のワイン産地。アルプス山脈の麓に位置し、山岳、丘陵、平野と様々な環境でワインが生産される。高品質なスパークリング・ワインを中心に、スティルワインも生産。商業の中心地ミラノを擁する経済的に恵まれた州。

4 トレンティーノ・アルト・アディジェ州
Trentino-Alto Adige

イタリアの最北部に位置する州。北はオーストリア、スイスと国境を接し、各国から文化的な影響も受ける。品質の高い白ワインを生む名産地。

5 ヴェネト州
Veneto

アドリア海に面した北東部の州。生産量が非常に多く、州別でトップになることも多い。シンプルなデイリーワインから長期熟成タイプ、レチョートなど様々なワインを生む。近年多くのワインがD.O.C.G.に昇格する注目産地。☛ P.212、230

6 フリウリ・ヴェネツィア・ジューリア州
Friuli-Venezia Giulia

北東部に位置し、東はスロヴェニアと国境を接する。特に白ワインが有名で、辛口から甘口まで生産。オレンジワインが注目されている。☛ P.247、249

7 エミリア・ロマーニャ州
Emilia Romagna

非常に広大な州で、南側はトスカーナ州と接する丘陵地帯、北部はポー平原となる。エリアによって異なったワインが造られるが、最も有名なものはランブルスコ。美食の州としても知られ、様々な郷土料理とともにワインも発展した。

8 マルケ州
Marche

アドリア海とアペニン山脈に挟まれ南北に細長い州。ほとんどが山岳と丘陵で構成される。海側と山側ではワインの個性が異なる。海側では魚介類に合うような軽やかなワイン、山側では骨格のしっかりとした長熟タイプが造られる。☛ P.239

9 アブルッツォ州
Abruzzo

西に広がるアペニン山脈はこの州で最も標高が高くなり、東側にアドリア海があるため州全体が山岳地帯になっている。モンテプルチャーノによる強い味わいの赤ワインや、トレッビアーノによる爽やかな白ワインが特に有名。☛ P.213、233

10 モリーゼ州
Molise

イタリアで2番目に小さな州。北東部はアドリア海に面するが、西部はアペニン山脈の高山とそれに続く丘陵地帯であるため、内陸的な要素を強くもつ。D.O.C.G.はないが近年D.O.C.に昇格するワインもいくつかあり、賑やかになりつつある産地。

11 プーリア州
Puglia

アドリア海とイオニア海に面し温暖な地中海性気候に恵まれ、州全域でワインを産する。シチリア、ヴェネトと並び量産を誇る州。かつては「ヨーロッパの酒蔵」と呼ばれブレンド用ワインを大量生産してきたが、近年の品質向上は目覚ましい。

12 リグーリア州
Liguria

北西部に位置し、北はピエモンテ州、南はリグーリア海に面している。州全体が山岳や丘陵地帯にあるため、ブドウは急な傾斜の段々畑で栽培される。100種以上に及ぶ土着品種から、海からの影響を受けたミネラル感のあるワインを生み出す。

13 トスカーナ州
Toscana

中世ルネッサンスの街並みが残る人気観光地。なだらかな丘陵に糸杉、オリーブ、ブドウ畑と絵画のような風景が広がる。生産量は多くないが高品質のワインが多い。ワイン産業の牽引役を務める州。☛ P.224、243、256、257

14 ウンブリア州
Umbria

イタリア半島の中央部に位置し、海には面していない。石灰質土壌が多くブドウ栽培に適した環境であるが、場所により火山性土壌なども混ざる。濃厚なモンテファルコ・サグランティーノから軽やかなオルヴィエートまでバラエティに富む。

15 ラツィオ州
Lazio

国の首都で州都でもあるローマを擁する豊かな州。政治や観光の中心地であり、様々な文化が生まれた地。イタリアのなかでは平地が多く、なだらかな地形。気候は温暖で、ブドウ栽培に適した環境をもつ。軽やかな白ワインを多く産出する。

16 カンパーニア州
Campania

古代から富と豊穣の地として知られる。州都のナポリは世界三大美港のひとつとして知られ、対岸のソレント、カプリ島や東方のヴェスヴィオ火山、ポンペイを擁する世界有数の観光地。アリアニコ主体のタウラージが有名。

17 バジリカータ州
Basilicata

アペニン山脈の麓、丘陵地帯に広がる。火山性の影響を残す不毛の土壌と乾燥により、ワインの生産量は少ない。ブドウ栽培の歴史は古く、ギリシャから最初にブドウがもたらされたエリアのひとつ。アリアニコが成功を収めている。☛ P.233

18 カラブリア州
Calabria

イタリア半島の南端にあたり、周囲を海に囲まれ地中海性気候に恵まれている。D.O.C.G. のワインはないが、古代ギリシャ人によって始められたという古い歴史をもつブドウ栽培地域。特にギリシャからもたらされたグレーコの白ワインが有名。

19 シチリア州
Sicilia

イタリア半島南端の先、イオニア海に浮かぶシチリア島は、地中海最大の島であり、20州中最大の州でもある。典型的な地中海性気候で、夏にはサハラ砂漠からの熱風で高温になることも多いが、気候に恵まれ優れたワインを生む。☛ P.234

20 サルデーニャ州
Sardegna

イタリア半島の西、ティレニア海に浮かぶこの島は、シチリア州、ピエモンテ州に次ぐ3番目の大きさの面積をもつ。歴史的に様々な国の支配を受け15世紀以降からはスペインの支配を受けたため、スペイン系の品種が現在でも多く栽培される。

ドイツ
Germany

52
50
8 N
オランダ
ライン川
ベルリン
エルベ川
ザーレ川
ザクセン
ザーレ・
ウンストルート
ボン
ミッテルライン
アール
ラインガウ
Rheingau
チェコ
モーゼル
Mosel
1
2
フランクフルト
4
フランケン
Franken
マイン川
トリヤー
モーゼル川
ナーエ
3
ヘシッシェ・
ベルクシュトラーセ
ヴュルツブルグ
ラインヘッセン
Rheinhessen
マンハイム
ファルツ
フランス
ヴュルテムベルク
5
バーデン
Baden
スイス
オーストリア

ドイツのブドウ栽培地域は、世界の栽培地域のなかでも北限に位置する北緯47～52度。広いエリアを13の特定栽培地域に分け管理しています。熱量は少ないながら日照時間は長く、ブドウはゆっくりと成熟し、芳香性豊かなワインを生み出します。近年、品種や産地の個性を明確に表現した辛口ワインが多く生産されています。

1 モーゼル
Mosel

粘板岩質の急斜面で、シーファーと呼ばれるスレート状の石が表面を覆う特殊な土壌。ワインは豊かな芳香をもつ。☛ P.240

2 ラインガウ
Rheingau

ドイツのなかでも稀に見る好環境にある産地。黄土層と粘板岩からなる土壌はリースリングに理想的な環境となる。☛ P.205

3 ラインヘッセン
Rheinhessen

ドイツ最大の栽培地域で、北と東をライン川、南はファルツに接する。なだらかな丘陵に囲まれ果実味豊かなワインを生む。

4 フランケン
Franken

内陸に位置し寒暖差が激しい大陸性気候。畑は分厚い貝殻石灰岩土壌の上にあり、西部の産地とは趣が異なる。☛ P.209

5 バーデン
Baden

ドイツの産地のなかで最南端に位置し、ライン川沿いに細長く続く地域。温暖なエリアで豊かな味わいのワインを生む。

スペイン
Spain

44
42
40
38
36 N
フランス
大西洋地方
ビエルソ
1 リオハ
Rioja
北部地方
カタルーニャ
5
リアス・バイシャス
Rías Baixas
4 リベラ・デル・ドゥエロ
Ribera del Duero
エブロ川
プリオラト
Priorato
2
バルセロナ
3
ペネデス
Penedés
ルエダ
ドゥエロ川
内陸部地方
マドリッド
地中海地方
タホ川
ラ・マンチャ
ポルトガル
ヘレス
Jerez
6
南部地方
地中海
大西洋
モロッコ

ブドウ栽培面積は世界一、ワインの生産量では世界第三位を誇る世界有数のワイン生産国です。ブドウ栽培において長い歴史をもつ国ですが、様々な民族文化の影響を受け、長い間ワイン造りは停滞します。しかし国土回復運動、アメリカ大陸進出、大航海時代などから再びワイン造りは活気を取り戻していきました。内陸部では濃厚な赤ワイン、西部では爽やかな白ワイン、東部ではスパークリング･ワイン、南部では酒精強化ワインといった具合に、各地で様々なタイプのワインを産出しています。また、固有品種が多く現存しているのも特徴。それらの品種から技術革新によって高品質なワイン造りが行われています。

1 リオハ
Rioja

スペイン北部、海抜300～700mに位置するリオハは、北と南をふたつの山脈に挟まれるという特殊な環境にあり、東西からの暖かい風の影響を受け、独特の気象条件をもつ。エブロ川が粘土と石灰岩の多い沖積谷を造り出し、ブドウ栽培に最適な環境となっている。☛ P.229

2 プリオラト
Priorato

リオハとともにD.O.Ca.に認定される伝統的なワイン産地。海岸から20kmほどの山間部に位置しており、寒暖の差が激しく、粘板岩土壌（リコリェッラ）で、山の斜面に階段式に畑を造るため耕作が困難。見捨てられた産地となっていたが、近年復活を果たした。

3 ペネデス
Penedès

カヴァの主要産地。1970年代に近代化が進み、モダンなワインが造られ始めた。海岸から内陸にかけて広がる産地で、場所によりバホ、メディオ、アルトに分かれる。海岸に近いバホは温暖で砂質。山沿いのアルトは冷涼で石灰岩主体、国際品種が植えられている。☛ P.238

4 リベラ・デル・ドゥエロ
Ribera del Duero

ドゥエロ川沿いに広がる細長い産地。2000年以上の長い歴史をもつ産地だが、注目されたのは1980年代以降。地中海性気候と大陸性気候の影響を受け、長い日照時間と大きな寒暖差、白亜質の石灰岩質土壌という環境から、骨格のしっかりとしたワインが造られる。☛ P.229

5 リアス・バイシャス
Rías Baixas

大西洋に面した産地。スペインのなかでは極端に降水量の多いエリアだが、土壌は花崗岩で水はけはよい。アルバリーニョを主体に、近代的な設備から、軽やかでミネラルに富んだワインを生産する。海風を受ける産地であるため、ワインはヨードの香りをもつ。☛ P.212

6 ヘレス
Jerez

スペイン南部、ヘレス･デ･ラ･フロンテッラ周辺エリアで造られる酒精強化ワイン、シェリーが有名。なだらかな丘状地帯で、土壌は石灰分の多い真っ白なアルバリサからなる。ソレラ･システムによる熟成が特徴で、品種や醸造方法により異なるタイプのワインを造る。☛ P.244

オーストリア
Austria

紀元前400年にはケルト人やその祖先がブドウの栽培とワイン醸造を行っていたというオーストリア。栽培地区は東部と東南部に集中しています。4つの栽培地方に分類されていますが、その多くはニーダーエスタライヒ州、ブルゲンラント州の2地域に位置。自然派の生産者の比率が高く、世界で最も厳しいといわれるワイン法をもち、細やかな管理体制のもと、テロワールを反映した素晴らしいワインが造られています。

1 ニーダーエスタライヒ州
Niederösterreich

オーストリア最大の高品質ワイン生産地。急な傾斜に畑があり、ミネラリーで凝縮度の高いワインを生む。☛P.213

1a ヴァッハウ
Wachau

オーストリアを代表する産地。1980年代から独自の規定を設け、品質の維持に取り組んでいる。

2 ブルゲンラント州
Burgenland

大陸性の暑いパノニア気候の影響を受け、フルボディでリッチな赤ワインが生産される。☛P.235

3 ウィーン
Wien

大都市でありながら商業的にワイン生産を行う珍しい産地。生産されるワインの多くは地元で消費される。

4 シュタイヤーマルク州
Steiermark

ほかの産地とは個性の異なる、フレッシュな味わいのワインが生産される。特にシルヒャーは有名。

ジョージア
Georgia

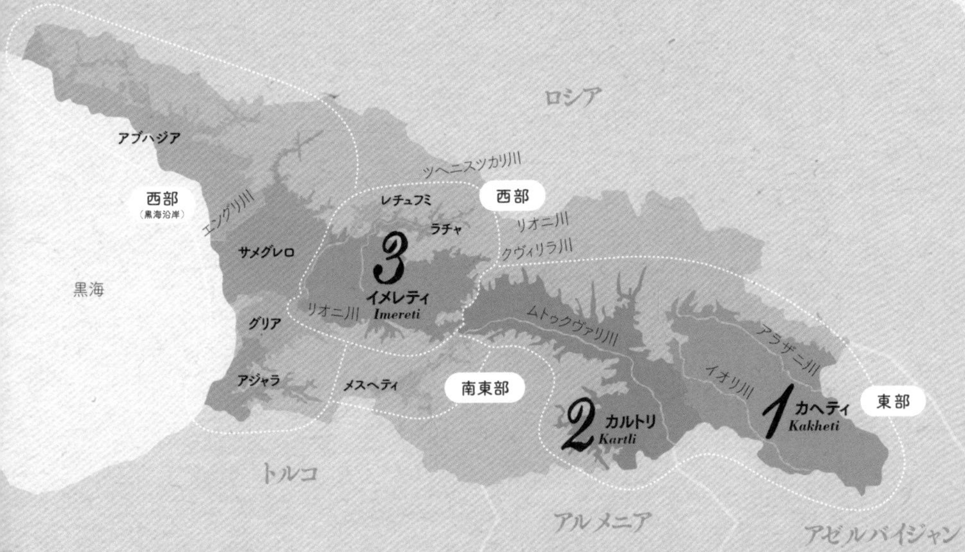
ロシア
アブハジア
ツヘニスツカリ川
西部
（黒海沿岸）
西部
レチュフミ
エングリ川
ラチャ
リオニ川
サメグレロ
クヴィリラ川
3
イメレティ
Imereti
黒海
リオニ川
グリア
ムトゥクヴァリ川
アラザニ川
アジャラ
メスヘティ
南東部
イオリ川
1
カヘティ
Kakheti
東部
2
カルトリ
Kartli
トルコ
アルメニア
アゼルバイジャン

紀元前6000年からの長いワイン造りの歴史をもつ国です。ジョージアではクヴェヴリを使った伝統的なワイン造りが今なお行われており、その個性的な味わいが世界中で広く受け入れられています。ジョージアにおける生産量の約9割は、ヨーロピアンスタイルと呼ばれるステンレスタンクで行うものですが、クヴェヴリによる伝統的な製法がユネスコの無形文化遺産に登録され、注目されるようになりました。

1 カヘティ
Kakheti

東部の山間部に位置する寒暖差の激しい産地。ジョージア産ワイン用ブドウの約7割を生産する。☛ P.248、257

2 カルトリ
Kartli

ジョージア中東部の歴史ある地域。カヘティとイメレティの間に位置する。スパークリング・ワインなども有名。

3 イメレティ
Imereti

カヘティに次ぐ面積をもつ重要な産地。比較的冷涼で湿潤な産地のため優しい味わいのワインを生み出す。

ギリシャ
Greece

ブルガリア
トラキア地方
1 マケドニア地方
Macedonia
アルバニア
エーゲ海
40
イピロス
テッサリア
中央ギリシャ
2 Stereá Elláda
(Central Greece)
トルコ
アテネ
イオニア諸島
ペロポネソス半島
3 エーゲ海の島々
Aegean Islands
イオニア海
クレタ島
35 N

1 マケドニア地方
Macedonia

ギリシャで最も北にある地方で、山脈と海に挟まれた産地。北部と南部では気候が異なり多様性のある産地である。

☛ P.234

2 中央ギリシャ
Stereá Elláda(Central Greece)

首都アテネを含むギリシャ中央に位置する地方。レッツィーナが有名で、現在でもサヴァティアノの栽培が多い。

3 エーゲ海の島々
Aegean Islands

大小多様な島によって構成される地方。甘口ワインで有名だったが、近年ドライタイプのワインが注目されている。

☛ P.214

紀元前5000年頃からワイン造りが行われている歴史の長いワイン生産国。ギリシャというとエーゲ海に浮かぶ島々を思い浮かべることが多いかもしれませんが、北部のマケドニアは大陸性気候であり、寒暖差が大きく冬には降雪もあります。歴史的にはレッツィーナや甘口のワインが有名でしたが、1990年代に「ギリシャワイン・リバイバル」が起こり、ワインの品質が飛躍的に向上しました。

その他の注目産地

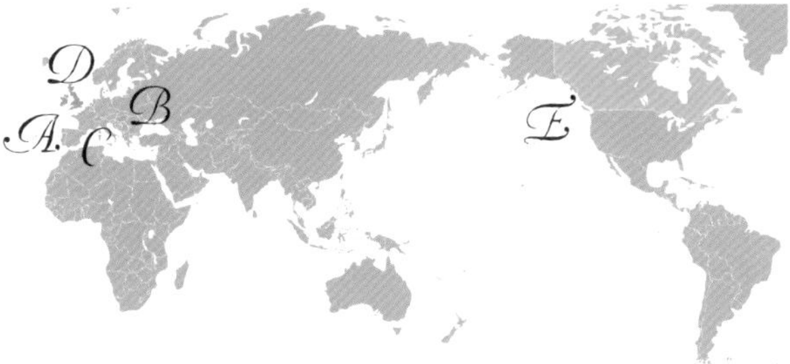

時代遅れの知識になってしまわぬようワインのトレンドをおさえることが重要です。注目すべき品種やワインがある産地について見てみましょう。まず、甘口ワインの消費減少により辛口へとスタイルの変化がみられるポルトガルやハンガリー。輸出量こそ少ないですが、フードフレンドリーや低アルコールなど近年のトレンドに合っていると話題のスイス。温暖化による産地の移動がみられる英国やカナダも要チェックです。

A. ポルトガル Portugal

南北約 560km、東西約 160km の大西洋に面する小さな国です。250 種を超える固有品種や多彩なテロワールから個性豊かでバラエティに富んだワインを生み出しています。また、ポートワインやマデイラなどの酒精強化ワインの銘醸地としての歴史を築いてきた国でもあります。近年ではポートワインの醸造で培った伝統的なブレンド技術を用い、スティルワインの醸造を積極的に行っており、世界市場から高い評価を受けるにいたっています。☛ P.235、245

B. ハンガリー Hungary

紀元前からブドウ栽培が行われていた歴史ある生産国です。1000 年にキリスト教王国が建国されワイン造りが大きく発展。1900 年代半ばより旧ソビエトの支配となり「質より量」が求められ一時衰退しますが、共和国制へと転換し、外国からの資本流入により近代的なワイン造りが行われるように。近年は甘口から辛口へスタイル変更が行われています。長い歴史のなかで常に輝きを放つトカイは、現在でも世界三大貴腐ワインに数えられています。☛ P.214、241

C スイス Switzerland

アルプスをイメージする人も多いスイスは、ヨーロッパのなかでは標高が高く平均気温が低い産地です。冷涼な産地ながら川や湖の恩恵を受け、シャスラなどの白ブドウ品種が主に栽培されています。3つの産地に分けられ、ドイツ語圏とフランス語圏では主に白ワインが造られ、南部のイタリア語圏ではメルロを中心にリッチな赤ワインが多く造られています。料理と合わせやすいフードフレンドリー、低アルコールのワインが注目されています。

D 英国 UK

ブドウ栽培の北限に近く、1980年代までは寒冷地でも育つ交配品種が主に栽培されていましたが、近年の地球温暖化の影響で国際品種も完熟するようになり、世界から注目を浴びる産地に。北部は低温で栽培が難しく、主な産地は南部に集中。特にシャルドネ、ピノ・ノワールから造られるスパークリング・ワインは世界トップクラスの評価を受けています。また、英国ワイン評論家の影響力は大きく、ワインのプロモーションにも一役買っています。☛ P.238

E カナダ Canada

世界で2番目に大きな国土をもつ国であり、高緯度に位置していることから寒冷な環境になりますが、産地によって気候は大きく異なります。太平洋側の西海岸は暖流の影響で温帯に属し、夏はよく晴れ乾燥、冬は温暖で雨が多いのが特徴です。東部は非常に寒くブドウ栽培には厳しい環境ですが、大きな湖や河川の近くでは厳しい寒さが和らげられることにより、ブドウ栽培に適した気候となっています。近年の温暖化で産地の移動も見られます。☛ P.242

Column

ヨーロッパと新世界

近年の醸造技術の進歩は目覚ましく、世界中でクリーンなワインが造られるようになりました。しかしながら、ヨーロッパと新世界のものでは味わいに違いがみられます。ヨーロッパの特にフランスの生産者の悩みは、少ない日照量と多雨です。一方、多くの新世界の生産者の悩みは、強すぎる日照と高い気温、乾燥です。根本的に気候が異なるので、できあがるワインのスタイルが違うのです。日本で学んだテイスティングの流れでは、結論のときに「産地は新世界のどこどこで」とコメントしていきますが、アメリカ的なテイスティングでは、味わった段階で新世界と旧世界を区別してテイスティングしていきます。ワインの個性を判断するのには有効な手段だと感じます。新世界のブドウはたくさんの日照を受けて育つので、果実味が強く甘味があり、高いアルコールによってリッチに感じられます。対してフランスのものは果実味と酸味のバランスがとれ、基本的にはドライに感じられます。しかし、最近では新世界の生産者も冷涼地に栽培地域を広げ、ヨーロッパスタイルのワインを生み出しています。こうなると見分けるのは困難ですが、最終的にはテロワール由来の風味に違いが現れます。

アメリカ
U.S.A.

アメリカのワインといえば、カリフォルニア州が有名。しかし近年は、オレゴン州やワシントン州などの冷涼地でも高品質のワインが造られ、注目されています。かつてのカリフォルニアワインはパワフルでリッチな味わいが特徴で、品種もカベルネ・ソーヴィニヨンが中心でしたが、最近ではパワフルさを抑える傾向もみられ、品種も多彩になっています。さらに、ブティック・ワイナリーと呼ばれる小規模で高級なワインを造る生産者がいるのも、大きな特徴です。

1 カリフォルニア州
California

アメリカの主要産地。ナパ・ヴァレーが有名だが、他地域の発展も目覚ましい。土壌もバラエティに富んでいる。

☛ P.231、247

2 オレゴン州
Oregon

温暖で土壌の種類が豊富。優れたピノ・ノワールを生産するエリアとして、世界的に注目されている。

3 ワシントン州
Washington

産地が内陸に位置し、年間の寒暖差が大きい。北部にありながら夏は暑いため、シラーの栽培が中心となっている。

4 ニューヨーク州
New York

17 世紀中頃にワイン造りが始まり、その歴史は長い。近年、著しい発展を遂げており、200 以上のワイナリーがある。

カナダ
45
3 ワシントン州
Washington
2 オレゴン州
Oregon
40
アイダホ州
ニューヨーク州
New York
4
35
1 カリフォルニア州
California
30
大西洋
25
太平洋
メキシコ
メキシコ湾

1

アメリカ

カリフォルニア州 U.S.A. California

生産量、品質ともアメリカのワインをリードする州。ナパ・ヴァレーを中心に発展しましたが、近年は海沿いのエリアの開拓が進み、多様なブドウ品種の栽培に成功しています。火山活動による地層のズレがあるため、土壌構成は多彩。サンフランシスコ湾には霧が発生し、ワイン造りに適した気候を生み出します。

ノース・コースト
North Coast

霧や寒流の影響を強く受ける地域で、カリフォルニア州、ひいてはアメリカのなかで最も高品質なワインを生む。☛ P.201

シエラ・フットヒルズ
Sierra Foothills

シエラ・ネヴァダ山脈の西側に畑が点在する。標高が高いためかなり冷涼で、良質のジンファンデルを産することで有名。

セントラル・ヴァレー
Central Valley

カリフォルニア州のワイン用ブドウの70％が、この地域で作られる。ジュースや干しブドウの原料となるブドウの生産量も多い。

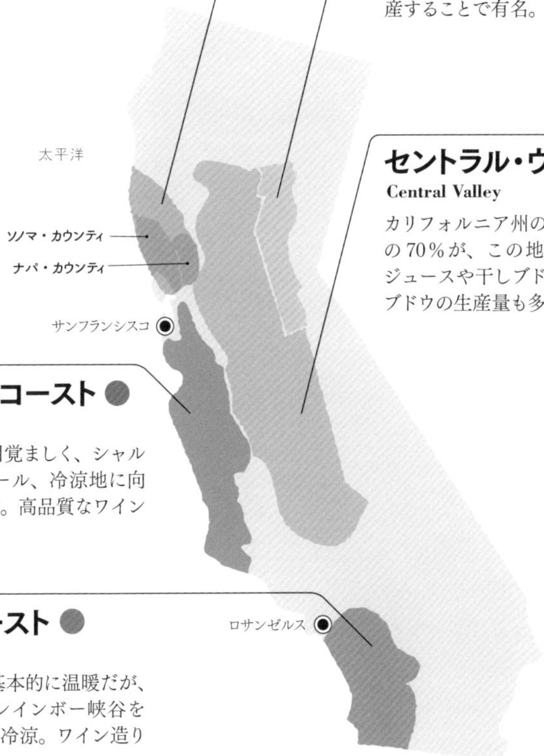

太平洋
ソノマ・カウンティ
ナパ・カウンティ
サンフランシスコ
ロサンゼルス

セントラル・コースト
Central Coast

海沿いの発展が目覚ましく、シャルドネやピノ・ノワール、冷涼地に向く品種を多く栽培。高品質なワインを生む。

サウス・コースト
South Coast

緯度の関係上、基本的に温暖だが、海沿いの一部はレインボー峡谷を抜ける空気により冷涼。ワイン造りの歴史は長い。

ナパ・カウンティ／ソノマ・カウンティ

Napa County / Sonoma County

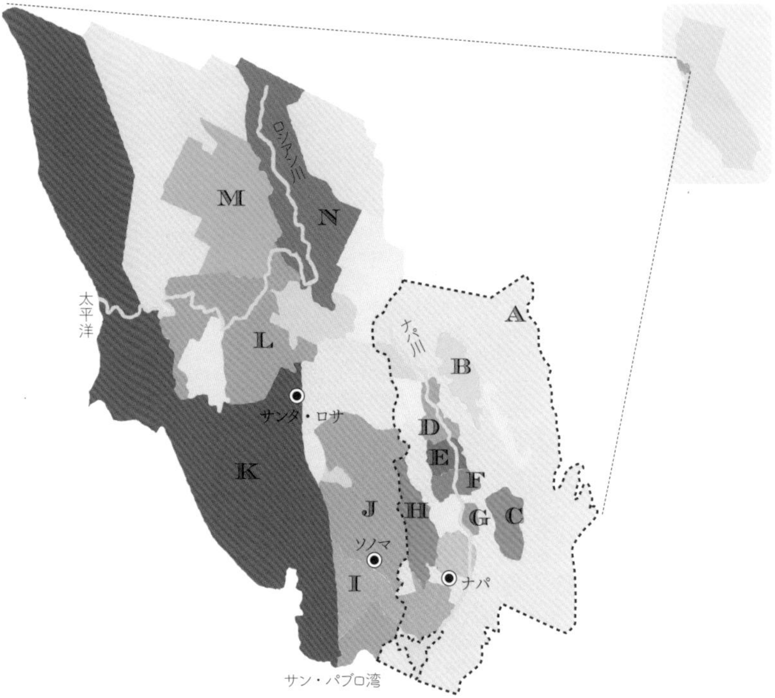

ナパ・カウンティは、ほとんどの部分がナパ・ヴァレーに含まれます。ふたつの山脈に囲まれており、南から入ってくる霧の逃げ道がありません。そのため、南部は霧の影響が強く冷涼、北部は霧の影響が弱まり温暖という、緯度とは反対の気候となるのが大きな特徴です。火山活動により土壌構成が多彩なこと、そして環境保全の考えが強く、畑の開拓などにも多くの規制があることも特徴的です。一方、ソノマ・カウンティは海に近く、カリフォルニア州のなかでも非常に冷涼。その気候を生かし、スパークリング・ワインの生産にも熱心です。また、大規模生産者の多いナパに比べ、比較的、小規模生産者が多いといえます。

A
ナパ・ヴァレー Napa Valley
カリフォルニア州を代表する産地であり、地域の名前がブランドにもなっている。地形、土壌、気候など、あらゆる面においてブドウ栽培に最適な環境を有する。☛ P.219、220

B
ハウエル・マウンテン Howell Mountain
標高の高い傾斜地に広がる畑は水はけがよく、養分は少ない。そのため樹勢が弱まり、ブドウがよく成熟。ミネラル豊かなワインが造られる。カベルネ・ソーヴィニヨンやメルロの優良産地でもある。

C
アトラス・ピーク Atlas Peak
霧の影響を受けづらく、昼夜の寒暖差は少ない。しかし標高が高く、山沿いに位置するため、気候は冷涼。こういった気候を生かし、酸味の豊かなワインが生産される。

D
セント・ヘレナ Saint Helena
有名なレストランなどもある大きな街。西側を山に囲まれ、霧の影響を受けにくいうえ、山からの照り返しがあるので非常に温暖。カベルネ・ソーヴィニヨンなどが栽培されている。

E
ラザフォード Rutherford
霧の影響を受けるため朝夕は涼しいが、日中は気温が高くなり、昼夜の寒暖差が激しい。土壌は肥沃で、優良なカベルネ・ソーヴィニヨンのワインを生産。有名なワイナリーが建ち並ぶ。

F
オークヴィル Oakville
カベルネ・ソーヴィニヨンの代表的な産地。ラザフォード同様、霧の影響を強く受け、昼夜の寒暖差が大きい。果実味豊かで酸味のあるワインを産し、著名なワイナリーが軒を連ねる。

G
スタッグス・リープ・ディストリクト Stags Leap District
温暖だが、海からの風の影響を受ける地域。傾斜が急な山沿いに畑が広がり、ミネラル感の強いワインを生む。土壌が痩せているため樹勢が弱まり、緻密でしなやかなタンニンをもつワインとなる。

H マウント・ヴィーダー Mount Veeder

畑が東向きに位置し、日中も涼しく、昼夜の寒暖差が小さい。この地域で造られるワインは、固いタンニンとしっかりとした骨格が特徴。酸味も強く、長期熟成タイプとして知られる。

I カーネロス（ロス・カーネロス） Carneros (Los Carneros)

サン・パブロ湾に近く、常に海からの風が抜けるうえ、ペタルマ・ギャップからの冷風の影響も受けるため気候は冷涼。優良なピノ・ノワール、シャルドネ、そしてスパークリング・ワインを産する。

J ソノマ・ヴァレー Sonoma Valley

カリフォルニアワイン発祥の地。サン・パブロ湾から流れ込む霧が、冬は暖かく、夏は涼しい気候を生む。また、太平洋からの湿った空気が入ってこないので、雨が少なく安定した独特の気候となっている。

K ソノマ・コースト Sonoma Coast

北のメンドシーノから南のサン・パブロ湾にまで及ぶ、海沿いの広大な地域。冷涼な気候で、ピノ・ノワールやシャルドネを中心に、フレッシュなワインを生産する。

L ロシアン・リヴァー・ヴァレー Russian River Valley

ソノマ・カウンティで最も冷涼な産地。太平洋からの冷たい風と霧が川沿いに入り込む。ピノ・ノワールとシャルドネに特化した地区であり、高級ワインの産地となっている。

M ドライ・クリーク・ヴァレー Dry Creek Valley

ロシアン・リヴァーの西側、ドライ・クリーク・リヴァー沿いに広がるエリア。太平洋からの霧の影響は少ないが、非常に涼しく、高品質のシャルドネやソーヴィニヨン・ブランの白ワインが造られる。

N アレクサンダー・ヴァレー Alexander Valley

ロシアン・リヴァー・ヴァレーの東側に位置し、太平洋からの霧の影響を受けない温暖な地域。日照と熱量に恵まれた産地であり、主にカベルネ・ソーヴィニヨンを栽培する。

2-3 アメリカ オレゴン州／ワシントン州

U.S.A. **Oregon/Washington**

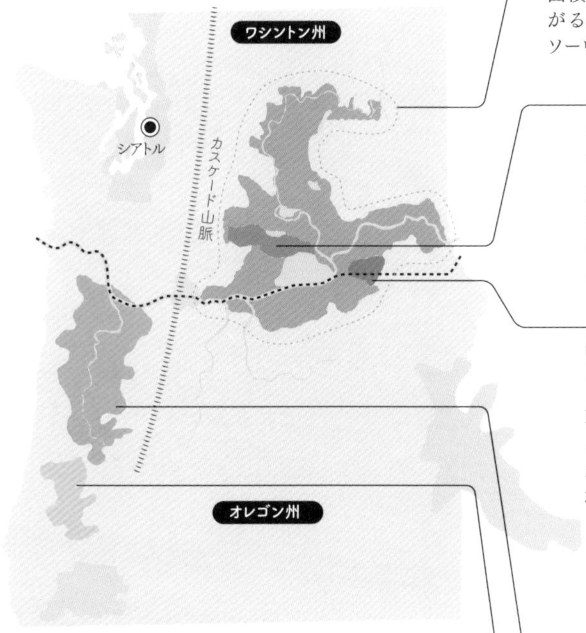

ワシントン州
シアトル
カスケード山脈
オレゴン州

コロンビア・ヴァレー
Columbia Valley

面積が広大で、ふたつの州にまたがるエリア。メルロ、カベルネ・ソーヴィニヨンなどを栽培。

ヤキマ・ヴァレー
Yakima Valley

歴史が古く、ワシントン州で初めて認可された地域。土壌の水はけがよく、シャルドネなどを産する。

ワラワラ・ヴァレー
Walla Walla Valley

1850年代、イタリア系移民によりブドウ栽培が開始された。カベルネ・ソーヴィニヨンなどが栽培されている。

ウィラメット・ヴァレー
Willamette Valley

オレゴン州最大で、最も冷涼な産地。アメリカを代表するピノ・ノワールを生み出している。☛ P.217

アンプカ・ヴァレー
Umpqua Valley

小さな生産地だが、多彩な土壌を有する。気候は温暖で、昼夜と年間の温度差が激しい。

オレゴン州とワシントン州は、産地が山を挟んで対極に位置するため、環境条件もワインのタイプも異なります。オレゴン州は冷涼でテロワールも多彩。1979年、ブルゴーニュとのピノ・ノワール比較テイスティングで2位となり、世界的に注目されました。一方ワシントン州は、年間の寒暖差が激しく、シラーのような晩熟型の品種が中心となっています。

チリ/アルゼンチン

ワイン造りの歴史が長いチリですが、政治的な問題により、近代化が進んだのは1979年、スペインのトーレス醸造所が子会社を設立した頃から。以降、アメリカをはじめとした世界へ向けてのワイン造りを行い、高品質な国際品種を栽培しています。

20
ブラジル
パラグアイ
サルタ州
チリ
ラ・リオハ州
北西部
30
サン・ファン州
中央西部
ウルグアイ
9 メンドーサ州
Mendoza
太平洋
ブエノス
アイレス
南　部
40
リオ・ネグロ州
大西洋
Argentina
50

アコンカグア
1 アコンカグア・ヴァレー
Aconcagua Valley
サンティアゴ
カサブランカ・ヴァレー 2
Casablanca Valley
サン・アントニオ・ヴァレー 3
San Antonio Valley
4 マイポ・ヴァレー
Maipo Valley
カチャポアル・
ヴァレー
コルチャグア・
ヴァレー
5 ラペル・ヴァレー
Rapel Valley
6 クリコ・ヴァレー
Curicó Valley
セントラル・ヴァレー
太平洋
7 マウレ・ヴァレー
Maule Valley
アルゼンチン
南　部
イタタ・
ヴァレー
ビオ・ビオ・
ヴァレー
マジェコ・
ヴァレー
8 南部
South
Chile

日照時間が長く乾燥しているので、灌漑（かんがい）が必要不可欠。近年では海沿いや南部の開拓も進んでいます。一方アルゼンチンのワインは国内消費が多く、近代化はあまり進みませんでした。しかし、ここ10年ほどの技術革新は著しく、評価も高まっています。標高が高く、雪解け水を使った昔ながらの灌漑が行われています。

チリ

1 アコンカグア・ヴァレー
Aconcagua Valley

夏の最高気温は30℃。日照量も多く、カベルネ・ソーヴィニヨンなど晩熟型のブドウ品種が多く作られている。灌漑が必要な土地で、設備投資の可能な大規模なワイナリーが成功している。

2 カサブランカ・ヴァレー
Casablanca Valley

1990年代以降、近代的な灌漑が可能になり、開発が進んだエリア。海沿いに位置し、朝は霧が立ち込め、昼にはからっと晴れる。その結果、果実味や酸味の豊かなワインを生む。☛P.201

3 サン・アントニオ・ヴァレー
San Antonio Valley

チリで最も注目される産地。海に近く、冷涼な海風の影響によりミネラルフレーヴァーをもつワインが造られる。特にピノ・ノワール、ソーヴィニヨン・ブラン、シャルドネの評価が高い。☛P.203

4 マイポ・ヴァレー
Maipo Valley

都市部に近く、ワイン造りの歴史は長い。温暖で穏やかな地中海性気候と、肥沃な土壌が特徴。カベルネ・ソーヴィニヨンなど晩熟な品種の栽培に適し、栽培面積の50%以上を占める。☛P.219

5 ラペル・ヴァレー
Rapel Valley

標高の高い山沿いの産地。寒暖差が大きく、ミネラル分を含む土壌からメリハリのある味わいのワインを生む。特にコルチャグア・ヴァレーは、チリで最上級のブドウを産するエリア。☛P.233、255

6 クリコ・ヴァレー
Curicó Valley

ソーヴィニヨン・ブランの栽培面積が、チリ国内で最大。そのほかカベルネ・ソーヴィニヨンなども栽培されている。やや湿潤な地中海性気候で、太平洋高気圧の影響を受ける。

7 マウレ・ヴァレー
Maule Valley

チリ最大のワインの産地。内陸に位置し、広大であるため地形や気候は多様だが、非常によいワインを生む環境にある。品種では、カベルネ・ソーヴィニヨンの生産量が多い。☛P.221、232、240

8 南部
South

多くの生産者が開拓に励む注目エリア。以前はブランデー用のブドウ栽培が中心だったが、最近はシャルドネなどが増加。リースリングやゲヴュルツトラミネルの栽培にも成功している。

アルゼンチン

9 メンドーサ州
Mendoza

国内のワイン生産量の70%以上を占める主要産地。標高が高く日照量が多いので、緩やかに成熟するマルベックの栽培に成功している。地元の生産者が造る一般的なワインと、世界各国から参入した生産者が造るプレミアムワインの二極化が進んでいる。☛P.214、228

オーストラリア
Australia

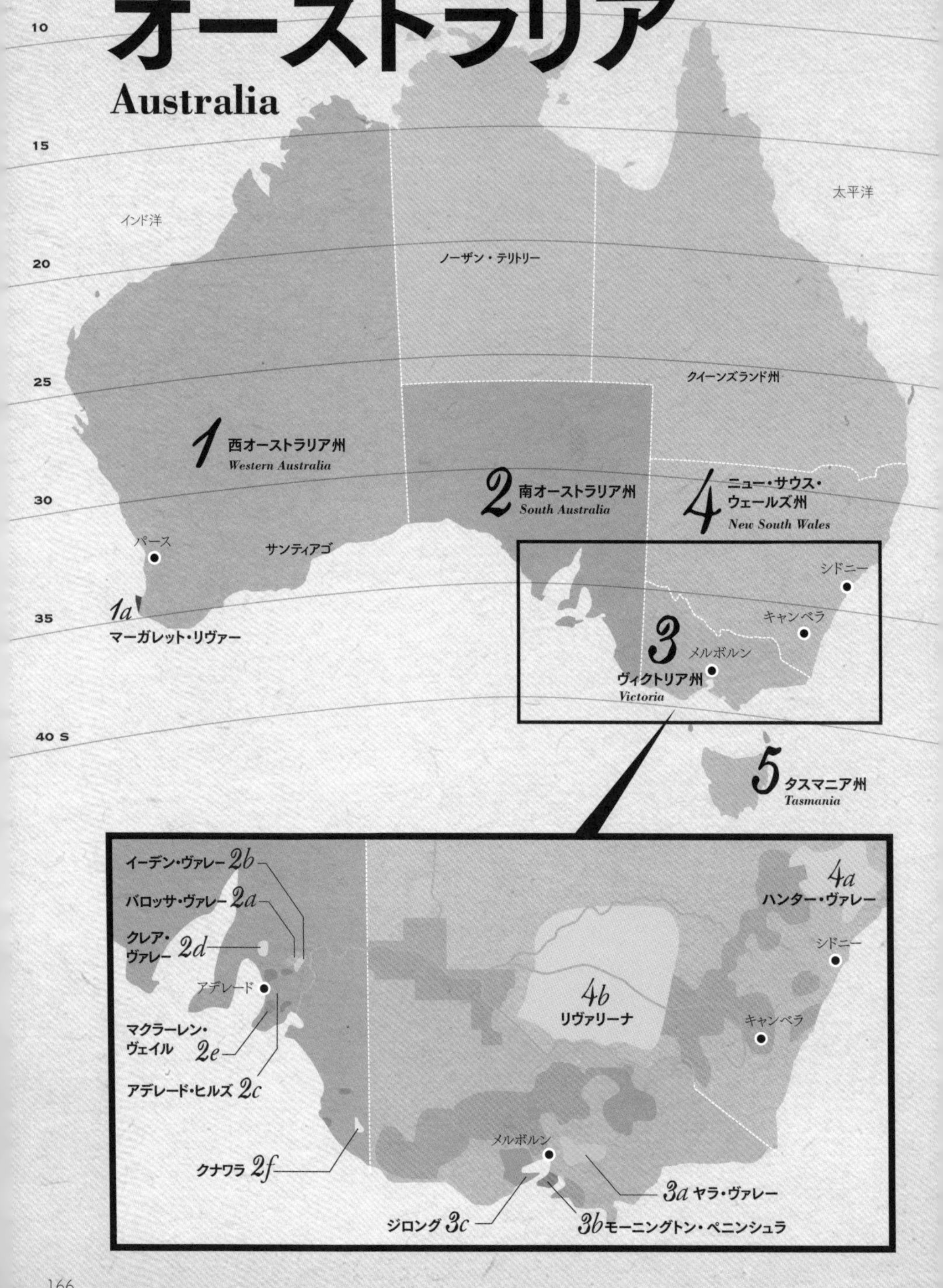
10
15
20
25
30
35
40 S
インド洋
太平洋
ノーザン・テリトリー
クイーンズランド州
1 西オーストラリア州
Western Australia
2 南オーストラリア州
South Australia
4 ニュー・サウス・ウェールズ州
New South Wales
パース
サンティアゴ
1a
マーガレット・リヴァー
シドニー
キャンベラ
3
メルボルン
ヴィクトリア州
Victoria
5 タスマニア州
Tasmania
イーデン・ヴァレー 2b
バロッサ・ヴァレー 2a
クレア・ヴァレー 2d
アデレード
マクラーレン・ヴェイル 2e
アデレード・ヒルズ 2c
クナワラ 2f
4a
ハンター・ヴァレー
シドニー
4b
リヴァリーナ
キャンベラ
メルボルン
3a ヤラ・ヴァレー
3b モーニングトン・ペニンシュラ
ジロング 3c

人種のるつぼであるオーストラリアでは、移民たちが各国から持ち込んだブドウ品種が栽培され、多彩なワインを生みます。ワイン法はあるものの、自由な発想でバラエティ豊かなワインが造られており、最新の醸造技術を積極的に取り入れていることも大きな特徴です。

1 西オーストラリア州
Western Australia

生産量は少ないが、高品質のワインを生産する地域。海沿いに開けており、冷たい海流の影響を強く受けるため、リースリング、シュナン・ブラン、シャルドネ、セミヨンといった寒冷地に向く品種の栽培に成功している。☛P.217

1a マーガレット・リヴァー
Margaret River

海にせり出しており、気候がボルドーと非常に似ている。土壌も表土が砂利混じり、下層土が粘土質とブドウ栽培に最適。新しいワイナリーが多く作られ、良質のカベルネ・ソーヴィニヨンやメルロなどが栽培されている。☛P.201、249、253

2 南オーストラリア州
South Australia

多様な気候と土壌の特性をもつ産地を擁し、オーストラリアワインの生産量の大半を占める。シラーズに代表される、非常に樹齢の古い自根の樹が現存する地域であり、場所によってはフィロキセラにも侵されていない。☛P.222

2a バロッサ・ヴァレー
Barossa Valley

温暖で日照時間が長く、熱量を必要とするシラーズの栽培に成功。世界的にも有名で「オーストラリアのシラーズの首都」ともいわれる。生産者同士のつながりが強く、しっかりとしたコミュニティが存在するのも大きな特徴。
☛P.218、221、246

2b イーデン・ヴァレー
Eden Valley

バロッサ・ヴァレーより標高が高く、気温が低い。そのため場所によっては、リースリングなど寒冷地に向く品種の産地となっている。土壌の種類も多彩で、ローム状の砂地、粘土質ローム、鉄鉱石や石英の砂利などがある。

2c アデレード・ヒルズ
Adelaide Hills

アデレードから車で30分ほどの場所だが、標高が高く、冷涼地向きのブドウ品種が栽培されている。比較的新しく開拓されたエリアで、土壌の健全性が高い。農薬を使わず、オーガニックファーミングで成功を収めた生産者もいる。

2d クレア・ヴァレー
Clare Valley

南オーストラリア州のなかでも独特な産地。ほかの地域がシラーズで成功しているのに対し、標高が高く冷涼な気候と、石灰岩を含む土壌を生かし、ミネラル感のあるリースリングを生産。世界コンクールで優勝するワインも造られる。☛P.204

2e マクラーレン・ヴェイル
McLaren Vale

海に近く、ビーチ特有のライフスタイルとワイン文化が融合し、食文化や芸術のるつぼとなっているエリア。シラーズの栽培も有名だが、樹齢の古いグルナッシュの樹が残っており、際立った個性をもつ、良質なワインが造られている。
☛P.227

2f クナワラ
Coonawarra

テラロッサが有名。「赤い土」を意味し、水はけのよい赤い粘土質の表土と、石灰岩の下層というブドウ栽培に最適な土壌をもつ。気候はボルドーに似ており、クオリティの高いカベルネ・ソーヴィニヨンとシャルドネを産する。☛ P.253

3 ヴィクトリア州
Victoria

中・小規模の生産者が中心。海にせり出した地域や標高の高い地域など、冷涼な産地が多い。そのため、いま世界的なモードとなっている軽やかでキリッとした酸味のワインをはじめ、新しいスタイルのワインが生まれている。☛ P.246

3a ヤラ・ヴァレー
Yarra Valley

オーストラリアを代表するピノ・ノワールとシャルドネの名産地。著名なスパークリング・ワインの生産者の拠点でもある。オーストラリアで最も急な斜面にブドウ畑が広がり、土壌は砂や粘土を含むローム質と赤い火山土の2タイプに分かれる。

3b モーニングトン・ペニンシュラ
Mornington Peninsula

三方を海に囲まれ、寒流の影響を最も強く受ける冷涼な地域。ミネラル感豊かなワインが生産される。小規模生産者が多く、個性的なワインも生み出されている。

3c ジロング
Geelong

メルボルン南西の海岸沿いに位置し、モーニングトン・ペニンシュラと似た環境をもつ。年間の平均気温が低く冷涼な産地で、ピノ・ノワールとシャルドネの重要な産地となっており、スマートな印象のワインが造られている。

4 ニュー・サウス・ウェールズ州
New South Wales

オーストラリアのワイン産業発祥の地。雨量が多く、ブドウ栽培に向かない気候だが、環境をうまく利用し、ユニークなワイン造りを行う生産者も多い。

4a ハンター・ヴァレー
Hunter Valley

歴史が古く、シドニーから近いため観光地として人気。難点は南半球でブドウが成熟する1～4月に降雨量が多いことで、解消法として生まれたのが、代表品種セミヨンの早摘み。酸味が強い状態で収穫し、爽やかなワインに仕上げる。☛ P.210

4b リヴァリーナ
Riverina

量販用ワインを造るブドウの産地。内陸に位置し、夏は暑く乾燥しているため水分が少なく、灌漑（かんがい）が必要なエリアとなっている。近年では高級ワインも造られており、人工的に霧を発生させて貴腐ワインを造る生産者などもいる。

5 タスマニア州
Tasmania

ブドウの取引価格の平均値が国内で最も高い地域。高品質なブドウが、世界の生産者、消費者から注目されている。シャルドネやピノ・ノワールのほか、リースリング、ゲヴュルツトラミネルも栽培。スパークリング・ワインの生産も盛ん。

ニュージーランド
New Zealand

ワイン造りは100年以上前から行われていますが、世界的に注目されたのは1973年、マールボロでソーヴィニヨン・ブランの栽培が始まってから。「1日のなかに四季がある」といわれるほど昼夜の寒暖差が大きく、品種の個性を生かしつつ、しっかりした酸味と果実味、凝縮した味わいをもつワインが造られています。

ノースランド
オークランド
ベイ・オブ・プレンティ
北島
ワイカト
1 ギズボーン Gisborne
2 ホークス・ベイ Hawkes Bay
ネルソン
ワイララパ
3 マールボロ Marlborough
カンタベリー／ワイパラ
44
南島
4 セントラル・オタゴ Central Otago
46 S

1 ギズボーン Gisborne

世界最東端のワインの産地。主要品種はシャルドネで、「ニュージーランドのシャルドネの首都」といわれている。

2 ホークス・ベイ Hawkes Bay

土壌はボルドーに似た肥沃な沖積土。メルロとカベルネ・ソーヴィニヨンからボルドーブレンドのワインなどが造られている。☛ P.251

3 マールボロ Marlborough

ニュージーランド最大の産地。「マールボロといえばソーヴィニヨン・ブラン」といわれるほど国際的にも評価が高い。
☛ P.203

4 セントラル・オタゴ Central Otago

ニュージーランドで最も標高が高く、世界最南端に位置する産地。国内唯一の大陸性気候で、ピノ・ノワールを多く産する。

南アフリカ
South Africa

1659 年からのワイン造りの歴史をもつ国です。1900 年代半ばから始まったアパルトヘイトの影響で、国際市場から取り残されましたが、1994 年にアパルトヘイトが撤廃されると、再度国際市場に受け入れられるようになります。過去の反省から環境や人に配慮した保証制度を積極的に導入。ボルドーを模した格付けなども手伝って、注目度の高い生産国になっています。

1 コースタル・リージョン地域
Coastal Region

南アフリカワイン産業の中心地。最大栽培地区のステレンボッシュや歴史的産地であるコンスタンシアを含む。☛ P.206

2 ケープ・サウス・コースト地域
Cape South Coast

西ケープ州南端に位置する産地。海からの冷涼な環境に恵まれ、近年高い注目を浴びている。

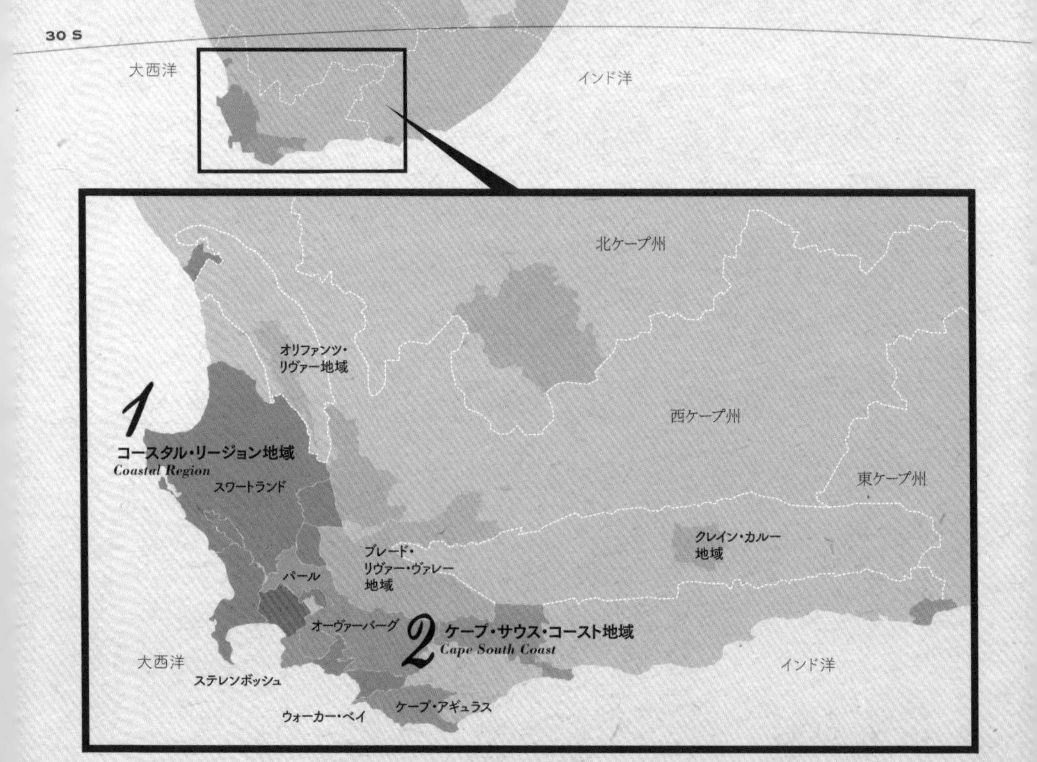

コンゴ民主共和国
タンザニア
30 S
大西洋
インド洋
北ケープ州
オリファンツ・リヴァー地域
西ケープ州
東ケープ州
1
コースタル・リージョン地域
Coastal Region
スワートランド
クレイン・カルー地域
ブレード・リヴァー・ヴァレー地域
パール
オーヴァーバーグ
2
ケープ・サウス・コースト地域
Cape South Coast
大西洋
インド洋
ステレンボッシュ
ウォーカー・ベイ
ケープ・アギュラス

日本
Japan

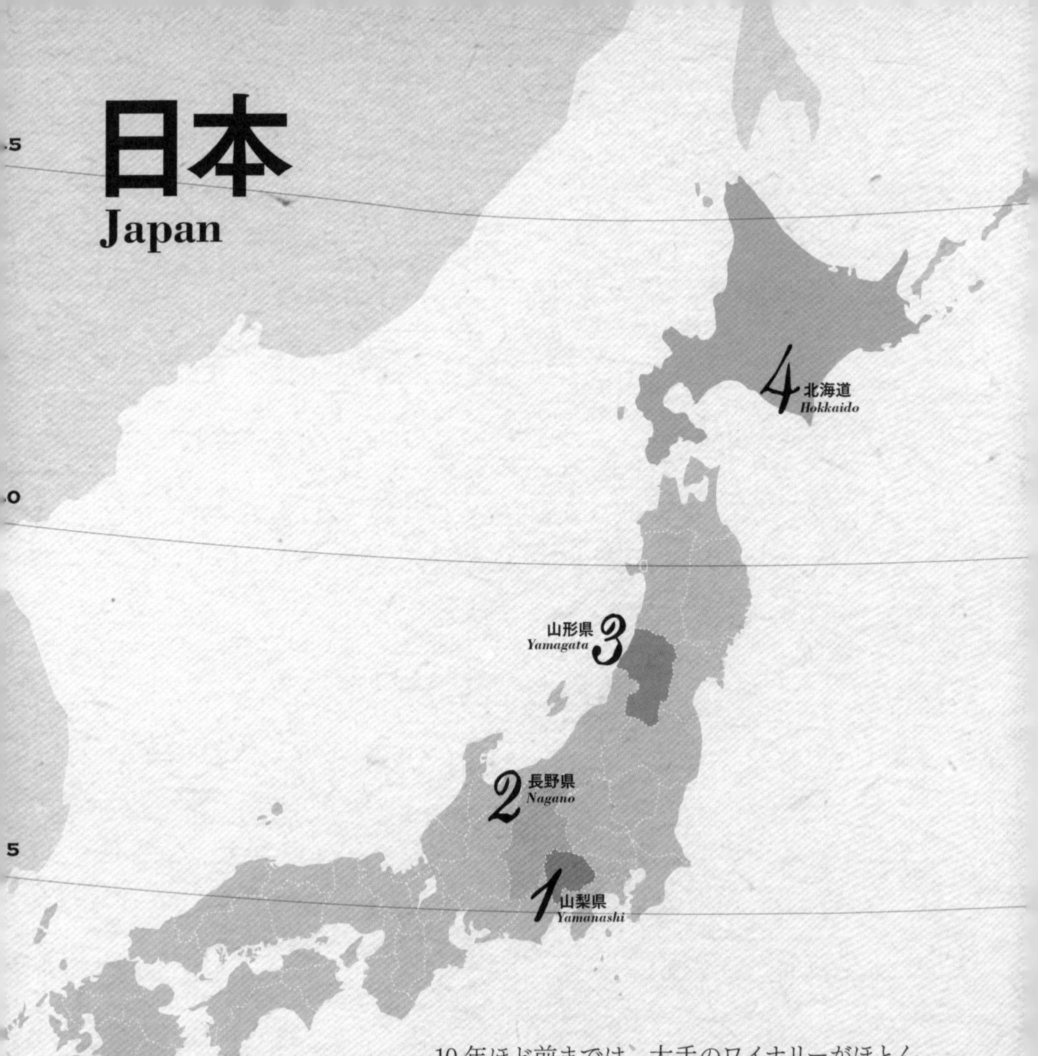
4 北海道
Hokkaido
山形県 3
Yamagata
2 長野県
Nagano
1 山梨県
Yamanashi

10年ほど前までは、大手のワイナリーがほとんどでしたが、規制緩和により小規模のワイナリーが増加。熱心な若者たちが、ワイン造りに参入しています。甲州とマスカット・ベーリーAが国際的に醸造用ブドウ品種として認められました。また、ブルゴーニュの有名生産者が北海道に進出するなど今後の展開が楽しみな状況といえます。気候風土の面では、日本の土壌は火山灰性、粘土質など。ブドウの成熟期に雨が多く、凝縮度の高いワインを造ることは難しい環境ですが、雨の少ない産地へ移動し、高品質なブドウ栽培に励んでいます。

1 山梨県
Yamanashi

日本の代表的なワインの産地で、生産量が最も多い。大手メーカーから家族経営のワイナリーまで、生産者の形態は様々。県を代表するブドウ品種である甲州を用いたワイン造りが盛んに行われている。☛ P.208、219、232、249

甲府盆地東部

日本のワイン造り発祥の地。大手のメーカーが本拠地を構える。甲州市、山梨市、笛吹市を含む。

甲府盆地中央部

甲府盆地の底部に位置し、年間の平均気温は20℃と他産地に比べて高い。甲府市の旧里垣、旧玉諸、旧甲運の一帯。

甲府盆地北西部

2000年頃から開発の進む注目産地。標高が高く冷涼な気候から優れたワインが造られる。北杜市(明野町、小淵沢町、須玉町、高根町、白州町)、韮崎市（穂坂、上ノ山)、甲斐市を含む。

甲府盆地西部

南アルプス麓に広がる産地。礫を多く含む砂質土壌で非常に水はけがよい。南アルプス市の白根町、八田一帯。

2 長野県
Nagano

標高の高い場所に畑があり、梅雨の影響を受けにくい。さらに粘土質の土壌をもっているため、ブドウ栽培に適した自然条件を備えている。なかでもメルロの栽培に適しており、その品質は世界的にも認められている。☛ P.221

桔梗ヶ原ワインバレー

塩尻市全体を含むエリア。メルロの産地として有名で、国際的なコンクールで受賞しているワインもある。

千曲川ワインバレー

千曲川沿いに広がる産地。県内でワイナリーの設立が最も活発なエリア。

日本アルプスワインバレー

古くからブドウ栽培が盛んなエリアで、県内ブドウ栽培発祥の地を含む。

天竜川ワインバレー

古くからリンゴや梨の産地であり、ワイン用ブドウの栽培は少ない。

3 山形県
Yamagata

サクランボをはじめ、フルーツの栽培に適した気候風土をもつ。ワイン用のブドウ栽培にも向いているうえ、ブドウの栽培やワインの醸造について熱心に研究を行う生産者が多く、年々優れたワインが生まれている。

●庄内地方

西荒屋地区では､250年近く甲州の栽培が行われている。

●村山地方

マスカット・ベーリーAは国内で収穫が最も遅く、甲州においては栽培北限の栽培地域。

●置賜地方

東北最古のワイナリーがある歴史ある産地。デラウェアなども盛んに栽培される。

4 北海道
Hokkaido

日本で最も注目されている産地。余市などは雨が少なく、ブドウ栽培に適している。以前はドイツ系の品種が多く栽培されていたが、近年は世界的に人気のあるヨーロッパ系品種の作付けが活発。特にピノ・ノワールは評価が高い。

☛ P.215、217

●空知地方

近年続々と新たなワイナリーが設立される注目のエリア。浦臼町、三笠町、岩見沢市を含む。

●後志地方

北海道内で栽培面積、収穫量ともに最大の産地。特にヨーロッパ系の品種に力を入れている。余市平野（余市町）を含む。

STEP 3

造りによる特徴を知る

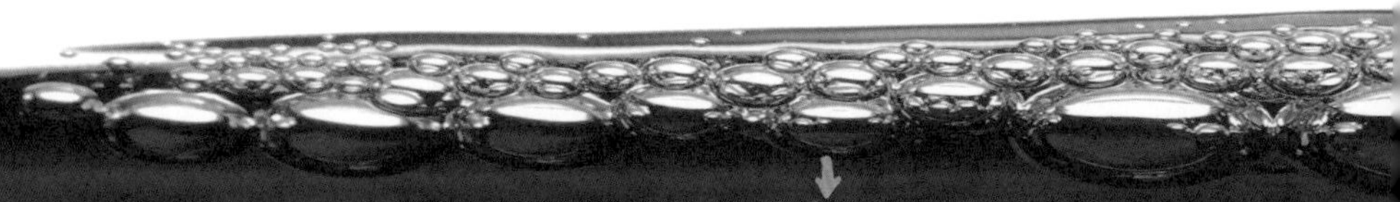

赤ワインの造り方

最大の特徴は、果皮や種子とともに黒ブドウを発酵させること。これにより赤い色に仕上がる。

1 収穫

収穫方法には一房ずつ鋏で切り取る「手摘み」と、機械で実を落とす「機械摘み」がある。手摘みは選別しつつ収穫でき、ブドウが傷付きにくい。

2 選果

収穫したブドウから、腐敗果、未熟果、葉や蔓を取り除く。この工程を経ることで、ワインの品質が高くなる。

3 除梗・破砕

果梗とはブドウの実に付いている小さな枝のこと。植物的な香りが出る場合があるため、近年は取り除いてから実を潰すことが多い。

果帽
発酵槽
糖
酵母
アントシアニン
タンニン
CO_2
アルコール
ワイン

4 発酵・醸し

ブドウに含まれる糖分を、酵母がアルコールと二酸化炭素に分解。このアルコール発酵中に、果皮や種子を果汁に漬け込み、アントシアニンやタンニンを抽出する。これを醸し（マセラシオン）という。

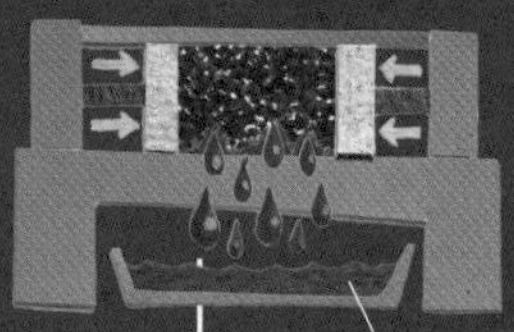

ワイン

5 圧搾

発酵の終わったワインを容器の下から抜き取り、残った果皮や種子を圧搾。搾って得たワインはブレンド用やブランデー用となる。

造りによる特徴を知る目的とは

ワインには赤、白、ロゼ、スパークリング、それぞれ特有の醸造方法があり、どの方法で醸造し、どの容器を使用するかによって、ワインの個性は大きく変わります。生産者は、自分たちの目指すワインに合わせて、醸造テクニックや容器を選択しています。造りによる特徴を知ることは、ワインの個性をつかむ糸口になるのです。

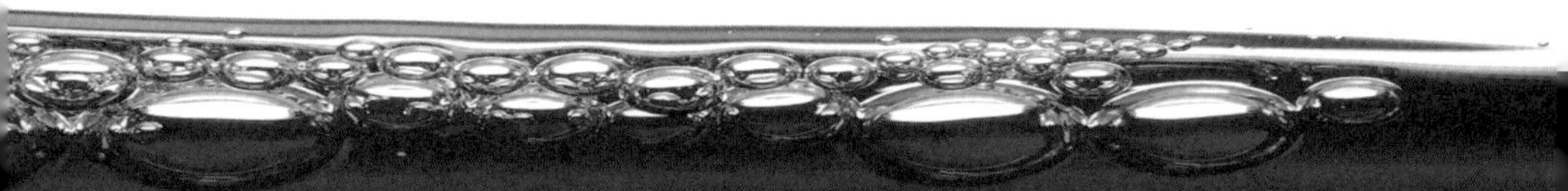

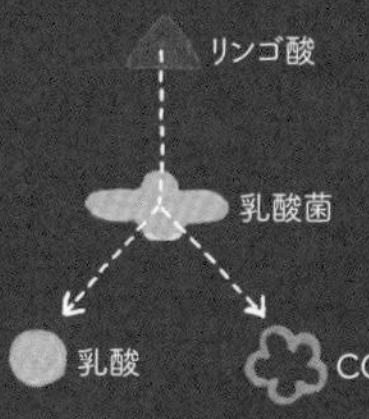

リンゴ酸
乳酸菌
乳酸
CO_2

6 後発酵

マロラクティック発酵（M.L.F.）ともいわれ、ワイン中のリンゴ酸を乳酸菌の働きで乳酸に変化させる。酸味が柔らかくなり、香りが複雑になる。

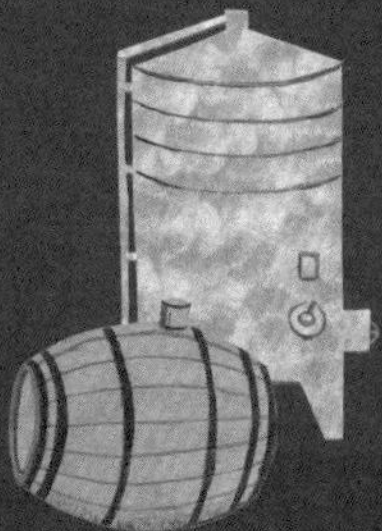

7 樽・タンク熟成

ワインを樽やタンクに移し、貯蔵庫で熟成。色調や風味を安定させる。樽熟成の場合、木樽由来の香りが付く。

オリ

8 オリ引き

容器の底に、酵母や酒石などが混ざったオリが沈んでいるため、上澄みを別の容器に移し替えて取り除く。熟成中、数回行われる。

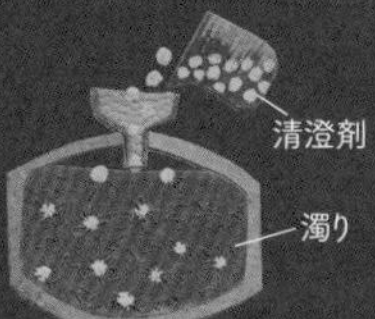

清澄剤
濁り

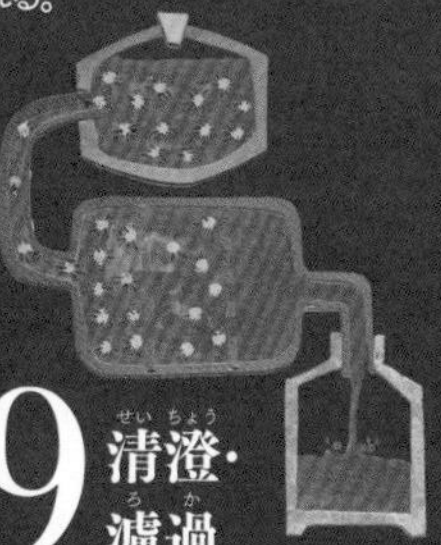

9 清澄・濾過

卵の白身やゼラチンなどを使い、ワインを清澄にする。その後フィルターで濾過し、さらに不純物を取り除く。

10 瓶詰め

ワインを瓶に詰め、天然コルクで打栓する。生産者によっては、テクニカルコルクや合成コルク、スクリューキャップを用いる場合も。

白ワインの造り方

圧搾した後の果汁の状態で発酵させるのが大きな特徴。
白ブドウだけでなく黒ブドウからも造られる。

1 収穫

赤ワインと同じく「手摘み」または「機械摘み」で行う。機械摘みは手摘みに比べると作業時間が短縮でき、コストも安いのが特徴。

2 選果

赤ワイン同様、収穫したブドウから不良果や葉などを除去。手摘みの場合は、収穫時にも行われる。

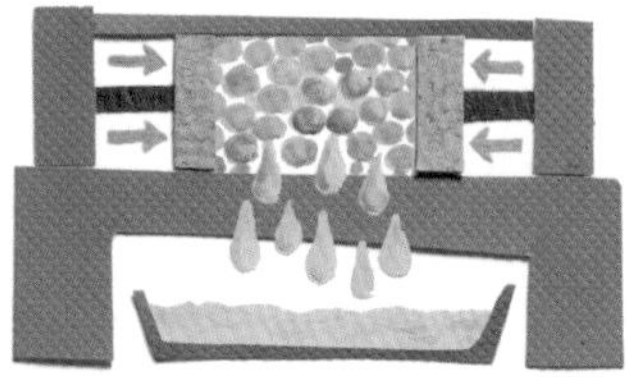

3 圧搾

房のまま、または除梗・破砕した後、圧搾機で果汁を搾る。圧搾前に果皮の香り成分を果汁に抽出するスキン・コンタクトを行う場合も。

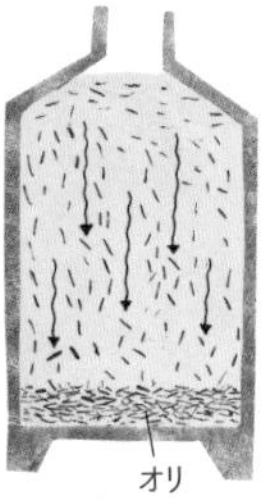

4 デブルバージュ

圧搾後の果汁には不純物が含まれているため、低温のタンクに入れて数時間おき、不純物を沈殿させる。酵素を使うこともある。

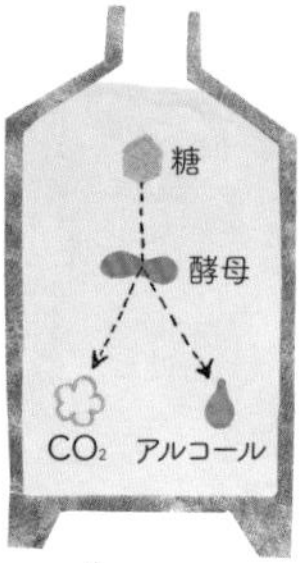

5 発酵

香り成分を生かすため、赤ワインより低い温度で発酵。赤・白とも、目指すワインにより発酵容器を使い分ける。

ロゼワインの造り方

ロゼワインには、主に「セニエ法」「直接圧搾法（ダイレクト・プレス）」「混醸法」の３つの造り方がある。セニエ法で造られたワインの方が、直接圧搾法で造られたものより色が濃いといわれるが、マセラシオン期間の長さで色調は調節できるので、一概にはいえない。また、ヨーロッパではスパークリング・ワイン以外で、赤ワインと白ワインを混ぜてロゼを造ることが禁じられている。

A セニエ法

赤ワインのような造り方。黒ブドウを除梗・破砕した後、果汁と一緒に果皮や種子を漬け込む。ほどよく色が付いたら果汁を取り出し、これを白ワインのように低温で発酵させる。

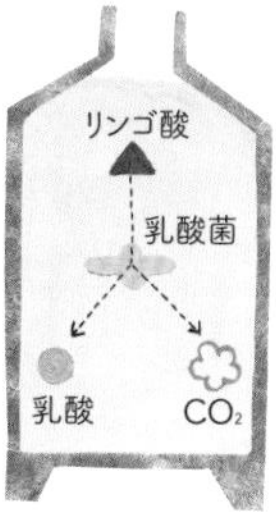

リンゴ酸
乳酸菌
乳酸
CO_2

6 後発酵

マロラクティック発酵（M.L.F.）。まろやかな風味を得るために、ブドウ品種や産地によっては後発酵を行う場合がある。

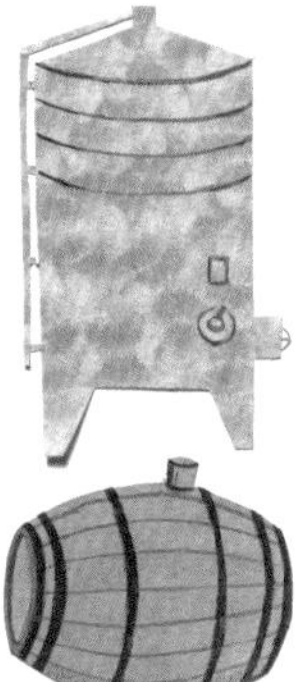

7 樽・タンク熟成

樽やタンクで熟成。熟成中、オリを櫂でかき回し、旨味成分を全体に行き渡らせるバトナージュを行うことも。

オリ

8 オリ引き

赤ワインと同様、上澄みを別の容器に移し、オリを取り除く。酸素に触れさせることで、ワインを還元状態から解放する目的もある。

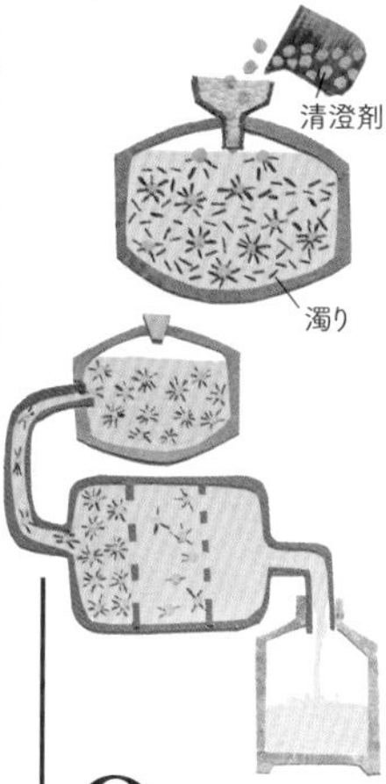

清澄剤
濁り

9 清澄・濾過

赤・白とも、あえて清澄や濾過を行わない場合もあるが、白ワインは異物が目立つため、行われることが多い。

10 瓶詰め

酒石酸を低い温度で結晶化させ、濾過して取り除いてから、瓶詰めされることもある。また、赤・白とも一般的にレギュラーサイズの瓶（750mL）に詰められる。

B 直接圧搾法（ダイレクト・プレス）

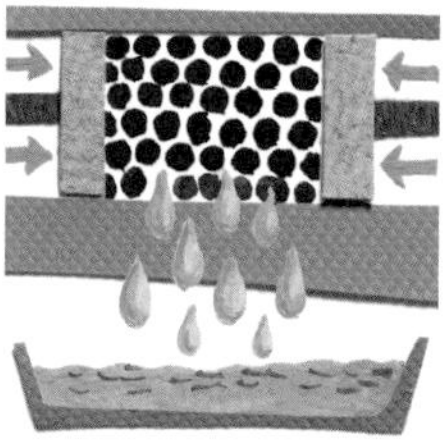

白ワインのような造り方。黒ブドウを破砕・圧搾し、果汁のみを発酵。破砕・圧搾時に果皮の色が果汁に移り、ピンク色となる。破砕したときに流れ出た果汁で造られることもある。

C 混醸法

プロヴァンスやドイツなどでみられる方法。黒ブドウと白ブドウを混ぜ、セニエ法とほぼ同じ工程で造る。プロヴァンスの畑では黒・白ブドウを混植しており、一気に収穫して造られる。

スパークリング・ワインの造り方

様々な醸造法があるが、ここでは「トラディショナル方式」「シャルマ方式」「トランスファー方式」の３つの方法を見ていこう。

A トラディショナル方式（シャンパーニュ方式）

白ワインと同じ方法で造られたスティルワインを瓶に詰め、糖分と酵母を加えて密閉し、瓶内で二次発酵させる。フランスのシャンパーニュをはじめ、スペインのカヴァなども、この方式で造られる。

1 収穫

白ブドウ、黒ブドウとも使用される。シャンパーニュでは、規定により収穫は手摘みで行われる。

2 圧搾

白ワインと同様、収穫後すぐ圧搾する。黒ブドウでも、除梗・破砕をせず優しく搾ることで、白いワインに仕上がる。

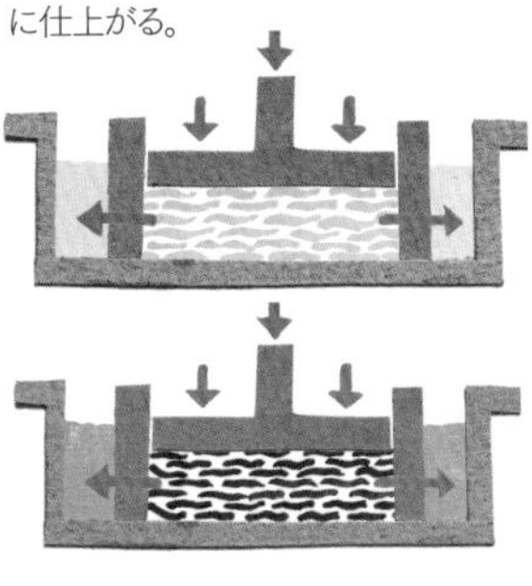

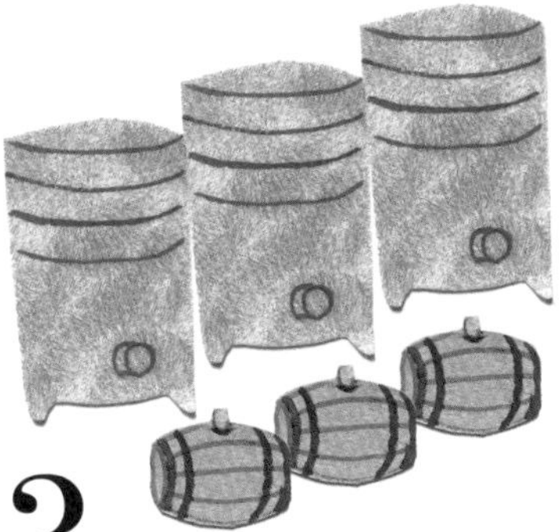

3 一次発酵

搾った果汁を樽やタンクに移して、一度目の発酵を行う。ここまでは、白ワインの造り方と同じである。

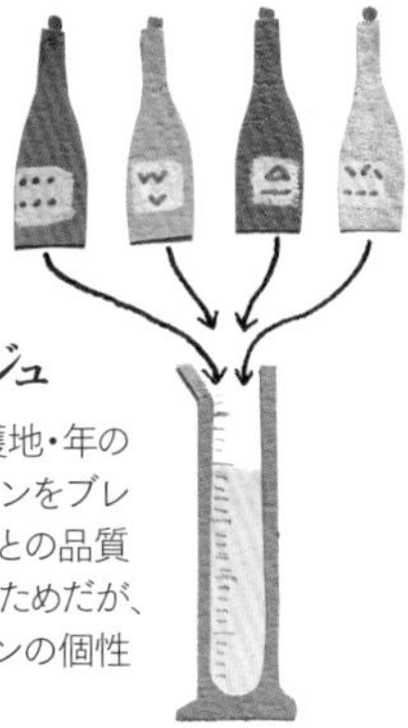

4 アサンブラージュ

品種、収穫地・年の異なるワインをブレンド。年ごとの品質差を抑えるためだが、ここでワインの個性が決まる。

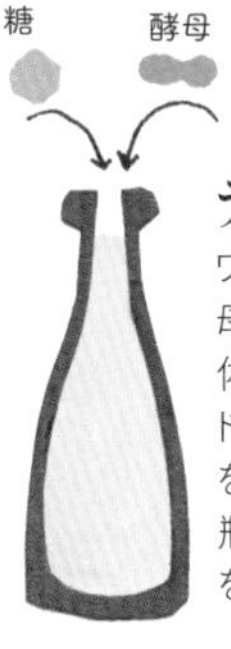

5 ティラージュ

ワインに糖と酵母を溶かした液体（リキュール・ド・ティラージュ）を加えて瓶詰め。瓶内二次発酵を促す。

B シャルマ方式

アサンブラージュまではトラディショナル方式と同じ。スティルワインをタンクに入れて密閉し、二次発酵を行う方法。酵母や熟成由来の複雑な香味が形成されにくく、ブドウ品種の個性を生かしたい場合に適している。

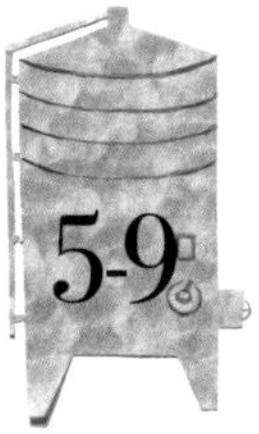
5-9

C トランスファー方式

瓶内熟成まではトラディショナル方式と同じ。オリ引きだけタンクに移して行う。あまり用いられない方法だが、シャンパーニュのような複雑味を得つつ、ルミアージュなど手間のかかる作業を簡略化したもの。

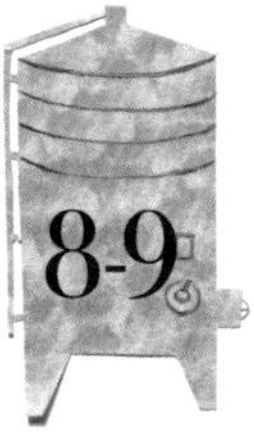
8-9

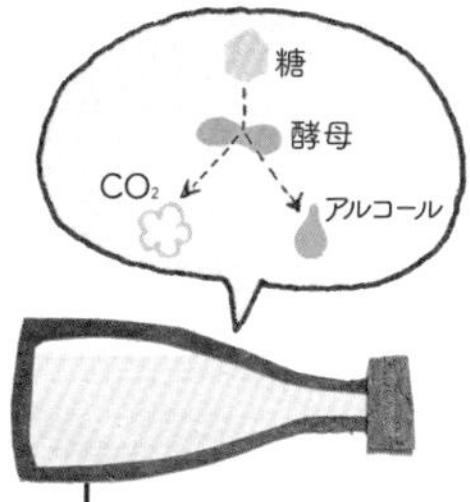
糖
酵母
CO_2
アルコール

6 瓶内二次発酵

密閉された瓶の中でアルコール発酵が起こり、炭酸ガスが発生。これがワインに溶け込み、泡のもととなる。

7 熟成

発酵後、酵母はオリとなる。これを取り除かずワインと一緒に寝かせることで複雑な旨味が生まれ、イースト香などが付く。

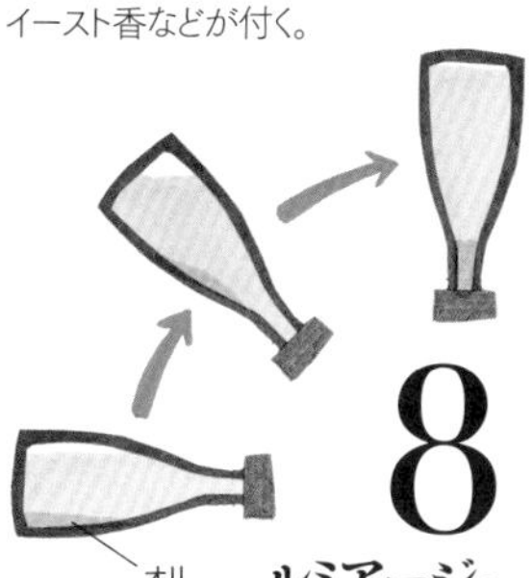
オリ

8 ルミアージュ

熟成中、横に寝かされている瓶を、少しずつ回転させながら逆さまに立てることで、瓶口にオリを集める。

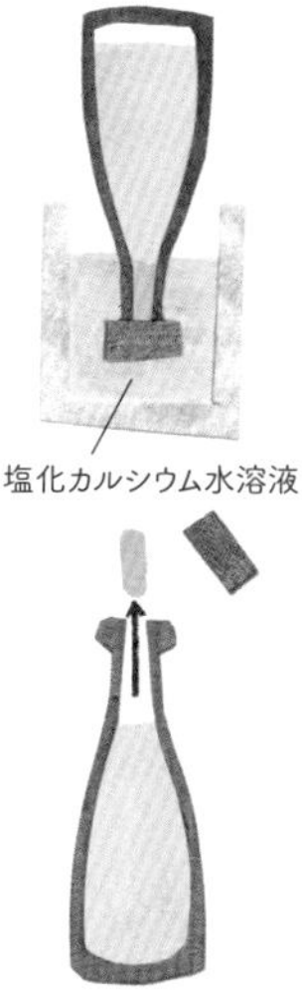
塩化カルシウム水溶液

9 オリ引き

瓶を－20℃以下の塩水に浸け、瓶口に集まったオリを凍らせる。その後、栓を抜くと、瓶内の圧力でオリが飛び出す。

糖

10 ドザージュ、打栓

オリの目減り分、ワインを添加してから栓をする。糖を溶かしたワインを添加し甘味の調整をする場合も。

醸造テクニックと
ワインの特徴

　ワインを造るには、実に様々な醸造テクニックがあります。これらの醸造テクニックの違いによって、多彩なワインの個性が生まれるのです。醸造テクニックを知ることで、生産者の意図や、その製法が伝統的に行われている地域、ブドウ品種などを読み取ることができます。そのためにも、醸造テクニックとワインの特徴を関連づけて理解しておくことが重要です。

A 除梗なし

ワインの特徴

- 色調が淡くなる
- スパイスや木質的な香りが出る。
  場合によってはグリーンノートが強くなる
- 収斂するタンニンが感じられるようになる

現在は生産者の大半が除梗を行うが、ブルゴーニュ地方や、メルロなど柔らかい質感の品種を使うボルドー地方の一部に除梗しない生産者もいる。除梗をしない目的は、スパイシーな香りや複雑な香り、長期熟成に向く収斂するタンニンを得て、味わいの骨格を強化すること。発酵もスムーズに進むため、完全にドライなワインを造ることができる。しかし、ブドウを畑で完熟させないと植物的な香りが強まるうえ、熟成しないとなかなか楽しめないワインに仕上がるので、現在では伝統的に除梗しなかったブルゴーニュ地方やローヌ渓谷地方のシャトーヌフ・デュ・パプでも除梗を行っている。

B スキン・コンタクト

ワインの特徴

- 黄色い色調が濃くなる
- 品種由来の香りが強くなる
- フルーツフレーヴァーが強くなる
- 苦味が強くなる可能性もある

品種個性をより強く表現するための醸造法。果皮を果汁に漬け込み、果皮の内側に詰まった芳香成分を抽出。昔は圧搾に時間を要し、自然に果皮の成分が液体に溶け出したが、技術が進み圧搾がスピーディになったため、この方法を用いるようになった。

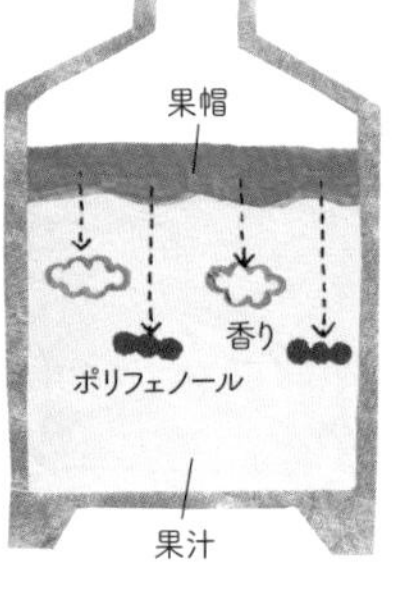
果帽
香り
ポリフェノール
果汁

C ホールパンチプレッシング

白ブドウを収穫後、除梗を行わず房のまま圧搾する醸造方法。除梗したものよりプレスに時間はかかるが、除梗をしないことにより、ブドウの皮にある苦いフェノール成分を放出することなくプレスすることができる。また、種子が放出されないのでクリーンな味わいになるのも特徴。結果として、得られるワインは苦味や渋味が少なくなり、より繊細でエレガントな仕上がりになる。酸化のリスクが少ないというメリットもある。

ワインの特徴

- 繊細なワインとなる
- 苦味と渋味が少なくなる
- クリーンな味わいになる

D マセラシオン・カルボニック

黒ブドウを破砕（はさい）せずタンクに詰め、炭酸ガスが充満したなかに数日置くと、軽く細胞内発酵が起こり、果皮に含まれる成分が果粒内に発散。これを白ワイン同様果汁のみで発酵させると、色は濃く渋味の少ないワインになる。温暖地で早飲みワインを造るために編み出された方法だが、現在はボージョレ・ヌーヴォーが有名。

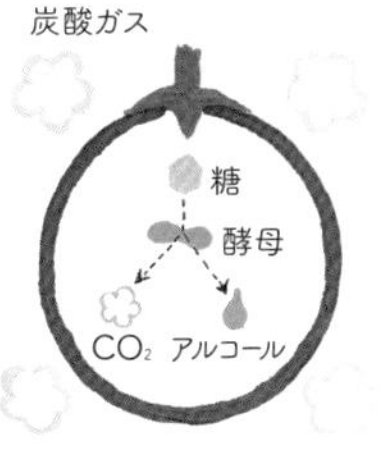
炭酸ガス
糖
酵母
CO2
アルコール

ワインの特徴

- 濃い色調にはなるが紫のニュアンスは強い
- 発酵に由来するキャンディのような香りが強くなる
- 色の割にタンニンが少ない（ほとんど感じられない）

E プレファーメンテーション・コールド・マセラシオン

ブルゴーニュ地方の生産者などが取り入れている現代的な醸造法。発酵前の果汁に果皮を漬け込み、亜硫酸を加えて発酵を抑え5～15℃の低温を保ちつつ循環。果皮の成分を抽出する。果皮のもつ強い芳香が果汁に溶け込み、アロマ豊かなワインに仕上がる。

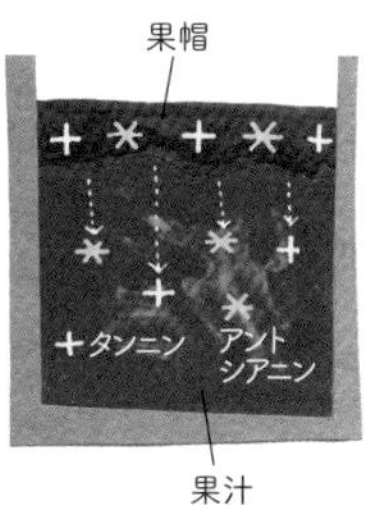
果帽
タンニン
アントシアニン
果汁

ワインの特徴

- 色が濃くなる
- 甘いフルーツの香りが強くなる
- 味わい的にも果実味が強くなる

F 低温発酵

白ワインでは一般的に行われる方法。高温で発酵させると芳香成分が抜けやすいので、ステンレスタンクで温度コントロールをしつつ、15℃前後の低温で発酵させ、ブドウのもつ芳香をワイン中に留める。その結果、キャンディ的な発酵由来の香りやフローラルな香りが強くなり、華やかな印象のワインに仕上がる。外観のみでは判断できないが、早飲みタイプで明るく黄色みの少ない色調、さらに樽の風味がなく、フローラルな香りのするワインは、この方法を用いた可能性が考えられる。

ワインの特徴

- 外観だけでは
  判断できない
- 発酵に由来する
  華やかな香り
  (白い花、キャンディ)
  が強くなる
- フローラルな
  フレーヴァーが感じられる

G ルモンタージュ、ピジャージュ、アロザージュ

発酵時、発酵槽の下からワインを抜き果帽にかけるルモンタージュは、発酵を促す酸素供給が行われ渋味が滑らかになる。液体の循環のみなので成分の抽出は穏やか。人が櫂(かい)で混ぜるピジャージュは果帽からタンニンや色素成分などが抽出される。果帽にワインを軽くかけるアロザージュは、色も渋味も出にくい。

ワインの特徴

- ルモンタージュの場合
  芳香性が豊かになり
  滑らかなタンニンになる
- ピジャージュの場合
  色調は濃く、
  タンニンも収斂性があり、
  しっかりとした骨格に
- アロザージュの場合
  色調は淡くなり、
  タンニンは滑らかになる

H バトナージュ

白ワインの発酵後沈下したオリを棒(バトン)で攪拌する醸造方法。酵母やブドウの種子、固形物の断片で構成されるオリに含まれる成分をワインに抽出し、ワインにフレーヴァーやテクスチャーを与えるのが目的。やりすぎるとワインが酸化するため、注意しながら行う。

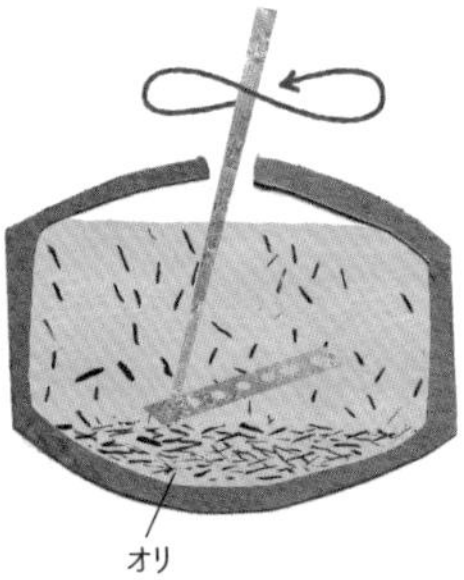

ワインの特徴

- 粘性が強くなる
- 香りの複雑性が増す
- 酸化的になる
- 硫化水素の発生を
  防ぐため、
  硫化臭が出にくい

I マロラクティック発酵(M.L.F.)

アルコール発酵後、乳酸菌の働きでリンゴ酸を乳酸に変える方法。赤ワインの大半で行われるが、白ワインは地域性や生産者の考え方により行われる。この工程を経た白ワインは、酸味が和らいで複雑味が増し、乳製品のような香りを帯びる。

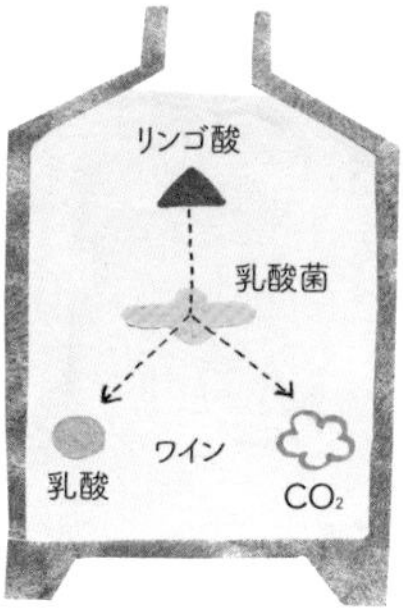

ワインの特徴

- 外観に変化は見られない
- 乳製品のような香りなどが感じられるようになる（発酵バター、ヨーグルト、アマレット・リキュール、アーモンドなど）
- 酸味が柔らかくなる（ヨーグルト飲料のような印象に）

J シュル・リー

オリ引きをせず、ワインを長期間、オリの上に静置しておく方法。世界的に行われている醸造法だが、ワイン名として有名になったのはロワール渓谷地方ペイ・ナンテ地区のミュスカデ。ミュスカデは味わいの個性が少ないため、味に旨味や厚みを出すために用いられた。

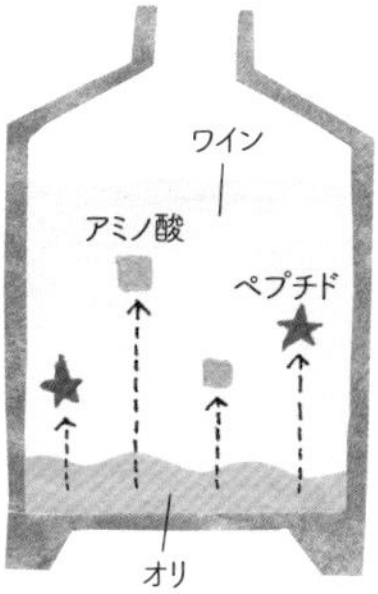

ワインの特徴

- イースティな香りが出る場合がある
- 細かい気泡が残っている場合がある
- 口中で微かなガスによる刺激がある可能性もある
- 旨味成分を感じる
- 味わいに厚みを感じる

K ヴァン・ジョーヌ

個別の醸造テクニックではないが、ジュラ地方の「黄ワイン」は特徴的な醸造方法で造られる。白ワイン同様、ブドウを収穫・除梗・破砕した後、圧搾し発酵させ、収穫翌年から6年目の12月15日までオーク樽で熟成。その間の60カ月以上はウイヤージュ（目減り分の補填）およびスーティラージュ（オリ引き）を行わない。この長期の熟成により約3分の1の量にまでワインは減少する。放置されることで樽の中のワインの表面には、産膜酵母による皮膜が形成される。適度に空気に触れることでワインは少しずつ酸化熟成し、黄色みを帯び、特有の風味が生まれる。

ワインの特徴

- 濃い黄色の色調
- 酸化熟成によるノワゼット香
- ドライな味わい
- 余韻にナッティな風味が残る

オレンジワイン

オレンジワインは、ジョージアにおいて紀元前より造られていたスタイルのワインで、「アンバー（琥珀）ワイン」として楽しまれていました。2000年代に入り、イギリスのワイン商がアンバーワインを「オレンジワイン」とネーミングし、世界中に広く認知されるようになりました。造り方や醸造に使う容器は様々ですが、重要なポイントは「醸し」です。白ブドウを使って赤ワインを醸造するように醸しを行うことにより、白ブドウの皮や種、果梗からの成分をしっかりとワインに抽出し、骨格を強くしています。抽出される成分のひとつであるタンニンは、酸化防止の役割を果たすので、オレンジワインは保存料などに頼ることなく、健全な醸造を行うことができます。そのため自然派ワインの造り手に用いられることも多く、近年の自然派ワインブームに乗って市場を拡大しつつあります。

オレンジワインの特徴

- ゴールド、オレンジ～琥珀（アンバー）の色調
- 粘性が強い
- スパイシーなフレーヴァーがある
- 微かな甘味が感じられる
- マセラシオンの期間にもよるが苦味と渋味が強い

オレンジワインの造り方

最大の特徴は、白ブドウを使い赤ワインのように果皮や種子、果梗とともに発酵させ醸し（マセラシオン）を行うこと。

1 **収穫・選果**
白ブドウを使用

2 **破砕**
除梗はしない

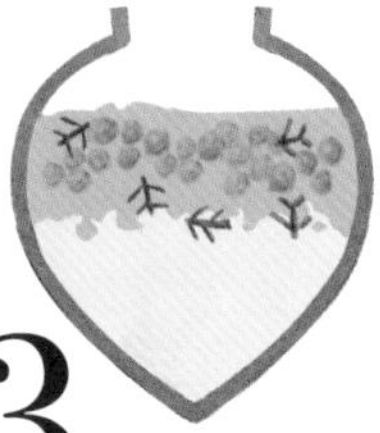

3 **発酵・醸し**
果皮や種子とともに発酵させる。長いもので6ヶ月間醸しを行う

4 **圧搾**

5 **後発酵**
自然にマロラクティック発酵する

6 **クヴェヴリ・樽・タンク熟成**

7 **オリ引き・清澄・濾過**
するものもしないものもある

8 **瓶詰め**

自然派ワイン

「自然派ワイン」には厳密な定義はありませんが、農薬や化学肥料を使わない栽培方法や、天然酵母を用いて発酵させる過程など、できるだけ自然に近い形で製造されているワインのことを指します。テロワールの特徴が表れ、生産者の想いが感じられるものが多く、ディープなワインラバーからの熱烈な支持を受けています。また、近年SDGsの機運の高まりによって、環境や労働者への配慮が求められるなか、自然派ワインは一般にも大きく注目されることになりました。

自然派ワインの特徴

- 濁りを感じるものもある
- 複雑性のある香りがある
- 熟成のニュアンスを若い段階から感じる

農法の違い

近代的農法（一般農法）

生産効率を重視し、化学肥料や農薬を使い、大規模化、機械化された農法。

自然派農法

サステナブル（保全）農法
（リュット・レゾネ）

「持続可能な」と訳される。できるだけ化学肥料や除草剤を使わず、生態系とのバランスの維持を目指した農法。薬品を絶対に使わないのではなく、必要最小限は使い健全な栽培を行う。

ビオロジック農法
（オーガニック農法）

化学肥料や除草剤の使用は認められない。生態系のバランスを崩さない天然の物質を調合し、畑での病害虫に対応していく農法。

ビオディナミ農法
（バイオダイナミックス農法）

ビオロジック農法同様、一切の化学肥料や除草剤を使うことは認められない。この農法では「プレパラシオン」と呼ばれる独自の調剤を使用。プレパラシオンには「水晶の粉末」や「牛の角に詰めた牛糞」などが用いられ、その作業はビオカレンダーに従って行われる。

容器による影響

ワイン造りにおいて、発酵や熟成に用いられる容器はとても重要です。主な素材には、ステンレスタンク、コンクリートタンク、木樽があり、さらに木樽には、大樽・小樽、アメリカンオークやフレンチオーク、ライトローストやヘビーローストなど、大きさや材質、ロースト具合の異なる様々な種類があります。それぞれどんな特徴をもち、ワインにどんな影響を与えるのか。順に解説をしていきます。

容器の素材による違い

ステンレスタンク

ステンレスタンクは白ワインに用いられることが多く、非常に衛生的で、熱の伝導性がよいため温度コントロールが容易なことが大きな特徴。テイスティングでの判断は難しいが、シャープでエッジの効いた印象のワインができるといわれている。また、タンクの素材からの影響を受けにくいため、ブドウ本来の個性が生きたクリーンな風味のワインに仕上がる。

コンクリートタンク

昔から使われている容器だが、近年ボルドーで多く導入されている。衛生管理が難しく敬遠されていたが、よい醸造ができるため見直されている。コンクリートの原料は自然界の素材であり、外気の影響を受けにくく、温度の変化は木よりも緩やか。柔らかい味わいのワインができるといわれる。管理にコストがかかるので、資金に余裕のあるシャトーで導入されている。

木樽（木製の発酵槽）

コンクリートタンクと同様に自然界の素材で、熱伝導が緩やかなので温度変化が緩慢。さらに木の場合は気密性が低いため通気性もよく、柔らかな印象のワインに仕上がる。よい醸造ができることから、衛生管理は大変であるにもかかわらず、多くの優良シャトーで導入されている。また、通電しないため樽内で化学変化が起きにくいという理由から使用する生産者もいる。

木樽の大きさによる違い

小樽

大樽に比べて新樽を使用する比率が高く、ワインと樽の接する面積も大きいので、樽の影響を強く受け、ワインに樽由来のニュアンスが出やすい。また、酸化熟成のスピードも速く、酸化しにくいシラーなどの品種に用いられる。

大樽

液体量に対して相対的にワインと樽の接する面積が小さく、酸化熟成が緩やか。グルナッシュなど酸化が進みやすい品種に用いられる。ただし、伝統的な製法を守り、酸化したフレーヴァーを好む生産者が使用する場合もあるため一概にはいえない。

木樽の材質・ロースト具合による違い

アメリカンオーク

香気成分「オーク・ラクトン」の含有量が多いので、芳香性豊かなワインになり、ココナッツやフレッシュミント、スパイス、土などの香りが強くなる。

フレンチオーク

香気成分「ヴァニリン」を多く含むため、ワインも穏やかなヴァニラの香りを帯びる。また、アメリカンオークよりタンニンが多く、骨格の強いワインに仕上がる。

ライトロースト

ローストが浅いと、樽材由来の木の香り、なかでも樹脂の香りが強く現れる。

ミディアムロースト

ローストが強くなると、コーヒーやトーストのような香りが生じ、香ばしさを感じる。

ヘビーロースト

さらに香ばしさは増し、樽材に含まれるヴァニリンなどの香気成分が少なくなる。

発酵・熟成時の使用容器による違い

樽内発酵はワインに樽の香りを付けすぎないテクニックといえる。発酵、熟成とも木樽を使用した場合、ワインに樽の香りが溶け込むが、ワインになった状態で新樽に入れると、ワインが一気に香気成分を吸収してしまう。生産者は求めるワインの個性に手間やコストの問題を重ね合わせ、発酵・熟成の容器を選んでいる。

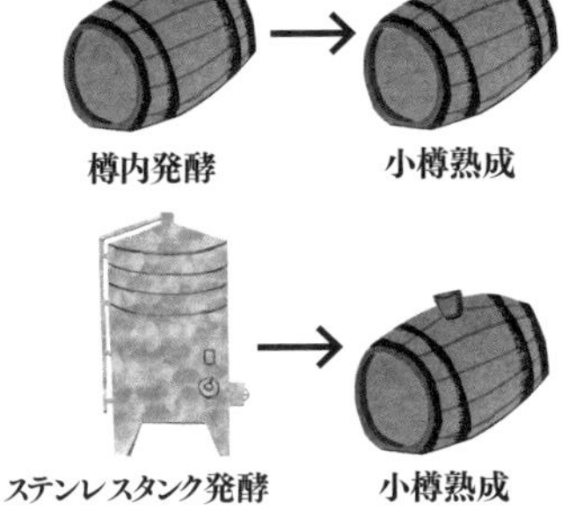

樽内発酵 → 小樽熟成
- 樽の香りが溶け込んでいる
- 手間がかかる

ステンレスタンク発酵 → 小樽熟成
- 樽の香りが強い（セパレートしたように感じる）
- 手間はかからない

STEP 4

熟成による特徴を知る

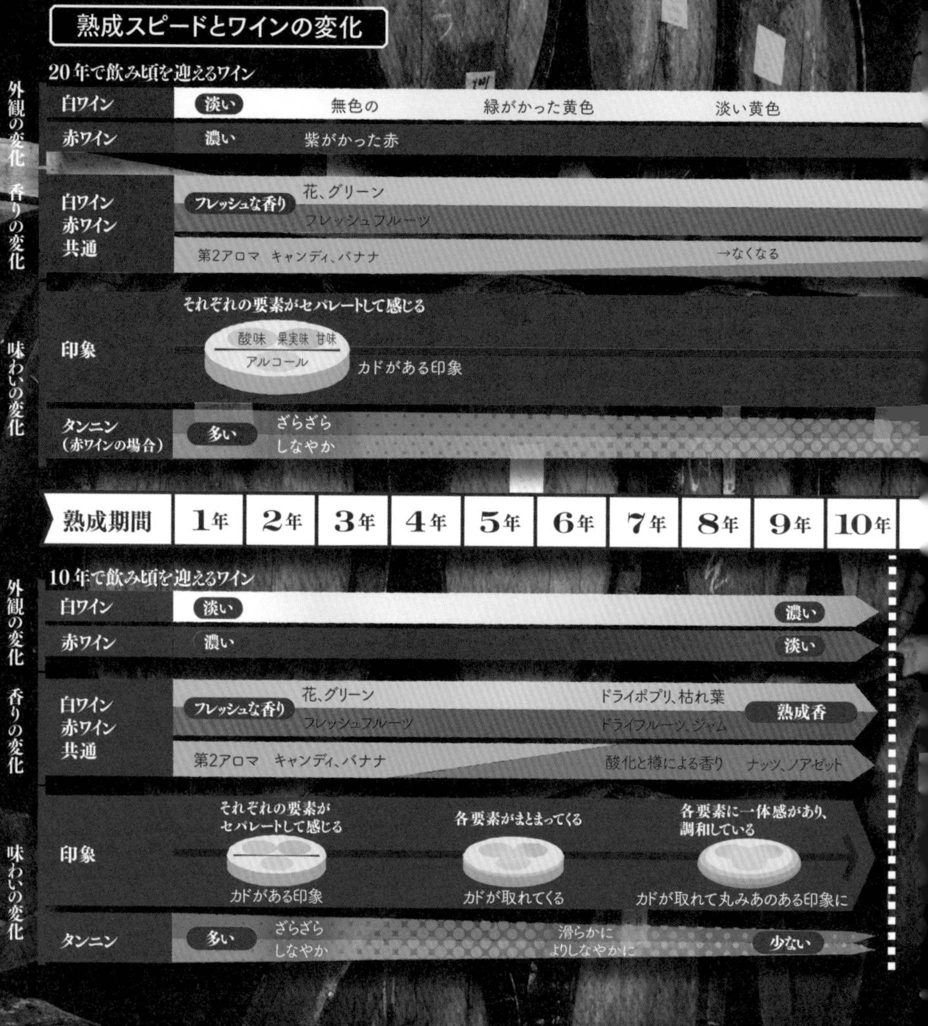
熟成スピードとワインの変化
20年で飲み頃を迎えるワイン
外観の変化
白ワイン
淡い
無色の
緑がかった黄色
淡い黄色
赤ワイン
濃い
紫がかった赤
香りの変化
白ワイン
赤ワイン
共通
フレッシュな香り
花、グリーン
フレッシュフルーツ
第2アロマ　キャンディ、バナナ
→なくなる
味わいの変化
印象
それぞれの要素がセパレートして感じる
酸味　果実味　甘味
アルコール
カドがある印象
タンニン
（赤ワインの場合）
多い
ざらざら
しなやか
熟成期間
1年
2年
3年
4年
5年
6年
7年
8年
9年
10年
10年で飲み頃を迎えるワイン
外観の変化
白ワイン
淡い
濃い
赤ワイン
濃い
淡い
香りの変化
白ワイン
赤ワイン
共通
フレッシュな香り
花、グリーン
フレッシュフルーツ
ドライポプリ、枯れ葉
ドライフルーツ、ジャム
熟成香
第2アロマ　キャンディ、バナナ
酸化と樽による香り
ナッツ、ノアゼット
味わいの変化
印象
それぞれの要素が
セパレートして感じる
カドがある印象
各要素がまとまってくる
カドが取れてくる
各要素に一体感があり、
調和している
カドが取れて丸みのある印象に
タンニン
多い
ざらざら
しなやか
滑らかに
よりしなやかに
少ない

熟成によるワインの変化

ワインは熟成によって外観、香り、味わいが変化します。白ワインの場合、淡い色調が濃くなり、赤ワインの場合は逆に色調は淡くなっていき、紫がかった赤からオレンジがかった赤に変化。白・赤とも香りはフレッシュな印象からドライなニュアンスに。味わいは各要素が調和し丸みのある印象に変化していき、赤ワインのタンニンも滑らかになります。ただ、こうした変化のスピードは、ワインによって異なるもの。下図のように、同じヴィンテージのワインでも熟成のニュアンスが異なることを理解しておきましょう。

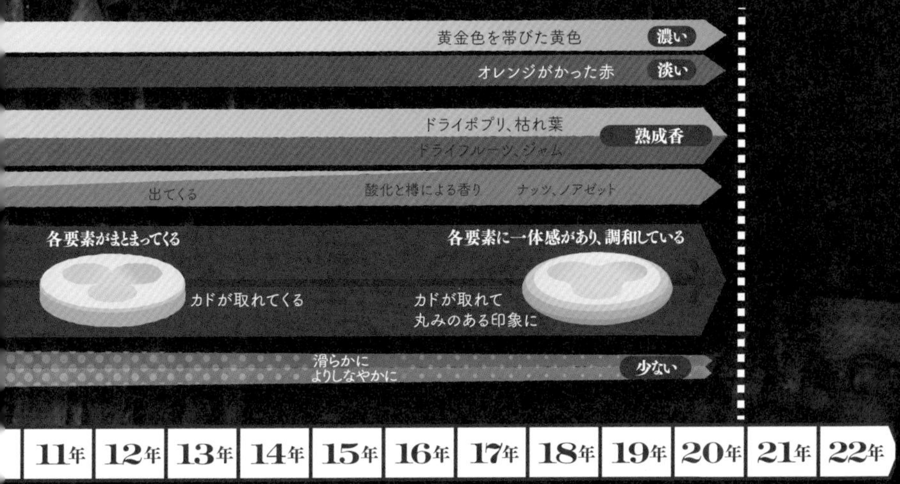

黄金色を帯びた黄色
濃い
オレンジがかった赤
淡い
ドライポプリ、枯れ葉
熟成香
ドライフルーツ、ジャム
出てくる
酸化と樽による香り
ナッツ、ノアゼット
各要素がまとまってくる
各要素に一体感があり、調和している
カドが取れてくる
カドが取れて
丸みのある印象に
滑らかに
よりしなやかに
少ない
11年
12年
13年
14年
15年
16年
17年
18年
19年
20年
21年
22年

ワインが熟成していくスピードは実に様々。例えば同じ9年経過したワインを比較した場合、上図のように20年かけてゆっくり熟成するワインにはまだ熟成のニュアンスが出ていないのに対し、10年で熟成するワインには熟成のニュアンスが色濃く出てくる。熟成スピードはブドウ品種や産地、醸造方法によって違ううえ、同じ銘柄であってもヴィンテージによってもまったく異なるもの。したがって、ブドウの収穫年の状況を把握しておくことが、非常に大切といえる。一概に「○○年経ったから飲み頃」といえるものではなく、飲み頃を判断できるようになるには、経験によるところが大きい。収穫年の状況をはじめ、そのワインの個性と熟成スピードの関係をしっかり押さえつつ、テイスティングの経験を積んでいくことが重要だろう。

ヴィンテージの考え方

ソムリエの役割は、よいヴィンテージと難しいヴィンテージ、両者の個性を生かしたサービスをすること。軽やかな味わいを好むお客様には難しいヴィンテージの方が美味しいと感じていただける場合もあります。例えば、難しいヴィンテージは早く飲み頃に入り価格も手頃なので多めに仕入れ、よいヴィンテージは熟成スパンが長く高価なので仕入れの量を抑え、難しいヴィンテージが売り切れるまで寝かせてから提供するなどの方法が考えられます。

よいヴィンテージと難しいヴィンテージの違い

難しいヴィンテージ		よいヴィンテージ
軽やか 柔らかい	味わい	力強い 凝縮している
熟成が早い	熟成	長期熟成
安い	価格の傾向	高い

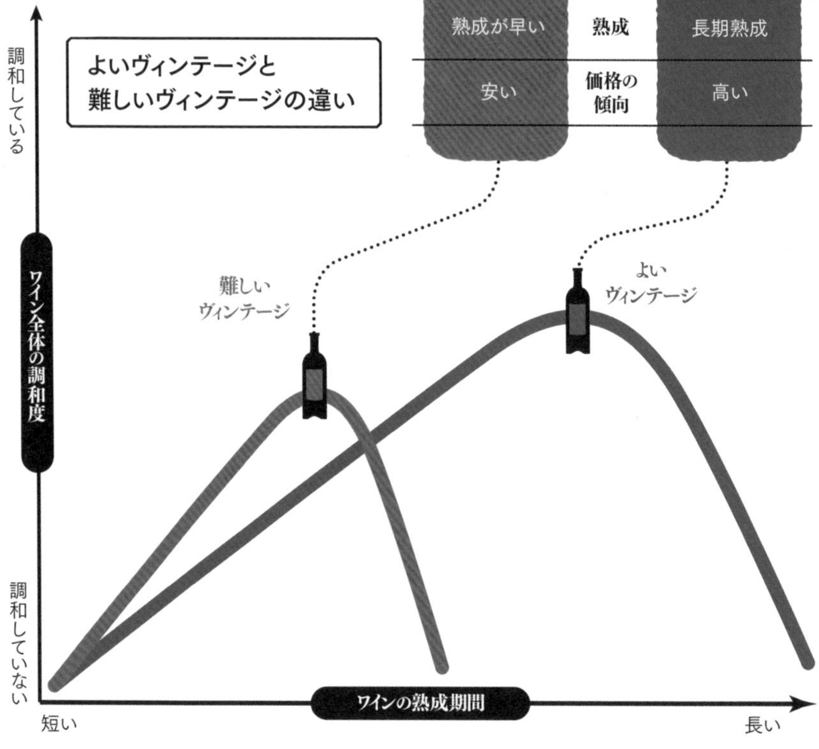

調和している
ワイン全体の調和度
調和していない
難しい ヴィンテージ
よい ヴィンテージ
ワインの熟成期間
短い
長い

産地からの情報を読み解く

ヴィンテージを知るうえで、産地から得られる情報はとても大切です。特に産地の気候は、開花、結実、色付き、成熟、収穫といったブドウの成育の各段階に、様々な影響を及ぼします。ヴィンテージには、その年の気候条件などが集約されているもの。単にヴィンテージの評価を知るだけではなく、なぜそのような評価になったのか、その途中経過を押さえておくことで、より深くワインの個性を理解できます。

季節の気候とワインへの影響

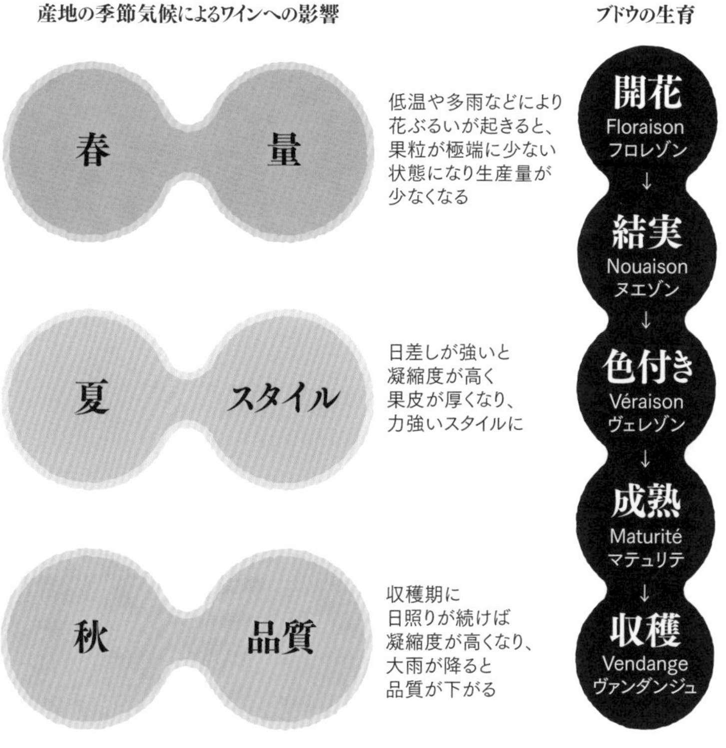

産地の季節気候によるワインへの影響
ブドウの生育
春
量
低温や多雨などにより花ぶるいが起きると、果粒が極端に少ない状態になり生産量が少なくなる
夏
スタイル
日差しが強いと凝縮度が高く果皮が厚くなり、力強いスタイルに
秋
品質
収穫期に日照りが続けば凝縮度が高くなり、大雨が降ると品質が下がる
開花
Floraison
フロレゾン
↓
結実
Nouaison
ヌエゾン
↓
色付き
Véraison
ヴェレゾン
↓
成熟
Maturité
マテュリテ
↓
収穫
Vendange
ヴァンダンジュ

Message from Tani

コンクールを目指す方へ

　コンクールを目指し始めた頃、なかなか結果が出ず辛い日々を過ごしました。「なぜソムリエになってしまったのだろう」「ソムリエなんてやめてしまおう」などと真剣に考えたものです。しかし最近ではソムリエになって本当によかったと感じています。振り返ってみると、長い時間をかけて身に付けた知識は何ひとつ無駄にならず、現在の私の礎になっています。ソムリエは自身の感覚を磨くことでスキルアップできます。その感覚こそがソムリエ、またレストランにとっても生命線になると感じます。若いソムリエたちには、常々「自分の感覚を磨きなさい」と言っています。感覚を磨くことこそがレストランのお客様やオーナーの満足度向上につながるのです。考えてみるとソムリエは幸せな職業です。日々の研鑽の積み重ねの延長線上にコンクールがあり、出場によって様々なものが得られます。ほとんどのほかの職業にはコンクールはありませんから……。最初に一歩を踏み出すことが重要です。その小さな一歩が、自身の世界を変える大きな飛躍につながるはずです。

コメントの
表現力を
高める

3

テイスティングの実践

テイスティングの練習方法

　テイスティングにおいて重要なことは、セオリー通りにひとつひとつの段階を追って確認を進めること。テイスティングの流れをきちんと頭に入れ、それに沿って確認していくことで、確認項目の漏れがないテイスティングができます。まずはテイスティングの基本となるフォームをしっかりと守って練習を重ねていきましょう。そのうえで、練習のテーマを明確にし、自分のなかに様々な基準を作っていくことを心がけるといいでしょう。例えばワインを口に含む量を毎回同じにするなど、テイスティングはなるべく同条件で行うことも重要なポイントです。さらにテイスティングをするには、自分自身のカラダを知ることがとても大切。自分の舌のどの部分が、甘味や酸味を感じるのか。意識を集中させてテイスティングを行っていきましょう。

テイスティング練習のPOINT

- なるべく同条件でテイスティングをする
- テーマを明確にして体系的に覚える
- 自分のなかに基準をもつことを心がける

基本の練習方法

品種の比較

品種の個性を理解するには、比較をすることが重要。練習では2種類以上を比較テイスティングしましょう。例えばシャルドネとソーヴィニヨン・ブランを比較し、ソーヴィニヨン・ブランをミュスカデと間違えた場合、次はソーヴィニヨン・ブランとミュスカデをテイスティング。なぜ間違えたのかを理解し、自分の考えの誤りを訂正することが大切です。

例

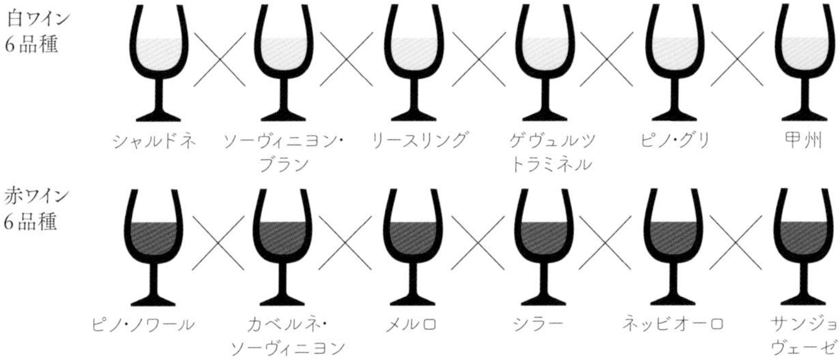

白ワイン
6品種
シャルドネ
ソーヴィニヨン・ブラン
リースリング
ゲヴュルツトラミネル
ピノ・グリ
甲州
赤ワイン
6品種
ピノ・ノワール
カベルネ・ソーヴィニヨン
メルロ
シラー
ネッビオーロ
サンジョヴェーゼ

新旧世界別の比較

同じ品種で産地の異なるワインを比較することで、産地の特徴を理解できます。事前に本やインターネットで産地の気候条件や標高といった情報を調べ、それを踏まえてテイスティングすることが大切です。ブラインドテイスティングをした後は、必ず答え合わせをして、産地のどんな条件がワインにどのように影響するのかを理解するよう心がけましょう。

例

リースリングの
産地違い
フランス/
アルザス地方
オーストラリア/
南オーストラリア州
シャルドネの
産地違い
フランス/
ブルゴーニュ地方
チリ/カサブランカ・ヴァレー
ピノ・ノワールの
産地違い
フランス/
ブルゴーニュ地方
アメリカ/
オレゴン州

ヴィンテージ、熟成の比較

同一銘柄でヴィンテージの異なるワインを比較すると、収穫年の気象条件による違いや、熟成による変化を知ることができます。ヴィンテージ違いはブルゴーニュ地方のシャルドネや、ボルドー地方の赤ワインが入手しやすいでしょう。熟成については、ヴィンテージにより熟成スピードが異なるため、古いワインの方が若々しい印象になることもあるので要注意です。

例

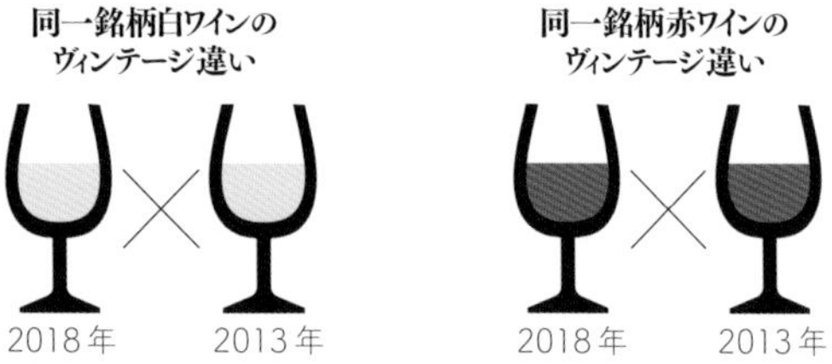
同一銘柄白ワインの
ヴィンテージ違い
2018年
2013年
同一銘柄赤ワインの
ヴィンテージ違い
2018年
2013年

テロワール、価格帯の比較

テロワールによる違いを理解するには、同じ造り手で違う畑のワインを比較するとよいでしょう。例えばブルゴーニュ地方では傾斜や標高、畑の地質などによって格付けが行われるので（→P.262）、テロワールとクオリティの違いを知ることができます。価格帯による違いを知るには、同じ造り手のファースト・ワインとセカンド・ワインの比較がおすすめです。

例

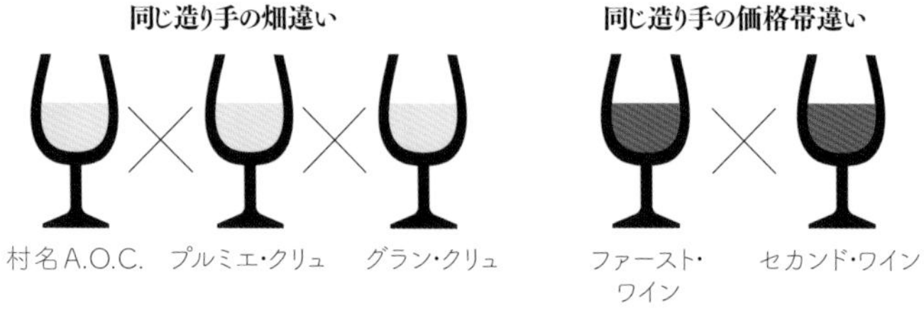
同じ造り手の畑違い
村名A.O.C.
プルミエ・クリュ
グラン・クリュ
同じ造り手の価格帯違い
ファースト・ワイン
セカンド・ワイン

コンクールを目指す人向けの練習方法

テクニカルデータを活用した比較

新世界のワインは、テクニカルデータがホームページなどに掲載されている場合が多く、そこでアルコール度数や総酸量などを確認できます。ブラインドテイスティングをした後、テクニカルデータを見て答え合わせをし、自分がどれだけ各要素をつかめたかチェックしましょう。数値を意識しつつ練習を積めば、味わいをとらえる感覚を鍛えることができます。

例　同一品種でデータと照らし合わせながらテイスティング

テクニカルデータ
アルコール　▲▲%
総酸　▲▲g/ℓ
残糖　▲▲g/ℓ
テクニカルデータ
アルコール　▲▲%
総酸　▲▲g/ℓ
残糖　▲▲g/ℓ

土壌の違いをとらえるための比較

テロワールの違いをより詳細につかむには、土壌の違いを知ることがポイント。同じ造り手、同じ品種で、土壌の異なるワインを比較すると、土壌による個性の違いを知ることができます。さらに同じ土壌で品種の異なるワインを比較し、そこに共通する要素が見つかれば、それは土からもたらされたものと推測できます。双方向から比較してみましょう。

例

同じ造り手による同一品種のワインの土壌違い

粘土質土壌
石灰質土壌
鉄分の多い土壌

同一の土壌タイプの畑で穫れた品種の違うワインの共通の特徴

シャルドネ
ピノ・ノワール
リースリング

比較テイスティング実例ページの使い方

P.200 ～ 264 では、ブドウ品種や造りの違いをはじめ、熟成や土壌などより専門的な違いまで、3 つのテーマに沿った 31 カテゴリー、153 本の比較テイスティング実例を紹介。これを参考に、体系的にワインを理解するためのテイスティングの練習を実践することができます。さらに全アイテムについて実際にテイスティングを行い、液面の画像とともに外観、香り、味わいについてのテイスティングコメントを付けていますので、実際に自身でテイスティングした際の印象と照らし合わせながら、ワインの個性を表現する「コメント力」を磨いていきましょう。

品種の違いを飲み比べる

1

シャルドネ

世界で最も有名な品種であるシャルドネですが、端的に「この香りや味わいがあればシャルドネ」といえるような品種本来の個性はあまりありません。しかし、品種としての個性が少ない分、産地の気候やテロワール、生産者の特徴を明確に表現するブドウであるといえます。

フランス/ブルゴーニュ地方/シャブリ地区のシャルドネ

シャブリ・サン・マルタン / ドメーヌ・ラロッシュ

Chablis Saint Martin / Domaine Laroche

シャブリ地区はブルゴーニュ地方の北部に位置するため、冷涼な気候が特徴。この地区特有のキンメリジャンといわれるミネラル分豊富な土壌構成をもつ。火打ち石のような香りがあり、酸味とミネラル分の豊かなワインが造られる。

外観

グリーンがかった明るいレモンイエロー。艶、輝き、透明感あり。

香り

フレッシュなグレープフルーツや洋ナシの香り。火打ち石のようなミネラルのニュアンスも感じる。

味わい

爽やかな香りが口中に広がり、強めだが柔らかい酸味がバランスをとる。タイトでドライな印象。

産地：フランス/ブルゴーニュ地方/シャブリ地区
品種：シャルドネ100%
ヴィンテージ：2020年
アルコール度数：12.5%
価格：4,400円/ジェロボーム

カテゴリー

各テーマに沿った比較テイスティングのカテゴリー。比較テイスティングの目的やポイントなどを解説。

カテゴリー詳細

各カテゴリーにおいて、何を比較するためのテイスティングなのか具体的な項目を表示。

ワイン名

ワイン / 造り手の順に表記。フランスのA.O.C.などの原産地表記を明記しているため、実際に販売されている商品名と表記が異なる場合がある。

本文、テイスティングコメント

谷氏によるワインや比較テイスティングについての解説と、外観、香り、味わいについてのテイスティングコメント。

基本DATA

価格は、税込希望小売価格、もしくはオープン価格、参考価格。取り扱い先は、インポーターもしくはメーカーを表示。データはすべて2022年4月現在のもの。実際にテイスティングしたものと2022年4月時点での現行ヴィンテージが異なる場合はカッコ内に注記している。価格、取り扱い先、取り扱いヴィンテージ、ブドウ品種の比率やアルコール度数などは変更となる場合がある。また、特に表示がないワインの容量は750mLとする。

1 シャルドネ

世界で最も有名な品種であるシャルドネですが、端的に「この香りや味わいがあればシャルドネ」といえるような品種本来の個性はあまりありません。しかし、品種としての個性が少ない分、産地の気候やテロワール、生産者の特徴を明確に表現するブドウであるといえます。

フランス/ブルゴーニュ地方/シャブリ地区のシャルドネ

シャブリ・サン・マルタン / ドメーヌ・ラロッシュ

Chablis Saint Martin / Domaine Laroche

シャブリ地区はブルゴーニュ地方の北部に位置するため、冷涼な気候が特徴。この地区特有のキンメリジャンといわれるミネラル分豊富な土壌構成をもつ。火打ち石のような香りがあり、酸味とミネラル分の豊かなワインが造られる。

外 観

グリーンがかった明るいレモンイエロー。艶、輝き、透明感あり。

香 り

フレッシュなグレープフルーツや洋ナシの香り。火打ち石のようなミネラルのニュアンスも感じる。

味 わ い

爽やかな香りが口中に広がり、強めだが柔らかい酸味がバランスをとる。タイトでドライな印象。

産地：フランス/ブルゴーニュ地方/シャブリ地区
品種：シャルドネ100%
ヴィンテージ：2020年
アルコール度数：12.5%
価格：4,400円/ジェロボーム

フランス/ブルゴーニュ地方/マコネ地区のシャルドネ

マコン・ヴィラージュ・テヴネ・カンテーヌ / ドメーヌ・ド・ラ・ボングラン

Mâcon-Villages Thevenet-Quintaine / Domaine de la Bongran

マコネ地区はブルゴーニュ地方の南部に位置するため、気候は温暖で成熟したブドウの収穫が可能な地域。このエリアでは遅摘みや貴腐ブドウからワインを造る生産者もおり、シャルドネ栽培の好適地になっている。

外 観

透明感のある明るいイエロー。艶、輝きがあり、粘性は強め。

香 り

熟したパイナップルやマンゴーなど甘い果実の香りが中心。蜂蜜やスパイスが複雑性を与える。

味 わ い

アタックは強く、果実味が豊かで酸味が非常に柔らかく、ヴォリュームのある味わい。

産地：フランス/ブルゴーニュ地方/マコネ地区
品種：シャルドネ100%
ヴィンテージ：2018年
アルコール度数：14.5%
価格：4,070円/ファインズ

チリのシャルドネ

コノスル・シャルドネ・20バレル・リミテッド・エディション／ヴィーニャ・コノスル

Cono Sur Chardonnay 20 Barrels Limited Edition / Vina Cono Sur

暑いイメージが強いチリだが、近年冷涼な海岸沿いのエリアの開拓が進んでいる。カサブランカ・ヴァレーも海からの冷たい風の影響を受け、タイトな味わいのワインを生み出している。豊かな酸味とミネラルがポイント。

外観

艶、輝きのあるイエロー。粘性は強め。

香り

黄桃、パパイヤなど成熟した黄色いフルーツが強く、木樽によるビスケットやナッツの香りも。

味わい

果実味のヴォリュームがあり、酸味もフレッシュで豊か。後半のナッツの芳香が複雑な印象に。

産地：チリ／カサブランカ・ヴァレー
品種：シャルドネ100%
ヴィンテージ：2019年
アルコール度数：13.5%
価格：2,750円／スマイル

アメリカ／カリフォルニア州のシャルドネ

バレル・エイジド・シャルドネ・カリフォルニア／ジョエル・ゴット

Barrel-Aged Chardonnay California / Joel Gott

ソノマ、サンタ・バーバラの両カウンティはカリフォルニア州のなかでも海沿いの涼しい産地。日照を強く受けながら常に冷たい風が吹きつけるため、熟したフルーツのアロマと豊かな酸味が特徴の果実味の強いワインになる。

外観

グリーンがかった明るいイエロー。艶、輝きあり、粘性はやや強め。

香り

わずかな柑橘の香りと熟した洋ナシやピーチの香り。木樽由来のヴァニラ香のバランスがよい。

味わい

充実した果実味とはっきりとした柔らかい酸味が調和。わずかな苦味がコク、豊かさを与える。

産地：アメリカ／カリフォルニア州／ソノマ・カウンティ、サンタ・バーバラ・カウンティ
品種：シャルドネ100%
ヴィンテージ：2019年
アルコール度数：13.9%
価格：3,960円／布袋ワインズ

オーストラリア／西オーストラリア州のシャルドネ

プレリュード・ヴィンヤーズ・シャルドネ／ルーウィン・エステート

Prelude Vineyards Chardonnay / Leeuwin Estate

西オーストラリア州では海沿いでブドウが栽培され、その冷涼な気候から酸味が豊かでタイトに引き締まった味わいのワインが造られる。日照にも恵まれることから、果実味と酸味のバランスのとれた味わいになる。

外観

グリーンがかった明るいレモンイエロー。わずかに気泡がある。

香り

フレッシュなライムや熟した洋ナシのほか、ストーニーな特徴や樽由来のスモーキーさもある。

味わい

豊かな果実味とともにより強い酸味があり、非常にピュアな味わいでバランスに長けたワイン。

産地：オーストラリア／西オーストラリア州／マーガレット・リヴァー
品種：シャルドネ100%
ヴィンテージ：2020年
アルコール度数：13.5%
価格：4,675円／ヴィレッジ・セラーズ

2

ソーヴィニヨン・ブラン

　ソーヴィニヨン・ブランは産地の気温や土壌成分の個性を豊かに表現する品種です。冷涼な産地ではフレッシュハーブの香りが強くなり、温暖な産地ではトロピカルフルーツの香りが主体になります。またロワール川流域の生産地では、ミネラリーなキャラクターをもちます。

フランス/ロワール渓谷地方のソーヴィニヨン・ブラン

サンセール / コント・ラフォン

Sancerre / Comte Lafond

ロワール渓谷地方中流域のこのエリアは平均気温が低いため、酸味が豊かでシャープな印象のワインになる。ベジタルな印象は少なく、火打ち石などミネラルのキャラクターが中心で、フレッシュハーブの香りが程よく感じられる。

外観

グリーンがかったイエロー。僅かに気泡がある。

香り

フレッシュなグレープフルーツや青リンゴ、レモングラスなどの香りを感じる。

味わい

フレッシュな酸味と抑えられた果実味が調和し、ドライな印象。ミネラリーでエレガント。

産地：フランス/ロワール渓谷地方/サントル・ニヴェルネ地区/サンセール
品種：ソーヴィニヨン・ブラン100%
ヴィンテージ：2019年（現行2020年）
アルコール度数：12.5%
価格：5,280円/ブリストル・ジャポン

フランス/ボルドー地方のソーヴィニヨン・ブラン

シャトー・レイノン・ブラン / シャトー・レイノン

Château Reynon Blanc / Château Reynon

ボルドー地方は比較的温暖な海洋性気候で、ブドウの熟度も上がることから、熟れたフルーツの香りが主体のワインになる。また、スキン・コンタクトによって醸造されるものもあり、華やかな果実の香りが特徴になる。

外観

グリーンがかったレモンイエロー。艶、輝きあり。粘性は強め。

香り

レモングラス、パッションフルーツ、グースベリー、ムスクなどの様々な香りを強く感じる。

味わい

アタックは優しく、果実味が豊かで酸味がより高くフレッシュな味わい。中盤からほのかに苦味も。

産地：フランス/ボルドー地方/プルミエール・コート・ド・ボルドー地区/ベゲイ
品種：ソーヴィニヨン・ブラン100%
ヴィンテージ：2019年
アルコール度数：12%
価格：2,860円/ミレジム

ニュージーランドのソーヴィニヨン・ブラン

ソーヴィニヨン・ブラン / クラウディー・ベイ

Sauvignon Blanc / Cloudy Bay

海に囲まれたニュージーランドは、昼夜の寒暖差が大きく、果実味と酸味の豊かなワインを造ることができる。典型的なハーブの香りとともにパッションフルーツの香りが強く現れるが、ミネラルのフレーヴァーはあまり感じられない。

外 観

グリーンがかった非常に明るいイエロー。気泡がある。

香 り

香りが豊かで、パッションフルーツの香りとグースベリーのはっきりとした特徴を感じる。

味わい

果実味が豊かでジューシー。生き生きとした酸味がバランスをとる。口中でも香りを強く残す。

産地：ニュージーランド/マールボロ
品種：ソーヴィニヨン・ブラン100%
ヴィンテージ：2021年
アルコール度数：13.5%
価格：4,455円/MHD モエ ヘネシー ディアジオ

チリのソーヴィニヨン・ブラン

コラリージョ・ソーヴィニヨン・ブラン / マテティック・ヴィンヤーズ

Corralillo Sauvignon Blanc / Matetic Vineyards

チリで最大の作付け面積を誇る白ブドウ品種。多くは海岸近くの冷涼地で栽培され、爽やかな味わいが基本になる。柑橘類、フレッシュハーブ、ハラペーニョとともに、海の影響が強いものは塩味が感じられミネラリーな印象になる。

外 観

グリーンがかった輝きの強いイエロー。気泡がある。

香 り

ライムや青リンゴ、ハラペーニョなどのグリーンを帯びたフルーツや植物的なアロマが強い。

味わい

フレッシュな酸味と抑えられた果実味とともに、わずかな塩味がある。非常にドライな印象。

産地：チリ/サン・アントニオ・ヴァレー
品種：ソーヴィニヨン・ブラン100%
ヴィンテージ：2021年
アルコール度数：13.5%
価格：1,848円/ヴィレッジ・セラーズ

ソムリエこぼれ話

心がけているサーヴィスのスタイル

学生時代、アルバイト先で「動きがきれいだね」とお客様に言われて以来、サーヴィスでは極力無駄のない動きを心がけています。私のサーヴィスはよく「アピールがない」と言われ、コンクールではなかなか評価されず悩んだ時期もありました。それでもやはり、お客様が我々の動きに気を取られてはいけないと思っています。「気が付いたらそこにベストな状態のワインがあって、飲みたいと思ったときにグラスに注がれる」、そんな目立たず、お客様を裏切らないサーヴィスを心がけています。

3

リースリング

シャルドネに代わる品種として注目され、世界中で栽培されています。基本的にはドライに造られますが、生産者の考えや伝統に則って甘口に仕立てられることもあります。土壌由来のミネラルや、それだけで品種を判断するのは危険ですが品種個性のペトロールの香りは、ほかの品種にはあまりみられない独特なキャラクターです。

フランス/アルザス地方のリースリング

アルザス・リースリング / ドメーヌ・ポール・ブランク

Alsace Riesling / Domaine Paul Blanck

アルザスのリースリングはミネラル感が強いのが特徴。多くの場合、ドライに仕立てられるが、ブドウの熟度が高くなった場合には糖分が残るケースがある。近年、ペトロールの特徴が出ているものは少なくなっている。

外 観

グリーンがかった淡いイエロー。僅かに気泡がある。

香 り

フレッシュなグレープフルーツやライム、ストーニーなミネラル感を強く感じる。

味 わ い

果実味があり、豊かでシャープな酸が全体を引き締めドライな印象に。ミネラル感を長く残す。

産地：フランス/アルザス地方
品種：リースリング100%
ヴィンテージ：2020年
アルコール度数：12.5%
価格：3,300円/アルカン

オーストラリアのリースリング

クレア・ヴァレー・リースリング / アニーズ・レイン

Clare Valley Riesling / Annie's Lane

南オーストラリア州のなかでも標高が高く、冷涼な産地のリースリング。ライムを中心にグリーンの香りがあり、酸味が強く感じられる。「鋼のような」と形容される、固く引き締まった印象。ペトロールのニュアンスを感じるものも。

外 観

グリーンがかった非常に明るいイエロー。はっきりと気泡がある。

香 り

ライム、マスカット、レモングラスなどのグリーンを帯びた香りと白い花のフローラルな印象も。

味 わ い

アタックは控えめだが、非常に固く強い酸味がありタイトな印象。余韻にライムやハーブを残す。

産地：オーストラリア/南オーストラリア州/クレア・ヴァレー
品種：リースリング85%以上
ヴィンテージ：2021年
アルコール度数：12%
価格：2,398円/ヴィレッジ・セラーズ

ドイツの
リースリング

ラインガウ・リースリング・クラシック Q.b.A. / クロスター・エーベルバッハ

Rheingau Riesling Classic Q.b.A. / Kloster Eberbach

緯度の高いドイツでは酸味が強くなる傾向があり、バランスをとるため発酵を途中で止めるなどして甘味を残す。シャープな酸が豊富で、ジューシーな甘さが加わりアルコールが低くなるのが特徴。フローラルなニュアンスも。

外観

グリーンがかった淡いイエロー。艶、輝きが強め。僅かに気泡あり。

香り

フレッシュな柑橘を中心に白桃やアプリコットの香りがあり、非常に華やかな特徴も感じる。

味わい

ソフトな果実味とシャープな酸味がバランスをとり、余韻にきれいな柑橘フレーヴァーを残す。

産地：ドイツ / ラインガウ
品種：リースリング100%
ヴィンテージ：2019年
アルコール度数：12%
価格：2,860円 / 八田

コラム

ブドウ品種によるワインの個性の違い

ブドウは品種によって個性が大きく異なります。また同じ品種であっても、育った環境や育てた人によって個性は異なります。まずは、それらの品種や異なった産地のワインを飲み比べ、その個性を理解しましょう。また、品種の個性として様々な花やフルーツの香りが表現されます。普段から実際の花やフルーツの香りを意識して生活することで感覚を磨くことができます。生活も豊かになり、テイスティングに生かすことができる、おすすめのトレーニング方法です。

4

シュナン・ブラン

フランスのロワール渓谷地方や南アフリカで主に栽培される品種。樽の使用、マロラクティック発酵（M.L.F.）の有無によって個性が大きく変わります。新樽を使ってM.L.F.をしたものは、多くの方がシャルドネと間違えてしまいます。醸造ではなく、その裏にある品種の個性に注目しましょう。カリンの香りはシャルドネにはない個性です。

フランス/ロワール渓谷地方のシュナン・ブラン

アンジュ・ブラン・エフュジオン / ドメーヌ・パトリック・ボードアン

Anjou Blanc Effusion / Domaine Patrick Baudouin

シュナン・ブランは、カリン、黄色い花、ミネラルの香りを特徴とするが、ロワール渓谷地方の場合はフルーツよりも花やミネラルの特徴を前面に感じられるものが多い。酸味が強く、フレッシュでタイトな味わいになる。

外観

グリーンがかったイエロー。輝き、粘性ともに強め。

香り

カリンの香りが強く、ミネラルやヴァニラの風味も感じる。少し蜂蜜を思わせる特徴もある。

味わい

ブドウの成熟由来の豊かな果実味と、柔らかいがより強い酸がありドライな味わい。余韻が長い。

産地：フランス/ロワール渓谷地方/アンジュー＆ソミュール地区/アンジュー
品種：シュナン・ブラン100%
ヴィンテージ：2018年
アルコール度数：14%
価格：4,180円/木下インターナショナル

南アフリカのシュナン・ブラン

リーフランド・オールド・ヴァイン・シュナン・ブラン / リーフランド・ヴィンヤーズ

Lievland Old Vine Chenin Blanc / Lievland Vineyards

南アフリカのシュナン・ブランの特徴は豊かな果実味と柔らかい酸。ロワールと比べ、華やかさやミネラル感より蜜っぽいフルーツの香りが強い。生産者によってはM.L.F.や樽発酵・熟成をするためより複雑な印象となる。

外観

グリーンを帯びた明るいレモンイエロー。粘性はやや強め。

香り

熟したパイナップルや黄桃、カリンなど様々なフルーツとともにヴァニラやアーモンドの香りも。

味わい

クリーミーな質感で、豊かな果実味と酸がバランスをとり、余韻にフルーツの香りを長く残す。

産地：南アフリカ/コースタル・リージョン地域/パール
品種：シュナン・ブラン100%
ヴィンテージ：2020年
アルコール度数：13%
価格：2,475円/モトックス

5

ピノ・グリ

世界中で栽培されていますが、特にアルザス地方で成功している品種。豊かな果実味と柔らかい酸味、強いアルコールとヴォリュームが特徴です。環境が整えば、辛口から遅摘み、貴腐による甘口ワインまで生産することができます。気候や生産者の意向によって成熟度や収穫時期をコントロールできるので、スタイルを見極めることが重要です。

ドライな ピノ・グリ

ピノ・グリ・レゼルヴ / トリンバック

Pinot Gris Reserve / Trimbach

香りに甘いフルーツや蜜のような要素があるのにもかかわらず味わいはドライ、といった独特なギャップがある。オイリーな質感と僅かに渋苦味もあり、ワインとしての豊かさや厚みを感じる。ねっとりとした質感もポイント。

外 観

僅かに赤みが差す、やや濃いめのイエロー。粘性が豊か。

香 り

よく熟したアンズやクエッチェ、蜜のような甘いフルーツを連想させる香りが強い。

味 わ い

果実味が厚く、中盤ほのかな苦味・渋味が味わいのバランスをとる。フルーティでドライな印象。

産地：フランス/アルザス地方
品種：ピノ・グリ100%
ヴィンテージ：2017年
アルコール度数：14%
価格：3,740円/エノテカ

やや甘口の ピノ・グリ

ピノ・グリ / ドメーヌ・マルセル・ダイス

Pinot Gris / Domaine Marcel Deiss

ブドウの熟度が高いので、トロピカルフルーツや蜜のような甘さを連想させる香りがある。味わいのヴォリュームが強く、リッチで芳醇な印象を残すワイン。果実味と凝縮感が強いため、余韻が長く感じられる。

外 観

赤みとゴールドが入る濃いめのイエロー。粘性は強い。

香 り

成熟したパイナップルや蜜ろう、蜂蜜と、洋ナシのコンポートやジャム、スパイスの香りを感じる。

味 わ い

強い果実味と僅かな残糖があり、はっきりとわかる渋苦味が心地よく、味わいに厚みを生み出す。

産地：フランス/アルザス地方
品種：ピノ・グリ100%
ヴィンテージ：2015年（現行2016年）
アルコール度数：13.5%
価格：5,060円/髙瀬物産

6

甲州

様々なスタイルに仕上げられるため、個性をひとことで表現するのは難しい品種です。透明に近いものもあればベージュの色調のもの、軽やかな辛口から甘口まで、様々なタイプのワインになりますが、総じてアルコールが低く酸味が穏やかで軽やかなものが多いのが特徴。様々な角度からその個性を見極める必要のある品種といえます。

甲州（樽なし）

グレイス甲州／グレイスワイン

Grace Koshu / Grace Wine

甲州は、数年前から劇的な品質の向上がみられる。以前は甘味を残すことで味わいをマスクするものが多かったが、近年はドライなものが多い。味わいが洗練され、国際的な市場からも高い評価を受けるようになっている。

外観

グリーンがかった非常に明るいイエロー。透明に近い。

香り

香りは控えめで、和柑橘、和ナシ、丁子、イーストなどの香りを感じる。

味わい

優しい果実味と控えめながらフレッシュな酸味のバランスがよく、穏やかで飲み心地がよい。

産地：日本／山梨県／甲州市勝沼
品種：甲州100％
ヴィンテージ：2021年
アルコール度数：12％
価格：オープン／中央葡萄酒

甲州（フェノール強め）

笛吹甲州グリ・ド・グリ／シャトー・メルシャン

Fuefuki Koshu Gris de Gris / Château Mercian

甲州の造りは二極化する傾向にある。ひとつは皮からのフェノールの抽出を極力抑え、無色透明に近く苦味の少ないクリーンなタイプ。フェノールの抽出を積極的に行ったものは、ベージュを帯びた色調でほろ苦さが特徴。

外観

わずかに赤い色調の入った琥珀色。粘性は強め。

香り

フルーツやスパイスの香りが混在し、熟したリンゴやチャツネのような香りを感じる。

味わい

果実味が広がりタンニンを僅かに感じる。酸味が強くドライな印象で、ほろ苦さを余韻に残す。

産地：日本／山梨県／笛吹市笛吹地区
品種：甲州100％
ヴィンテージ：2020年
アルコール度数：11.5％
価格：3,080円／メルシャン

7

シルヴァネル

　一般的にはフルーティで軽やかなワインになるといわれますが、育つ環境によって性格が変わる品種です。砂質や平地で栽培されたものは、軽やかで一般的なイメージのものになりますが、アルザスのグラン・クリュでは粘性が強くリッチな味わいに。また、石灰の多い土壌で栽培されるとミネラリーなニュアンスが強くなります。

フランス/アルザス地方のシルヴァネル

シルヴァネール / ドメーヌ・ヴァインバック

Sylvaner / Domaine Weinbach

アルザスの伝統的な製法で造られたシルヴァネル。華やかな香りこそないが、熟した果実の香りやスパイスの要素をもつ。酸味が少なく、ニュートラルな個性のワイン。苦味がワインに厚みを与える要素となる。

外 観

艶、輝きのある明るいイエロー。

香 り

リンゴや白い花に、少し植物的なアロマや僅かに白コショウのようなスパイシーなニュアンスも。

味 わ い

果実味、酸味が控えめで、非常に柔らかく、味わいの後半にかけて苦味とミネラルの印象を残す。

産地：フランス/アルザス地方
品種：シルヴァネル100%
ヴィンテージ：2020年
アルコール度数：13%
価格：4,763円/ファインズ

ドイツ/フランケンのシルヴァネル

ヴュルツブルガー・プファッフェンベルク・シルヴァーナ・トロッケン / ビュルガーシュピタール

Würzburger Pfaffenberg Silvaner Trocken / Bürgerspital

ドイツのフランケンで造られるシルヴァネル。土壌に石灰質が多く含まれるため、ミネラル感豊かなワインが造られる。完全発酵されるためドライかつミネラリーで、アルコールはドイツのほかの産地に比べ強くなる。

外 観

グリーンを帯びた明るいイエロー。艶、輝きが非常に強い。

香 り

香りは控えめで、ライムやアスパラガスなど植物的なアロマとストーニーなミネラル感を感じる。

味 わ い

僅かな気泡と豊かな酸味が爽やか。爽やかな柑橘と植物的なアロマが広がりミネラリーでドライ。

産地：ドイツ/フランケン
品種：シルヴァネル100%
ヴィンテージ：2020年
アルコール度数：12.5%
価格：4,290円/八田

8

その他 白ブドウ品種

それぞれの品種は世界中で栽培される品種ではありませんが、特定の地域を代表する白ブドウ品種です。極めて明瞭な個性をもつものが多く、産地の気候条件と相まって記憶に残りやすいワインばかりです。そのワインを識ることが、品種や産地を理解することにつながります。

セミヨン

ハンター・ヴァレー・ホワイトセミヨン / タラック

Hunter Valley White Semillon / Tulloch

ハンター・ヴァレーとボルドー地方のセミヨンでは個性が大きく異なる。ハンター・ヴァレーはブドウを早めに収穫するため、グリーンな香りと豊かな酸味が特徴になる。また、還元的になるので、ペトロール香が出ることもある。

外観

全体にグリーンがかった非常に明るいイエロー。艶、輝きが強い。

香り

フレッシュなライムやヨードの香りとともに、レモングラスなど植物的な爽やかな香りを感じる。

味わい

はつらつとした酸が印象的でアルコールは低いが完全にドライタイプ。ミネラリーな個性が特徴。

産地：オーストラリア／ニュー・サウス・ウェールズ州／ハンター・ヴァレー
品種：セミヨン100％
ヴィンテージ：2020年
アルコール度数：10.8％
価格：3,300円 / GRN

ゲヴュルツトラミネル

エヴィダンス・ゲヴェルツトラミネール / ギュスターヴ・ロレンツ

Evidence Gewurztraminer / Gustave Lorentz

個性的な香りが強く、他にも華やかな香りの品種はあるが、ライチの香りは固有のもの。口中でのオイリーなテクスチャー、低い酸、苦味、高いアルコール、僅かな甘味はアルザスのゲヴュルツトラミネルのユニークな個性。

外観

グリーンがかった明るいイエロー。

香り

香りが非常に強く、バラ、ライチ、マスカット、コリアンダーのような個性的な香りが目立つ。

味わい

果実味とアルコール由来のヴォリュームが豊か。オイリーな質感、優しい酸、心地のよい苦味が特徴。

産地：フランス／アルザス地方
品種：ゲヴュルツトラミネル100％
ヴィンテージ：2019年
アルコール度数：14％
価格：3,520円 / selesta

ヴィオニエ

コトー・ド・ラルデッシュ・ヴィオニエ・ドメーヌ・デ・グランジュ・ド・ミラベル ビオ / M.シャプティエ

Coteaux de l'Ardèche Viognier Domaine des Granges de Mirabel Bio / M.Chapoutier

ヴィオニエは温暖なエリアで栽培されるため甘いフルーツの香りが強くなるが、植物的なアロマも感じられるものが多い。ヴォリューム豊かで酸味は少なく、リッチな味わいのワインになるのが特徴。オイリーな質感が特徴になることも。

外 観

わずかにグリーンがかったイエロー。

香 り

香りは強く華やかで、熟したアプリコット、パイナップルと、フローラルな印象も強い。

味 わ い

果実味が強くヴォリュームが豊かで、柔らかい特徴。酸味が低く、苦味が強く残っていく。

産地：フランス/ローヌ渓谷地方
品種：ヴィオニエ100%
ヴィンテージ：2019年
アルコール度数：13.5%
価格：3,080円/サッポロビール

ミュスカ

ミュスカ・レゼルヴ / トリンバック

Muscat Reserve / Trimbach

世界各地で栽培されている品種。このワインはアルザス地方のドライに仕上げられたタイプで、爽やかな味わいが特徴になる。ミュスカは、ブドウの香りがワインにダイレクトに移行する、醸造用としては珍しいタイプの品種。

外 観

グリーンがかった明るいレモンイエロー。気泡がある。

香 り

非常に華やかで、マスカット、メロン、ジャスミン、オレンジピールなどの香りを感じる。

味 わ い

口中でもメロンなど爽やかな香りがあり、優しい酸味、穏やかなアルコールで飲み心地がよい。

産地：フランス/アルザス地方
品種：ミュスカ100%
ヴィンテージ：2019年
アルコール度数：13%
価格：3,740円/エノテカ

ミュスカデ

ミュスカデ・セーヴル・エ・メーヌ / ドメーヌ・ド・ラ・フォリエット

Muscadet Sèvre et Maine / Domaine de la Foliette

耐寒性をもち霜に強い品種であることから、ブルゴーニュ地方より導入された品種。多産の品種であるため、特徴の少ないワインになるが、収量を抑えることでテロワールが表現される。シュル・リーが行われることが多い。

外 観

全体にグリーンを帯びる明るいレモンイエロー。気泡がはっきり。

香 り

香りは控えめで、フレッシュなスダチやヨード、イースト、ディルのような爽やかな香り。

味 わ い

果実味、酸味、アルコールが抑えめでバランスがよく、非常にフレッシュでニュートラルな特徴。

産地：フランス/ロワール渓谷地方/ペイ・ナンテ地区/ミュスカデ・セーヴル・エ・メーヌ
品種：ミュスカデ100%
ヴィンテージ：2020年
アルコール度数：12%
価格：1,760円/稲葉

ガルガーネガ

ヴィン・ソアヴェ・ソアヴェ・クラシコ / イナマ

Vin Soave Soave Classico / Inama

ヴェネト州のD.O.P.「ソアヴェ」はクラシコの付くものと付かないもので品質に大きな違いがある。クラシコの付くワインはより高品質で、土壌由来のミネラルやブドウの成熟度の高さに由来する甘い香りが感じられる。

外 観

グリーンがかったイエロー。艶、輝きあり。

香 り

個性的な香りは少ないが、柑橘を中心にストーニーなミネラルと乳製品的な香りを感じる。

味 わ い

熟したストーンフルーツの味わいと心地よい苦味、柔らかい酸味が調和。ドライなフィニッシュ。

産地：イタリア / ヴェネト州 / ソアヴェ
品種：ガルガーネガ100%
ヴィンテージ：2020年
アルコール度数：12%
価格：2,640円 / パシフィック洋行

アリゴテ

ブルゴーニュ・アリゴテ / メゾン・ジョゼフ・ドルーアン

Bourgogne Aligoté / Maison Joseph Drouhin

量が求められた時代にはライトで酸の強いワインを造る品種と思われていたが、収量を抑えてエキス分を凝縮し厚みのあるワインが造られるようになった。酸が強いため温暖化の進むブルゴーニュにおいて注目されている。

外 観

グリーンがかった明るいイエロー。

香 り

フレッシュなグレープフルーツ、チョーキーなミネラル、発酵バターのような香りを感じる。

味 わ い

柔らかいが非常に強い酸味と強いミネラルがあり、タイトで引き締まった味わいのワイン。

産地：フランス / ブルゴーニュ地方
品種：アリゴテ100%
ヴィンテージ：2020年
アルコール度数：12.5%
価格：2,376円 / 三国ワイン

アルバリーニョ

アルバリーニョ / ビオンタ

Albarino / Vionta

スペインやポルトガルで栽培される品種。いずれも湿度の高い海沿いで栽培されており、ブドウはカビの繁殖を防ぐため皮が厚くなる。柑橘の香りとともに海由来のヨードや皮由来のフェノールが感じられるのが特徴。

外 観

グリーンがかったイエロー。

香 り

グレープフルーツの皮のようなほのかに苦味を含んだ芳香と、ヨード、植物的な香りがある。

味 わ い

フルーツ感は抑えられ、強いミネラルと酸味があり、ブドウに由来する渋苦味が後半に続く。

産地：スペイン / リアス・バイシャス
品種：アルバリーニョ100%
ヴィンテージ：2019年
アルコール度数：13%
価格：オープン（参考価格2,662円）/ サントリー

コルテーゼ

ガヴィ・デル・コムーネ・ディ・ガヴィ・ブリク・サッシ / ロベルト・サロット

Gavi del Comune di Gavi Bric Sassi / Roberto Sarotto

コルテーゼのワインは品質に差があるため、生産者を選ぶ必要がある品種といえる。高い品質のものは、柑橘の香りとともに強いミネラルの風味が備わる。シンプルな構造で、非常に爽やかな印象に感じられるワイン。

外 観

グリーンが強い淡いイエロー。

香 り

香りが控えめでニュートラルな個性。僅かにミネラルとイースト、植物的なアロマを感じる。

味 わ い

いきいきとした酸と強いミネラル感、柑橘の爽やかなフレーヴァーと心地のよい苦味が感じられる。

産地：イタリア / ピエモンテ州 / ガヴィ
品種：コルテーゼ100%
ヴィンテージ：2020年
アルコール度数：12.5%
価格：2,090円 / 稲葉

トレッビアーノ

トレッビアーノ・ダブルッツォ / グラン・サッソ

Trebbiano d'Abruzzo / Gran Sasso

イタリア各地で栽培され、量産型のワインを生み出す。品種としての個性が少ない分、産地の特徴が現れやすく、海沿いのものはヨードや塩苦味が感じられる。基本的にはニュートラルな特徴をもつ品種。

外 観

全体にグリーンを帯びる明るいレモンイエロー。艶、輝きが強い。

香 り

フレッシュなライムや草のような香りとともに、イーストとヨードの香りがある。

味 わ い

口中では搾りたてのレモンのような爽やかな酸味と芳香が広がり、ドライでミネラリーな特徴。

産地：イタリア / アブルッツォ州
品種：トレッビアーノ100%
ヴィンテージ：2020年
アルコール度数：12.5%
価格：1,540円 / 日本リカー

グリューナー・ヴェルトリーナー

グリューナー・フェルトリーナー・カンプターラー・テラッセン・カンプタール / ブリュンデルマイヤー

Grüner Veltliner Kamptaler Terrassen Kamptal / Bründlmayer

オーストリア独自のブドウ品種。グリーンな香りとともに白コショウの香りを特徴とする。片岩などの土壌が強い産地では、石のようなミネラルキャラクターを表現する。アルコールはそれほど強くならない。

外 観

グリーンを帯びた明るいイエロー。気泡がある。

香 り

グレープフルーツやストーニーなミネラル感、白コショウ、丁子などのスパイシーな個性も。

味 わ い

グレープフルーツのような心地よい苦味があり、余韻に僅かな渋味と白コショウの風味を残す。

産地：オーストリア / ニーダーエスタライヒ州 / カンプタール
品種：グリューナー・ヴェルトリーナー100%
ヴィンテージ：2020年
アルコール度数：12%
価格：3,520円 / AWA

フルミント

マンドラス / トカイ・オレムス（ベガ・シシリア）

Mandolas / Tokaj Oremus (Vega Sicilia)

ハンガリーのトカイで栽培される品種。皮が薄く貴腐菌が繁殖しやすく、酸が非常に強いため甘口に仕立てられることが多かった。近年辛口ワインの需要が増え、貴腐が付く前に収穫したドライタイプも多くなっている。

外観

グリーンを帯びた淡いイエロー。

香り

成熟の進んだリンゴや、洋ナシのコンポート、アーモンド、イーストの香りが強く感じられる。

味わい

熟したフルーツのアロマとイーストからの旨みが味わいの厚みに。シャープな酸味が強くドライ。

産地：ハンガリー/トカイ・ヘジャリア
品種：フルミント100%
ヴィンテージ：2017年
アルコール度数：13%
価格：3,498円/ファインズ

トロンテス

レゼルヴァ・トロンテス / テラザス

Reserva Torrontes / Terrazas

アルゼンチンで主に栽培される品種で、片方の親がマスカットであることから華やかな香りが特徴。他にも華やかな個性の品種はあるが、オレンジピールやジャスミンの香りはトロンテスのみ。味わいは産地や標高により異なる。

外観

グリーンを帯びる明るいレモンイエロー。

香り

熟したマスカット、オレンジピール、ジャスミンのような華やかな特徴がある。

味わい

強い果実味と同時に心地よい苦味がある。余韻にまでマスカットやメロンのような風味が続く。

産地：アルゼンチン/メンドーサ州
品種：トロンテス100%
ヴィンテージ：2019年
アルコール度数：14%
価格：2,750円/ MHD モエ ヘネシー ディアジオ

アシルティコ

サントリーニ・アシルティコ / サント・ワインズ

Santorini Assyrtiko / Santo Wines

サントリーニ島原産のギリシャの固有品種。ブドウ自体の酸量が多いことから温暖な産地で栽培してもワインにしっかりと酸が残るため、エーゲ海の島々でも好んで栽培される。味わいに海由来の塩味を感じることもある。

外観

グリーンがかった明るいイエロー。艶、輝きあり。

香り

香りは控えめ。グレープフルーツ、青リンゴ、アプリコット、ヨード、スモーキーな香りなど。

味わい

酸味が豊かで、フレッシュな果実味と塩苦味も感じる。アフターテイストに塩味が心地よく残る。

産地：ギリシャ/サントリーニ島
品種：アシルティコ100%
ヴィンテージ：2020年
アルコール度数：13.5%
価格：5,800円/ヨルゴス

ケルナー

北海道ケルナー / 北海道ワイン

Hokkaido Kerner / Hokkaido Wine

ドイツやオーストリアで主に栽培される品種だが、北海道でも長く栽培されており、特徴の現れたワインを生み出している。寒冷地で栽培できるよう交配された品種で、片方の親がリースリングであることから強い酸味が特徴。

外 観

グリーンを帯びる明るいイエロー。

香 り

青リンゴやグレープフルーツの爽やかな香りに、白い花の印象やアーモンドのフレーヴァーも。

味 わ い

果実味はあるが、酸味が非常に強くタイトな印象。味わいの後半にイーストからの旨みを感じる。

産地：日本／北海道
品種：ケルナー85％、ミュラー・トゥルガウ15％
ヴィンテージ：2019年
アルコール度数：12％
価格：1,650円／北海道ワイン

アルネイス

ロエロ・アルネイス / ヴィエッティ

Roero Arneis / Vietti

イタリア北部で栽培される品種。果実味の豊かさと柔らかい酸が特徴で、強いネッビオーロの味わいを和らげるためにブレンドされてきた歴史がある。個性が少ないので醸造由来のイーストやアーモンドの特徴が現れやすい。

外 観

僅かにグリーンを帯びたイエロー。

香 り

香りは控えめで、フレッシュなリンゴやアプリコットの香りとイーストの特徴を感じる。

味 わ い

非常にドライで優しい果実味とミネラリーなキャラクターを感じる。酸味が柔らかく優しい印象。

産地：イタリア／ピエモンテ州／ロエロ
品種：アルネイス100％
ヴィンテージ：2020年
アルコール度数：13.5％
価格：3,740円／フードライナー

ソムリエこぼれ話

お客様の好みとおすすめするワイン

「俺の好みをわかってくれているよね」と言っていただけることは、とても嬉しいことです。基本的にお客様の好みは表情などとともに記憶しています。お客様は優しいので、おすすめしたワインを「美味しい」と言われますが、“間”や表情、進み具合などを見ながら、ちょっと違ったかなと思ったら微調整していきます。お客様の好みだけでなく、来店の目的や体調なども加味して考えます。自分がおすすめしたワインをお客様が口に運ばれる瞬間は、今でもとても緊張する瞬間です。

9
ピノ・ノワール

世界中で栽培され、成功を収めている品種です。香りや味わいでピノ・ノワールの識別ができたら、次に果実味とミネラルのバランスで新世界、旧世界を判断し、アルコールの強さで栽培地の寒暖やヴィンテージの判断をしていきます。醸造方法によっても味わいに大きな違いが生まれるので、細部まで味わう必要があります。

フランス/ブルゴーニュ地方のピノ・ノワール

ブルゴーニュ・ピノ・ノワール / ルイ・ジャド

Bourgogne Pinot Noir / Louis Jadot

ブルゴーニュ地方は世界の産地から比べると冷涼地であるため、明るい色調の赤いフルーツの香りが主体になる。またミネラルや血と表現される香りが強く、酸味も強いことから、全体が引き締まりエレガントに感じさせてくれる。

外観

紫がかった明るいチェリーレッド。

香り

熟したラズベリーやバラの花びらの香りと、インクや生肉のような還元的な香りも。

味わい

おさえられた果実味と柔らかいが高い酸味、ドライな味わいでフローラルな印象を長く残す。

産地：フランス/ブルゴーニュ地方
品種：ピノ・ノワール100%
ヴィンテージ：2018年
アルコール度数：13%
価格：3,630円/日本リカー

ドイツのピノ・ノワール

ベッカー・ピノ・ノワール / フリードリッヒ・ベッカー

Becker Pinot Noir / Friedrich Becker

ドイツはピノ・ノワール栽培の北限に近い産地だが、温暖化の影響もあり、近年十分に成熟の進んだブドウが収穫されるようになっている。ブルゴーニュに土壌が近い産地もあり、現在注目が集まっている。

外観

僅かに紫がかったチェリーレッド。

香り

熟したカシスやブラックベリーとともに僅かに植物的なアロマと土の香りがあり複雑な印象。

味わい

熟した果実味と酸味が高いレベルでバランスをとり、タンニンは緻密で滑らか。コクがある。

産地：ドイツ/ファルツ
品種：ピノ・ノワール100%
ヴィンテージ：2017年
アルコール度数：13.5%
価格：3,630円/ヘレンベルガー・ホーフ

オーストラリアのピノ・ノワール

ピノ・ノワール / ピカーディ

Pinot Noir / Picardy

オーストラリアでは高地や海沿いの開発が進んでおり、ピノ・ノワールは涼しいエリアで栽培されている。果実味と酸味が豊かで厚みがあり、醸造によってはスパイシーな印象を残しミネラリーな要素が少ないのが特徴。

外観

わずかに紫がかった明るいラズベリーレッド。

香り

熟したラズベリーとともに、甘草や樹脂、植物的なアロマがあり、複雑な印象。

味わい

口中では果実感とスパイシーさを同じレベルで感じ、フレッシュな酸味が味わいを引き立てる。

産地：オーストラリア／西オーストラリア州／ペムバトン
品種：ピノ・ノワール100％
ヴィンテージ：2019年
アルコール度数：13％
価格：5.280円／ヴィレッジ・セラーズ

アメリカのピノ・ノワール

クラウドライン・オレゴン・ピノ・ノワール / クラウドライン・セラーズ

Cloudline Oregon Pinot Noir / Cloudline Cellars

ピノ・ノワールの産地としては緯度が低いので温暖な産地で栽培され、ブドウの熟度が非常に高いため、熟した赤いフルーツのニュアンスが強くリッチな印象になるものが多い。果実味が豊かで厚みのある味わい。

外観

強く紫がかったチェリーレッド。

香り

熟したブラックベリーやプラムのような香りとともに鉄、ヴァニラ、ローストの香りがある。

味わい

果実味が口中で大きく膨らむ印象。酸味も強めでドライ。滑らかなタンニンとバランスをとる。

産地：アメリカ／オレゴン州／ウィラメット・ヴァレー
品種：ピノ・ノワール100％
ヴィンテージ：2019年
アルコール度数：13.5％
価格：3,993円／三国ワイン

日本のピノ・ノワール

北ワイン・ピノ・ノワール / 北海道中央葡萄酒

Kita Wine Pinot Noir / Hokkaido Chuo Budoshu

果実味、酸味、タンニン、アルコールが控えめなので、優しい印象のピノ・ノワールになる。北海道は、ブルゴーニュの著名ワイン生産者がブドウ栽培からワイン造りを行うなど、近年注目を集める産地になっている。

外観

わずかに紫がかった濃いめのラズベリーレッド。

香り

フレッシュなアセロラやラズベリーとともに木樽由来のスパイスや樹脂、土のニュアンスも感じる。

味わい

果実味と酸味のバランスがよく、全体的に抑えが効いた優しい印象。スパイシーなフレーヴァーも。

産地：日本／北海道／余市町
品種：ピノ・ノワール100％
ヴィンテージ：2019年
アルコール度数：12％
価格：3,960円／北海道中央葡萄酒

10

カベルネ・ソーヴィニヨン

カベルネ・ソーヴィニヨンの特徴は黒い果実とメントールの香りです。これらの香りがあればカベルネ系である可能性は高まります。産地により、ユーカリやブルーベリージャムのような特徴も。また、アサンブラージュされることもある品種ですので、カベルネ・ソーヴィニヨン以外の特徴にも注意をする必要があります。全体のヴォリュームから産地を絞っていきます。

フランス/ボルドー地方のカベルネ・ソーヴィニヨン

シャトーパヴェイユ・ド・リューズ / シャトーパヴェイユ・ド・リューズ

Chateau Paveil De Luze / Chateau Paveil De Luze

ボルドー地方のカベルネは新世界のものに比べ、グリーンな香りと酸味が豊かで、タンニンも強くなる。固い印象で味わいはドライ。アサンブラージュによって造られるので、バランスがよく複雑な風味がある。

外観

全体に紫を帯びる明るいダークチェリーレッド。

香り

成熟したカシスとブルーベリー、西洋杉やシダ、下草、土、僅かにローストの香りもあり複雑な印象。

味わい

果実味は抑えられ、収斂するタンニンとフレッシュで豊かな酸が特徴的。バランスがとれた味わい。

産地：フランス/ボルドー地方/メドック地区/マルゴー
品種：カベルネ・ソーヴィニヨン80%、メルロ20%
ヴィンテージ：2018年
アルコール度数：14%
価格：4,730円/ファインズ

オーストラリアのカベルネ・ソーヴィニヨン

バロッサ・カベルネ・ソーヴィニヨン / エルダトン

Barossa Cabernet Sauvignon / Elderton

カベルネ・ソーヴィニヨンの典型的な特徴である熟した果実の香りとユーカリの風味がある。寒暖差が大きいので酸味を豊かに感じるが、アルコールのヴォリュームは強く、メリハリのあるクリーンな味わいとなる。

外観

エッジが紫がかった濃いめのチェリーレッド。

香り

熟したブルーベリーとともに非常に強いユーカリのアロマ、樽からのローストした香りも感じる。

味わい

果実味が強くジューシーで僅かに甘さも感じ、ヴォリュームは強いがタンニンは緻密で滑らか。

産地：オーストラリア/南オーストラリア州/バロッサ・ヴァレー
品種：カベルネ・ソーヴィニヨン97.26%、シラーズ2.64%、その他0.1%
ヴィンテージ：2019年
アルコール度数：14.2%
価格：4,180円/ヴィレッジ・セラーズ

アメリカのカベルネ・ソーヴィニヨン

カベルネ・ソーヴィニヨン・ナパ・ヴァレー / ナパ・ハイランズ

Cabernet Sauvignon Napa Valley / Napa Highlands

恵まれた環境によりブドウの熟度が非常に高まり、ワインは熟した果実、メントール、スパイスの香りが強くなるため、新樽を使われることも多く、ローストの香りが強くなることもある。アルコールも高くリッチな味わい。

外 観

エッジは紫、全体に黒みを帯びる非常に濃いダークチェリーレッド。

香 り

カシスやブルーベリージャム、ユーカリやメントール、樽からのヴァニラやローストの香りも強い。

味わい

強い果実味とともに甘味すら感じる。酸が低く、タンニンは強いが滑らかで、柔らかな印象。

産地：アメリカ／カリフォルニア州／ノース・コースト／ナパ・ヴァレー
品種：カベルネ・ソーヴィニヨン99%、プティ・ヴェルド、カベルネ・フラン、メルロなど1%
ヴィンテージ：2019年
アルコール度数：14.5%
価格：5,280円／中川ワイン

チリのカベルネ・ソーヴィニヨン

マルケス・デ・カーサ・コンチャ・カベルネ・ソーヴィニヨン / コンチャ・イ・トロ

Marques de Casa Concha Cabernet Sauvignon / Concha y Toro

チリは日照条件に恵まれているため、豊かな果実の香りと強いアルコールが特徴になる。また、成熟した黒い果実やリキュールのような香りが感じられるにもかかわらず、ミントの香りを併せもつのも特徴的。

外 観

中心が黒みを帯びる、濃いダークチェリーレッド。

香 り

ブルーベリージャムやリキュールと、アスパラガスやユーカリ、スパイシーでスモーキーな印象も。

味わい

赤果実のフレーヴァーが広がる。果実味、アルコール、タンニンともに強いが、角がなく丸い印象。

産地：チリ／セントラル・ヴァレー／マイポ・ヴァレー
品種：カベルネ・ソーヴィニヨン87%、カベルネ・フラン10%、シラー2%、プティ・ヴェルド1%
ヴィンテージ：2018年（現行2019年）
アルコール度数：14.5%
価格：2,860円／日本リカー

日本のカベルネ・ソーヴィニヨン

カベルネ・ソーヴィニヨン / シャトー・ジュン

Cabernet Sauvignon / Chateau Jun

寒暖差の少ない日本では、色付きがよくないため、品種個性である濃い色調の表現が難しい。近年、垣根仕立てへの変更による収量制限、標高の高い産地への移行による寒暖差により、伝統国に近いワインも造られている。

外 観

全体に褐色がかった明るいチェリーレッド。

香 り

ラズベリーやアセロラのドライフルーツ、甘草や丁子のスパイシーさと僅かにメントールの特徴も。

味わい

アタックは軽やかで、果実味、アルコール、タンニンいずれも控えめで優しい印象のワイン。

産地：日本／山梨県／甲府市、甲州市
品種：カベルネ・ソーヴィニヨン100%
ヴィンテージ：2019年
アルコール度数：12%
価格：オープン（参考価格3,500円）円／シャトー・ジュン

11 メルロ

甘く熟した果実の香りを特徴とし、酸味が柔らかくアルコールが豊かで、リッチな味わいのワインになる品種です。産地により味わいが大さく異なります。強い個性が少ない品種なのでブラインドテイスティングで当てるのは難しいともいえます。若くても楽しめ、熟成すると独特な風味を生み出すため、人気の高い品種になっています。

フランス/ボルドー地方のメルロ

プピーユ / シャトー・プピーユ

Poupille / Chateau Poupille

カスティヨンはサン・テミリオン地区と地続きで標高が高く、粘土・石灰質が中心の産地。メルロを中心にブドウが栽培されており、環境に恵まれていることから、リッチでヴォリューム感の強いワインが造られる。

外 観

わずかにオレンジがかった濃いダークチェリーレッド。

香 り

プラムなど成熟した果実の香りが強く、熟成によりリキュールや土、枯れ葉の香りも感じられる。

味 わ い

果実味が強くヴォリューム豊かだが、酸とタンニンが味わいを引き締める。熟成による一体感もある。

産地：フランス/ボルドー地方/カスティヨン・コート・ド・ボルドー
品種：メルロ100%
ヴィンテージ：2016年
アルコール度数：14.5%
価格：5,500円/モトックス

アメリカのメルロ

メルロ・ナパ・ヴァレー / ダックホーン・ヴィンヤーズ

Merlot Napa Valley / Duckhorn Vineyards

カリフォルニア州ではカベルネ・ソーヴィニヨンが有名なためメルロの作付けは多くはないが、上質なワインが造られている。生育環境がよいので色調は濃く、アルコールも強くなる。酸味はフレッシュなものが多くみられる。

外 観

紫がかった濃いダークチェリーレッド。粘性が強い。

香 り

プルーンやよく熟したブラックベリーとともに、ヴァニラやローストの香りが強く感じられる。

味 わ い

ジューシーな果実味とオーク香が口中に広がり、高いアルコールと緻密なタンニンが味わいを形作る。

産地：アメリカ/カリフォルニア州/ノース・コースト/ナパ・ヴァレー
品種：メルロ90%、カベルネ・ソーヴィニヨン8%、カベルネ・フラン1%、プティ・ヴェルド1%
ヴィンテージ：2019年
アルコール度数：14.5%
価格：8,690円/中川ワイン

オーストラリアのメルロ

バロッサ・メルロ / エルダトン

Barossa Merlot / Elderton

オーストラリアではシラーズやカベルネ・ソーヴィニヨンが人気なため、面積は少ないが、メルロは各地で栽培されている。産地の気候の影響を受けやすい品種のため、果実味が豊かでリッチなワインが造られる。

外 観

紫がかった濃いめのチェリーレッド。

香 り

熟したブラックチェリーとブルーベリーの香りと、はっきりとわかるユーカリの個性を感じる。

味 わ い

果実味が豊かで酸味は優しく、横に広がる印象。タンニンも緻密で、ふくよかでリッチな味わい。

産地：オーストラリア / 南オーストラリア州 / バロッサ・ヴァレー
品種：メルロ88%、シラーズ12%
ヴィンテージ：2018年
アルコール度数：14%
価格：3,850円 / ヴィレッジ・セラーズ

チリのメルロ

マルケス・デ・カーサ・コンチャ・メルロ / コンチャ・イ・トロ

Marques de Casa Concha Merlot / Concha y Toro

チリで長い間カルメネールと混同され誤解されていた品種。近年ではその品質が見直され、品種の特性を生かした栽培が行われ、充実した味わいのワインが造られている。熟したフルーツの香りが主体となる。

外 観

紫がかった濃いチェリーレッド。

香 り

火を通した赤黒いフルーツの香りが特徴で、トーストやスモーキーな印象も強く感じられる。

味 わ い

豊かな果実味とともに酸味も強く、味わいの後半に長く延びていき、タンニンは極めて滑らか。

産地：チリ / セントラル・ヴァレー / マウレ・ヴァレー
品種：メルロ90%、マルベック10%
ヴィンテージ：2018年
アルコール度数：14%
価格：2,860円 / 日本リカー

日本のメルロ

椀子メルロー / シャトー・メルシャン

Mariko Merlot / Chateau Mercian

メルロは、日本ではヨーロッパ系の品種の栽培が難しいといわれていた時代から成功を収めていた品種。特に、粘土質が強く標高の高い長野県の産地においては、世界のコンクールで入賞するようなワインが造られている。

外 観

紫が落ち着きつつある濃いめのダークチェリーレッド。

香 り

成熟した赤黒いフルーツと僅かなメントールの香り。甘草やヴァニラなど樽由来の特徴も心地よい。

味 わ い

果実味は控えめ、強い抽出からの苦味と僅かに収斂するタンニンがある。酸もフレッシュでスマート。

産地：日本 / 長野県 / 上田市
品種：メルロ100%
ヴィンテージ：2017年
アルコール度数：14%
価格：6,072円 / メルシャン

12

シラー

熟した赤黒いフルーツやスパイス、血、鉄のような香りが特徴の品種です。産地の気候によってスパイスの印象は異なり、涼しい産地では挽きたての黒コショウ、温暖な産地ではシナモンや甘草の香りが特徴になります。また、温暖な産地ではアルコールが高いフルボディなワインになります。

フランス／ローヌ渓谷地方のシラー

サン・ジョセフ・ルージュ / ドメーヌ・ピエール・ガイヤール

Saint-Joseph Rouge / Domaine Pierre Gaillard

ローヌ渓谷地方は、シラーを栽培する地域のなかでは涼しいエリアに属する。熟した果実の香りと同時に植物的な香りももち、ブラックオリーブや黒コショウの香りがある。酸味が豊かでタンニンも強く、エレガントな味わい。

外観

透明感のある、全体的に紫を帯びた明るいチェリーレッド。

香り

熟したカシスやブラックチェリーと黒オリーブ、黒コショウの芳香、スミレのような華やかな印象も。

味わい

充実した果実味とフレッシュで豊かな酸味、滑らかでしっかりとしたタンニンとのバランスがよい。

産地：フランス／ローヌ渓谷地方/サン・ジョセフ
品種：シラー100%
ヴィンテージ：2019年
アルコール度数：13.5%
価格：5,280円/WINE TO STYLE

オーストラリア／南オーストラリア州のシラーズ

クヌンガ・ヒル・シラーズ / ペンフォールズ

Koonunga Hill Shiraz / Penfolds

温暖な気候のためブドウの熟度が上がり、凝縮した香りや味わいが特徴になる。ブラックペッパーではなく、甘草やシナモンのようなスパイスの香りと、オーストラリア特有のユーカリのフレーヴァーがある。

外観

紫を帯びた濃いダークチェリーレッド。粘性は強め。

香り

プラムリキュールやシナモン、甘草、ヴァニラとともに、ユーカリのような植物的なアロマも。

味わい

ジューシーでヴォリューム感があり、収斂するタンニンと心地よい苦味が味わいを引き締める。

産地：オーストラリア/南オーストラリア州
品種：シラーズ100%
ヴィンテージ：2019年
アルコール度数：14.5%
価格：2,200円/日本リカー

13

ネッビオーロ

限られたエリアで栽培される品種であるため、産地による個性の違いは少ないですが、醸造による違いの生まれる品種です。タンニンや酸味が強いので固く感じられることが多く、タンニンを和らげるため長い熟成を経て出荷されることの多い品種でしたが、最近では熟成期間を短めにして出荷する生産者も増えてきています。

モダンタイプのネッビオーロ

バルバレスコ・ガイア・プリンチペ / ロベルト・サロット

Barbaresco Gaia Principe / Roberto Sarotto

ネッビオーロのワインは熟成に用いる樽の性質や期間によって味わいに大きな違いが生まれる。モダンタイプは新樽を使うのが特徴で、このワインは新樽などで14〜15カ月間熟成させている。ヴァニラの風味が豊かでリッチな味わいになる。

外観

全体にオレンジを帯びた明るいチェリーレッド。

香り

熟したプルーンやシロップ漬けチェリー、ドライフルーツと木樽からのヴァニラやスパイスが複雑。

味わい

豊かな果実味でマスクされているが、収斂するタンニンも感じる。アルコールも高くリッチな印象。

産地：イタリア / ピエモンテ州 / バルバレスコ
品種：ネッビオーロ100%
ヴィンテージ：2015年
アルコール度数：16%
価格：5,280円 / 稲葉

クラシックタイプのネッビオーロ

バルバレスコ・リゼルヴァ・ディオニソ / ロベルト・サロット

Barbaresco Riserva Dioniso / Roberto Sarotto

クラシックタイプのものは新樽を用いず、古い大樽で長い期間熟成される。熟成による酸化的な香りが強くワインに現れ、ドライフルーツやドライフラワー、ジビエの香りが出てくる。このワインは30カ月間大樽で熟成されたもの。

外観

僅かにオレンジがかる明るいチェリーレッド。艶、輝きあり粘性豊か。

香り

熟した赤いフルーツ、ドライフルーツ、スパイス、中国茶、枯れ葉、ドライフラワーなど様々な香り。

味わい

アタックは非情に強く、果実味が抑えめでスパイシー。強く収斂するタンニンが味わいを引き締める。

産地：イタリア / ピエモンテ州 / バルバレスコ
品種：ネッビオーロ100%
ヴィンテージ：2005年
アルコール度数：14.5%
価格：5,500円 / 稲葉

14

サンジョヴェーゼ

イタリアのトスカーナ州を中心に栽培される品種です。トスカーナ州のなかでも栽培されるエリアによって味わいに違いが生まれます。広大な面積をもつキアンティのなかでも、クラッシコの付くエリアはキアンティの原産地呼称の原点であり、充実した味わいのワインを造ることのできるエリアです。

サンジョヴェーゼ（キアンティ）

キアンティ / バローネ・リカーゾリ

Chianti / Barone Ricasoli

キアンティはクラッシコの周辺エリアで造られており、軽やかな果実の成熟度合いと、ほどほどのアルコールをもつ。タンニンは滑らかで軽く、バランスがよいのが特徴。土壌や傾斜の関係で軽やかに仕上がる。

外観

非常に明るいチェリーレッド。僅かに紫を残す。

香り

フレッシュなチェリーやスミレ、僅かにスパイシーな印象もあるが非常にシンプルな構成。

味わい

アタックは軽やかでフレッシュな印象の味わい。タンニンはわずかに収斂するが、軽やかなワイン。

産地：イタリア／トスカーナ州／キアンティ
品種：サンジョヴェーゼ85%、その他15%
ヴィンテージ：2020年
アルコール度数：13.5%
価格：1,980円／フードライナー

サンジョヴェーゼ（キアンティ・クラッシコ）

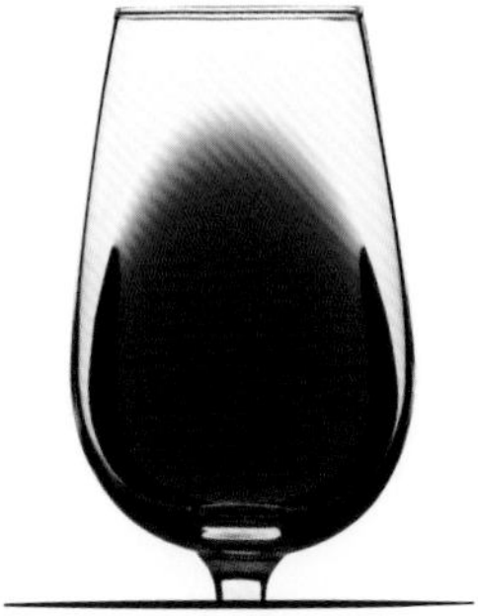

ブローリオ・キアンティ・クラッシコ / バローネ・リカーゾリ

Brolio Chianti Classico / Barone Ricasoli

キアンティのなかでもクラッシコのエリアは中心に位置し、土壌構成や環境に恵まれ、成熟度合いの高いブドウができる。果実味が強く、アルコール度も高い凝縮したタイプのワインになるため、木樽や新樽を用いて長く熟成が行われる。

外観

紫を帯びるやや濃いめのダークチェリーレッド。粘性はやや強め。

香り

熟したブラックチェリーやカシスのような香りと、土や甘草の香りがあり複雑な印象となる。

味わい

アタック、果実味が強めで滑らかだが豊かなタンニンがあり、厚みを感じるワイン。余韻も長い。

産地：イタリア／トスカーナ州／キアンティ・クラッシコ
品種：サンジョヴェーゼ80%、メルロ15%、カベルネ・ソーヴィニヨン5%
ヴィンテージ：2019年
アルコール度数：13.5%
価格：3,300円／フードライナー

15

カベルネ・フラン

一般的にピーマンのような香りが特徴として語られますが、完熟したカベルネ・フランからはピーマンの香りは感じられません。冷涼産地のものからは、はっきりとした“青い”香りを感じます。また土壌にミネラル分の多い環境で育ったものは、ミネラル感豊かなワインになる特徴もあります。

フランス／ロワール渓谷地方／トゥーレーヌ地区のカベルネ・フラン

シノン／ラングロワ=シャトー

Chinon / Langlois-Chateau

ロワール渓谷地方のトゥーレーヌ地区は大陸性気候の影響を受けるため、涼しくブドウの熟度が上がりづらいエリア。そのためピーマンやブルーベリーのような植物的な香りが強く感じられ、酸味も爽やかになる。

外観

紫がかったやや濃いダークチェリーレッド。

香り

フレッシュなブルーベリーやアスパラガスなどの植物的なアロマや甘草など漢方薬のようなアロマも。

味わい

植物的なアロマと熟した赤果実のテイストが口中に広がる。タンニンと酸味が豊かでタイトな印象。

産地：フランス／ロワール渓谷地方／トゥーレーヌ地区／シノン
品種：カベルネ・フラン100%
ヴィンテージ：2020年
アルコール度数：13%
価格：2,200円／アルカン

フランス／ロワール渓谷地方／ソミュール地区のカベルネ・フラン

ソミュール・シャンピニー・レ・ロッシュ／ドメーヌ・デ・ロッシュ・ヌーヴ

Saumur Champigny Les Roches / Domaine Des Roches Neuves

ソミュール地区は海洋性気候の影響も受けるため、温暖な環境にありブドウの成熟度も上がる。熟した赤いフルーツの香りと潜在的にある青い香りも僅かに感じ、アルコールも強くなる。シノンに比べ、ふくよかな印象となる。

外観

紫がかった濃いダークチェリーレッド。

香り

熟したカシスやブラックチェリーの芳香とともに、西洋杉のようなニュアンスも感じる。

味わい

果実味が豊かでヴォリュームが強く、酸味は柔らかい。タンニンが収斂し味わいを引き締める。

産地：フランス／ロワール渓谷地方／ソミュール地区／ソミュール・シャンピニィ
品種：カベルネ・フラン100%
ヴィンテージ：2019年
アルコール度数：13.5%
価格：3,916円／ファインズ

16

ガメイ

ガメイの生産されるエリアは限定されますが、同じエリア内にあっても地質や傾斜などのテロワールによって味わいが変わります。砂質土壌ではワインは軽くなり、花崗岩や片岩を含む土壌ではワインの凝縮度合いが増しミネラルも強くなります。軽いワインの代表のように語られますが、環境によっては強いワインを生む品種でもあります。

フランス/ブルゴーニュ地方/ボージョレ地区のガメイ

ボージョレ / シャトー・カンボン

Beaujolais / Chateau Cambon

一般的にガメイの特徴とされるバナナの香りは、実は品種や醸造上ではなく、酵母が生み出す香り。ボージョレにはボージョレ、ボージョレ・ヴィラージュ、クリュ・ボージョレの3層のカテゴリーがあり段階的に味わいは強くなる。

外観

紫がかった明るいラズベリーレッド。

香り

フレッシュなチェリーやイチゴ、スミレ、僅かに土のような香りもある。

味わい

赤いフルーツの果実味とフレッシュで爽やかな酸味の調和が心地よく、タンニンも非常に優しい。

産地：フランス/ブルゴーニュ地方/ボージョレ地区
品種：ガメイ100%
ヴィンテージ：2019年
アルコール度数：12.5%
価格：3,080円/テラヴェール

フランス/ブルゴーニュ地方/ボージョレ地区/モルゴンのガメイ

モルゴン・コート・デュ・ピイ・フュー・デュ・シェーヌ / ロシェット

Morgon Côte du Py Fut de Chene / Rochette

左のボージョレよりエリアの限定されたクリュ・ボージョレのワイン。花崗岩や片岩、傾斜の影響により、熟した果実の香りと強いミネラル香、スパイシーな風味と豊かなタンニンが特徴になる。

外観

紫がかったダークチェリーレッド。粘性は強め。

香り

ブラックチェリーやカシスなど成熟した黒いフルーツと、砕いた石のような強いミネラルの特徴も。

味わい

アタックと、収斂するタンニンがやや強め。酸味がフレッシュに感じられる硬い印象のワイン。

産地：フランス/ブルゴーニュ地方/ボージョレ地区/モルゴン
品種：ガメイ100%
ヴィンテージ：2017年
アルコール度数：13.5%
価格：3,300円/ラック・コーポレーション

17 グルナッシュ

世界中で栽培されており、産地の気候や土壌の個性を強く表現するブドウ品種です。ブドウの熟度が上がりやすく酸味が少ないため、甘く香る果実味が特徴になります。土壌によってはミネラルのニュアンスが強くなり、醸造方法によってはスパイスやオークの香りが強く感じられるようになります。

フランス/ローヌ渓谷地方のグルナッシュ

ラストー / ドメーヌ・ラ・スマド

Rasteau/
Domaine La Soumade

グルナッシュは柔らかな果実味が特徴の品種だが、粘土石灰質土壌のラストーでは、力強さとエレガントさを感じるワインになる。オーストラリアのグルナッシュに比べ、果実味が抑えられ、ミネラルとスパイスが強くなる。

外観

濃いめのチェリーレッド。粘性は強め。

香り

熟したブラックベリーと漢方薬的な甘草やナツメグのようなスパイスのフレーヴァーがある。

味わい

果実味が強く、口中ではブラックチェリーとハーブ香があり、収斂するタンニンが強くドライな印象。

産地：フランス/ローヌ渓谷地方/ラストー
品種：グルナッシュ70%、シラー20%、ムールヴェドル10%
ヴィンテージ：2018年
アルコール度数：15%
価格：3,300円/稲葉

オーストラリアのグルナッシュ

デレリクト・グルナッシュ / ダーレンベルグ

Derelict Grenache /
d'Arenberg

オーストラリアの栽培地域は熱量が多くブドウの熟度が上がるため、熟した果実やジャムの香りと滑らかなタンニンが特徴になる。果実味が豊かなため甘味となって感じられ、酸味は柔らかくオープンでフレンドリー。

外観

紫がかった濃いチェリーレッド。粘性は強め。

香り

チェリーのコンポートやリキュールとともに、ヴァニラの風味を感じる。

味わい

果実味が非常に豊かでヴォリュームがあり、酸味とタンニンも豊か。全体的な味わいが強いワイン。

産地：オーストラリア/南オーストラリア州/マクラーレン・ヴェイル
品種：グルナッシュ100%
ヴィンテージ：2018年
アルコール度数：14.5%
価格：3,575円/ヴィレッジ・セラーズ

18

マルベック

フランス南西部と南アメリカ大陸で栽培されている品種です。「黒ワイン」と呼ばれるほど色調が濃くなり、プルーンや鉄、スパイスの香りが特徴的に現れます。アルゼンチンでは高い樹齢の樹が多く残されているため、偉大なワインを生産する可能性ももちます。フランスのものはタイトに、アルゼンチンのものはパワフルなワインになります。

フランス/南西地方のマルベック

カオール / シャトー・ラマルティーヌ

Cahors / Château Lamartine

カオールは「黒ワイン」と呼ばれる色調の濃いワインを生み出す産地で、軽やかなワインを産する時代もあったが、近年そのアイデンティティを取り戻した。一般的に色調が濃く、プルーンやスパイス、鉄のようなミネラルが強い。

外観

紫がかったやや濃いめのチェリーレッド。

香り

プルーンや血や鉄のような還元的な香りとともに、木の樹脂のような印象も感じる。

味わい

果実味が非常に強いが、フレッシュな酸と収斂するタンニンをより強く感じ、固くドライな味わい。

産地：フランス／南西地方／カオール
品種：マルベック90%、メルロ10%
ヴィンテージ：2016年
アルコール度数：13.5%
価格：2,530円／稲葉

アルゼンチンのマルベック

メンドーサ・マルベック・クラシコ / アルトス・ラス・オルミガス

Mendoza Malbec Clasico / Altos Las Hormigas

アルゼンチンはフランスよりブドウが木になっている期間が長く、標高が高いため、成熟度が高く色の濃いワインが造られる。より濃度の高いフルーツの香りと強く滑らかなタンニン、高いアルコールがありパワフルな印象になる。

外観

やや濃いめのチェリーレッド。

香り

熟したブラックチェリーやプルーンと、甘草やペッパーなどのスパイスとフローラルな特徴もある。

味わい

ジューシーな果実味が収斂するタンニンとバランスをとる。酸味がフレッシュでいきいきとした印象。

産地：アルゼンチン／メンドーサ州
品種：マルベック100%
ヴィンテージ：2019年
アルコール度数：13.5%
価格：1,760円／モトックス

19

テンプラニーリョ

スペイン北部を原産とし「早熟」を意味する名前をもちます。果実味や酸味が強いため長期熟成に向く品種でもあります。スペインを中心に栽培されており、以前は多くの生産者が長い樽熟成期間を取り複雑な風味のあるワインを生んでいました。しかし、近年は熟成期間を短くしたボルドースタイルがもてはやされています。

スペイン／リオハのテンプラニーリョ

マルケス・デ・ムリエタ・レゼルヴァ／マルケス・デ・ムリエタ

Marques De Murrieta Reserva / Marques De Murrieta

面積が広大でエリアによって標高や土壌が異なり、影響を受ける気候区分も様々なため、ブレンドをすることによりバランスに長けたワインを生産する産地。色調が濃くタンニンの多いワインになるが、滑らかな味わいが特徴。

外 観

僅かにオレンジがかかった濃いめのチェリーレッド。粘性は強め。

香 り

プルーンや黒果実のジャムの凝縮した香りと樽からのローストやヴァニラなどが入り非常に複雑。

味 わ い

果実味が非常に強く、タンニンは強いが緻密で、フレッシュな酸がありバランスをとる。余韻は長い。

産地：スペイン／リオハ
品種：テンプラニーリョ87％、グラシアノ6％、マスエロ5％、ガルナッチャ2％
ヴィンテージ：2016年
アルコール度数：14％
価格：4,180円／エノテカ

スペイン／リベラ・デル・ドゥエロのテンプラニーリョ

ティント・ペスケラ・クリアンサ／ファミリア・フェルナンデス・リベラ

Tinto Pesquera Crianza / Familia Fernandez Rivera

ドゥエロ川沿いに広がり、耕作エリアが限られるため、面積の小さな産地。標高700〜900mの間にあり、気温の日較差が非常に大きく、乾燥もするため、酸味とアルコールの高いはっきりとした味わいのワインが造られる。

外 観

紫がかった濃いめのチェリーレッド。粘性は強め。

香 り

熟したブラックチェリーの香り。鉄や血、ヴァニラ、ほのかにスパイスの香りも感じる。

味 わ い

果実味、酸味、タンニン、アルコールすべてが非常に強く、パワフルで骨格のしっかりとしたワイン。

産地：スペイン／リベラ・デル・ドゥエロ
品種：テンプラニーリョ100％
ヴィンテージ：2018年（現行2019年）
アルコール度数：14.5％
価格：4,840円／ミレジム

20

コルヴィーナ・ヴェロネーゼ

イタリアのヴェネト州の限られた地域で栽培され、混醸されることの多い品種です。濃いめの色調、豊かな果実味と滑らかなタンニン、そして少しスパイシーな個性をもちます。通常収穫ではアルコールはほどほどですが、収穫後ブドウを陰干しして造られる甘口の場合はアルコールが高く、凝縮感のあるワインになります。

コルヴィーナ・ヴェロネーゼ（通常収穫）

ボナコスタ・ヴァルポリチェッラ・クラッシコ / マァジ

Bonacosta Valpolicella Classico / Masi

品種の特徴である暗い色調があり、熟した果実の香りとともに、鉄やスパイスの香りがふんだんに感じられる。タンニンは滑らかでヴィロードを思わせる。通常収穫の場合、アルコールは低めになる。

外 観

紫がかったチェリーレッド。

香 り

還元的でカシスや鉄や血液のような香りがある。わずかに甘草やスパイスの香りを感じる。

味わい

ベリーのような果実味と爽やかな酸味のバランスがよく、タンニンが緻密で滑らか。チャーミング。

産地：イタリア／ヴェネト州／ヴァルポリチェッラ
品種：コルヴィーナ・ヴェロネーゼ70％、ロンディネッラ25％、モリナーラ5％
ヴィンテージ：2019年
アルコール度数：12％
価格：3,080円／日欧商事

コルヴィーナ・ヴェロネーゼ（陰干し）

コスタセラ・アマローネ・デッラ・ヴァルポリチェッラ・クラッシコ / マァジ

Costasera Amarone della Valpolicella Classico / Masi

収穫したブドウを陰干しすることによって、糖分を凝縮させたブドウを用いて造られるワイン。アルコールが強くなり、香りにレーズンやスパイスの香りが強く現れる。長い樽熟成による樹脂の香りも強い。

外 観

僅かにオレンジがかったダークチェリーレッド。粘性は非常に強い。

香 り

プルーンやレーズンなど凝縮した果実の香りと、ヴァニラやナツメグのようなスパイスの印象も。

味わい

凝縮した果実味とわずかな甘味。スパイシーで強いタンニンがあり、非常にリッチでパワフルなワイン。

産地：イタリア／ヴェネト州／ヴァルポリチェッラ
品種：コルヴィーナ・ヴェロネーゼ70％、ロンディネッラ25％、モリナーラ5％
ヴィンテージ：2016年
アルコール度数：15％
価格：9,680円／日欧商事

21

その他黒ブドウ品種

前出の黒ブドウ品種以外にも、様々な国で固有品種が栽培されており、それぞれの土地の個性と相まってユニークな特徴をもったワインが造られています。なかにはその国、そのエリアでしか栽培されないような品種もありますが、特徴が好まれ人気品種になっているものもあります。

バルベーラ

バルベーラ・ダルバ / ピオ・チェーザレ

Barbera D'Alba / Pio Cesare

イタリアのピエモンテ州で主に栽培され、濃い色調でありながら味わいは軽やかになりやすいブドウ品種。熟した果実味とともに、鉄や花のような香りが表現される。酸味が豊かでフレッシュに感じられるワインになる。

外 観

中心が黒みを帯びる濃いダークチェリーレッド。

香 り

熟したグリオットチェリーや樽からのスモーキーな香りと、鉄のような香りが特徴。

味 わ い

成熟した豊かな果実味と樽からのスモーキーな香りを豊かでフレッシュな酸が支えバランスをとる。

産地：イタリア / ピエモンテ州
品種：バルベーラ100%
ヴィンテージ：2017年
アルコール度数：14.5%
価格：3,850円 / アルカン

ジンファンデル

オーク・リッジ・リザーヴ エインシェント・ヴァイン・ジンファンデル ロダイ / オーク・リッジ・ワイナリー

Oak Ridge Reserve Ancient Vine Zinfandel Lodi / Oak Ridge Winery

クロアチアが起源とされる品種だが、カリフォルニア州で長く栽培され気候に適応し、優れたワインを生み出す。ソノマとローダイが有名で、それぞれの気候から異なるタイプのワインを生む。ローダイは凝縮度が高くアルコールも高め。

外 観

エッジが紫で中心に黒みを帯びる濃いダークチェリーレッド。粘性は強め。

香 り

熟したプラム、ヴァニラ、ココナッツの香りとともに草のような植物的なアロマもある。

味 わ い

果実味が非常に豊かで僅かな甘さも感じる。酸味が低く柔らかな印象で、タンニンが極めて滑らか。

産地：アメリカ / カリフォルニア州 / インランド・ヴァレーズ / ローダイ
品種：ジンファンデル84.2%、プティット・シラー 13.2%、テンプラニーリョ 2.4%、カベルネ・ソーヴィニヨン0.3%
ヴィンテージ：2019年
アルコール度数：14.5%
価格：4,675円 /WINE TO STYLE

マスカット・ベーリーA

穂坂マスカット・ベーリーA / シャトー・メルシャン

Hosaka Muscat Bailey A / Chateau Mercian

日本で交配によって誕生したブドウ品種。軽やかでフルーティではあるが、サツマイモや木の根のように感じられる土っぽい香りが特徴でもある。穂坂はマスカット・ベーリーAの注目産地で、標高が高くしっかりとした酸が特徴。

外 観

僅かに紫を残すチェリーレッド。

香 り

香りが非常に強く、フレッシュなイチゴや甘草、土などの香りがある。

味 わ い

フレッシュな果実味が強く、タンニンが滑らかなことから、スムースで非常に飲み心地がよい。

産地：日本/山梨県/韮崎市穂坂地区
品種：マスカット・ベーリーA100%
ヴィンテージ：2017年
アルコール度数：12.5%
価格：3,674円/メルシャン

ムールヴェドル

バンドール・ルージュ / シャトー・ド・ピバルノン

Bandol Rouge / Chateau de Pibarnon

バンドールは歴史の古い産地。味わいが強いことから運搬に向くため大航海時代に多く輸出され、その名声が広まった。晩熟なムールヴェドルを主体に造られ、ボディの強いワインになる。スパイスや動物的な香りが特徴。

外 観

全体的に紫を帯びる濃いチェリーレッド。

香 り

黒い果実とともに漢方薬的な香りや動物的な香りと、地中海ハーブを思わせる特徴をもつ。

味 わ い

アタックは非情に強くスパイシーで、タイムやローズマリーのようなハーブの印象と渋苦味が特徴。

産地：フランス/プロヴァンス地方/バンドール
品種：ムールヴェドル90%、グルナッシュ10%
ヴィンテージ：2018年
アルコール度数：14.5%
価格：5,830円/ラック・コーポレーション

カリニャン

テロワール・ハンター・カリニャン・マウレ / ウンドラーガ

T.H. Carignan Maule / Undurraga

かなり晩熟で、最も収穫期が遅くなる品種。多産品種だが収量を抑えることにより、果実味が凝縮し滑らかなタンニンをもつワインとなる。チリでは高樹齢の樹が多く自然と収量が制限されるため、凝縮感の高いワインに仕上がる。

外 観

全体に紫を帯びる濃いダークチェリーレッド。粘性は強め。

香 り

プルーンや砂糖漬けのフルーツのような凝縮した香り。ヴァニラやナツメグのようなスパイス感も。

味 わ い

オイリーなテクスチャーがあり、果実味が強いがドライで酸味とスパイシーな要素を強く感じる。

産地：チリ/セントラル・ヴァレー/マウレ・ヴァレー
品種：カリニャン100%
ヴィンテージ：2018年
アルコール度数：14%
価格：3,520円/三国ワイン

アリアニコ

モス / マストロドメニコ

Mos /Mastrodomenico

イタリア南部で主に栽培される品種で、寒暖差のある気候を好む。完熟したブドウから香り豊かで色調が濃くタンニンの強いワインが造られるが、バジリカータのものは、厚みのあるタウラージに比べ、一回りコンパクトなタイプとなる。

外 観

僅かにオレンジがかった濃いめのチェリーレッド。

香 り

プラムやブラックチェリーのような成熟したフルーツの香りと、漢方薬やバルサミックな印象をもつ。

味 わ い

果実味よりもスパイシーなフレーヴァーが強い。酸味は穏やかで収斂するタンニンが強く、固い印象。

産地：イタリア／バジリカータ州
品種：アリアニコ100%
ヴィンテージ：2017年
アルコール度数：14%
価格：3,190円／日欧商事

モンテプルチャーノ

ヴェンティテッレ・モンテプルチャーノ・ダブルッツォ / ゾーニン

Ventiterre Montepulciano d'Aburuzzo / Zonin

イタリア中南部で多く栽培される品種。広いエリアで栽培されるため、並級のものから長熟タイプの強いワインまで造られる。完熟すると凝縮度が高まり、色が濃く、タンニン、果実味、アルコールの豊かなワインとなる。

外 観

透明感のあるダークチェリーレッド。

香 り

よく熟したブラックチェリーや甘草、シナモンなどとともに動物的なアロマを感じる。複雑な印象。

味 わ い

果実味が大きく広がり、酸味は少なくふくよかな印象だが、後半タンニンが収斂し硬い印象を残す。

産地：イタリア／アブルッツォ州
品種：モンテプルチャーノ100%
ヴィンテージ：2018年
アルコール度数：13%
価格：1,307円／アサヒビール

カルメネール

モンテス・アルファ・カルメネール / モンテス

Montes Alpha Carmenere / Montes

フランスからチリに渡り成功した品種。非常に晩熟な品種で、乾燥したチリの気候に適合し、広く栽培されるようになった。ブドウの葉が紅葉し「カーマインレッド（洋紅色）」になってから収穫されることから名付けられた。

外 観

エッジに紫を残し、中心に黒みを帯びるダークチェリーレッド。

香 り

プラムリキュールのような凝縮した果実香とレッドパプリカのような植物的なアロマが特徴。

味 わ い

果実味が非常に強く、外観の印象よりタンニンは緻密で滑らか。酸が柔らかくヴォリュームがある。

産地：チリ／ラペル・ヴァレー／コルチャグア・ヴァレー
品種：カルメネール90%、カベルネ・ソーヴィニヨン10%
ヴィンテージ：2019年
アルコール度数：14.5%
価格：2,530円／エノテカ

ピノタージュ

バリスタ・ピノタージュ / ベルタス・フォーリー

Barista Pinotage / Bertus Fourie

南アフリカで開発されたピノ・ノワールとサンソーの交配品種。エレガントな個性のピノ・ノワールタイプ、荒々しい個性を生かしたサンソータイプ、ローストした樽の個性を生かしたコーヒーピノタージュなどのスタイルがある。

外 観

紫がかった濃いめのチェリーレッド。

香 り

香りが非常に豊かで、スモーキーな香りが強く、ベーコンや焦げたゴムとブラックベリーの特徴も。

味わい

フレッシュな赤果実と酸のバランスが心地よく、中盤からやや粗いタンニンとスパイシーさが現れる。

産地：南アフリカ／西ケープ州
品種：ピノタージュ100%
ヴィンテージ：2020年
アルコール度数：13%
価格：1,760円／スマイル

ネレッロ・マスカレーゼ

エトナ・ロッソ・ア・リナ / ジローラモ・ルッソ

Etna Rosso 'A Rina / Girolamo Russo

エトナ山の標高の高いエリアで栽培されることの多いブドウ品種。明るい色調と強い酸味が特徴で、ピノ・ノワールに似た個性をもつが、タンニンが収斂するところとスモーキーな個性があるところが違いとなる。

外 観

僅かにオレンジがかったラズベリーレッド。

香 り

フレッシュなラズベリーとともに、鉄やスミレのような華やかな特徴もある。

味わい

繊細な果実と酸のバランスをもつが、後半に現れる粗めのタンニンが味わいの個性を形作る。

産地：イタリア／シチリア州
品種：ネレッロ・マスカレーゼ90%、ネレッロ・カプッチョ10%
ヴィンテージ：2018年
アルコール度数：13.5%
価格：4,730円／テラヴェール

クシノマヴロ

ラミニスタ / キリ・ヤーニ

Ramnista / Kir-Yianni

クシノマヴロはギリシャ語で「酸」と「黒」を意味するため、濃い色調の赤ワインをイメージするが、意外と明るい色調をもつ。酸とタンニンは強く、固い味わいの特徴があるため、ネッビオーロに間違えられることも。

外 観

僅かに紫がかった濃いめのチェリーレッド

香 り

還元的で、プラムや鉄の香りとともに土やスパイスの香りも現れる。

味わい

前半は赤果実のフレーヴァーとフレッシュな酸味があり、後半はざらつくタンニンが強く感じられる。

産地：ギリシャ／マケドニア地方
品種：クシノマヴロ100%
ヴィンテージ：2017年
アルコール度数：14.5%
価格：3,740円／モトックス

ツヴァイゲルト

ツヴァイゲルト・ノイジードラーゼー / ハネス・レー

Zweigelt Neusiedlersee / Hannes Reeh

オーストリアで最も多く栽培される黒ブドウ品種であり、北海道でも栽培されている。きれいな果実味と豊かな酸味が特徴で、タンニンもしなやか。そのピュアな味わいからテロワールを明確に表現することができる品種。

外 観

全体に紫の色調が強い、濃いめのチェリーレッド。

香 り

フレッシュなチェリーの香りとともに、ストーニーなキャラクターとスモーキーな個性を感じる。

味わい

いきいきとした果実味とフレッシュな酸味が調和し、タンニンもきめ細かくしなやかな印象。

産地：オーストリア／ブルゲンラント州／ノイジードラーゼー
品種：ツヴァイゲルト100%
ヴィンテージ：2019年
アルコール度数：13.5%
価格：2,530円／ヌーヴェル・セレクション

タナ

シャトー・モンテュス / ドメーヌ・アラン・ブリュモン

Chateau Montus / Domaine Alain Brumont

タナは「タンニン」を語源とする、強い渋味が特徴の品種。通常の醸造用ブドウに比べ約1.5倍量の種があり、その種の多さから渋苦味が多くなる。皮に含まれる色素量も多いことから濃い色調と強い渋味が特徴となる。

外 観

中心に黒みを帯びる濃いダークチェリーレッド。エッジには紫を残す。

香 り

ブラックベリージャムやプルーンの香りと、スパイシーなフレーヴァーや強いヴァニラの香りがある。

味わい

強く凝縮した果実味と、それより強い収斂するタンニンがあり、非常に骨格のしっかりとしたワイン。

産地：フランス／南西地方
品種：タナ80%、カベルネ・ソーヴィニヨン20%
ヴィンテージ：2016年
アルコール度数：14%
価格：5,170円／三国ワイン

トウリガ・ナショナル

トウリガ・ナショナル / キンタ・ドス・ロケス

Touriga Nacional / Quinta dos Roques

主にポルトガルで栽培される品種だが、温暖な環境でもフレッシュな酸味を表現できるため、温暖化の進む現在、他の産地でも注目されている。近年ボルドーでも作付けが認められた。ダンは標高の高い盆地で、ブドウは酸を保持して熟す。

外 観

中心が黒みを帯びる非常に濃いダークチェリーレッド。エッジは紫。

香 り

カシスリキュールや熟したブラックチェリーの香りと、スミレやスパイス、ヴァニラの特徴もある。

味わい

色調の印象より果実味は抑えめで酸味がフレッシュ。タンニンの固さがあり引き締まった印象。

産地：ポルトガル／ダン
品種：トウリガ・ナショナル100%
ヴィンテージ：2017年
アルコール度数：14%
価格：4,620円／木下インターナショナル

造りの違いを飲み比べる

I スパークリング・ワイン

　スパークリング・ワインはスティルワインに比べ“人”が多く関与することによって造られます。つまり様々な醸造工程のなかで、作業のひとつひとつがワインに大きな影響を与えます。ブドウ品種、発酵容器、マセラシオン、後発酵、熟成期間、ドザージュなどの違いによって、個性の異なったワインが造られています。

ブラン・ド・ブランのシャンパーニュ

ブリュット・ブラン・ド・ブラン / シャンパーニュ・ドゥラモット

Brut Blanc de Blancs / Champagne Delamotte

シャンパーニュ地方のグラン・クリュのシャルドネを中心に造られる。シャルドネのみで造られるシャンパーニュは様々なスタイルに仕上げることができるが、一般的には柑橘の香りと豊かな酸味が特徴になる。

外観

クリーンがかった明るいレモンイエロー。気泡は細やか。

香り

柑橘が中心で、グレープフルーツやレモンとともにリンゴやイーストの香りもはっきりと感じる。

味わい

爽やかな酸と柑橘フレーヴァー、きめ細かな気泡が滑らかに広がる。ナッツのような余韻も長い。

産地：フランス/シャンパーニュ地方/コート・デ・ブラン地区/ル・メニル・シュル・オジェ
品種：シャルドネ100%
ヴィンテージ：NV
アルコール度数：12%
価格：9,350円/ラック・コーポレーション

ブラン・ド・ノワールのシャンパーニュ

グラン・クリュ・アンボネイ・ブラン・ド・ノワール / ドメーヌ・エリック・ロデズ

Grand Cru Ambonnay Blanc de Noirs / Domaine Eric Rodez

ピノ・ノワールのみで造られるシャンパーニュ。果皮の色素がワインに移るため、ベージュの色調が強くなり、黒ブドウに由来する赤い果実の香りが感じられる。果実味が豊かで肉付きがよく、厚みのある味わい。

外観

濃いめの色調でベージュの要素と僅かに赤みもある。気泡は細やか。

香り

成熟したトロピカルフルーツとラズベリーやストロベリー、ヴァニラやパイ生地の香りがあり複雑。

味わい

果実味豊かで熟したリンゴやベリーを口に含んだような印象。柔らかな酸も豊かで、僅かな渋味がコクに。

産地：フランス/シャンパーニュ地方/モンターニュ・ド・ランス地区/アンボネー
品種：ピノ・ノワール100%
ヴィンテージ：NV
アルコール度数：12%
価格：12,100円/ヴァンパッシオン

アサンブラージュのシャンパーニュ

モエ・アンペリアル / モエ・エ・シャンドン

Moët Impérial / Moët & Chandon

様々な品種、収穫年、エリアのブドウがアサンブラージュされているため、バランスのよさが特徴になる。豊かな果実の香りとともに、シャルドネに由来する豊かな酸味が味わいを支え、スマートな印象になる。

外 観

明るいレモンイエロー。細やかな気泡がゆっくりと立ち上る。

香 り

フレッシュなグレープフルーツの香りとヨードを思わせる香り、スモーキーな特徴を感じる。

味 わ い

アタックに果実味を感じ、中盤から豊かな酸が味わいを引き締め、ミネラリーでドライな印象。

産地：フランス/シャンパーニュ地方
品種：ピノ・ノワール30〜40%、ムニエ30〜40%、シャルドネ20〜30%
ヴィンテージ：NV
アルコール度数：12%
価格：7,425円/ MHD モエ ヘネシー ディアジオ

ノン・ドザージュのシャンパーニュ

ピュア / ポル・ロジェ

Pure / Pol Roger

味わいを決定づけるドザージュを一切行っていないシャンパーニュ。糖分を添加し熟成させることで複雑な風味が生まれるが、これは糖分添加を行っていないのでフレッシュな柑橘類やミネラルの香りが特徴になる。

外 観

僅かにベージュの色調のある濃いめのイエロー。気泡は細やか。

香 り

フレッシュなグレープフルーツや洋ナシ、食パンのようなイーストの香りとチョーキーなミネラル感も。

味 わ い

気泡が細やかでクリーミー。果実味は抑えめ、酸が豊かでタイトな印象。苦味がありドライな後口。

産地：フランス/シャンパーニュ地方
品種：シャルドネ33%、ムニエ33%、ピノ・ノワール33%
ヴィンテージ：NV
アルコール度数：12.5%
価格：11,000円/ジェロボーム

半甘口のシャンパーニュ

ホワイトラベル・ドゥミセック / ヴーヴ・クリコ

White Label Demi-Sec / Veuve Clicquot

ドザージュによって糖分添加が行われているので、甘さがあるのは当然だが、甘味を加えて熟成されていることにより、トーストやパイのような香ばしい香りがはっきりと感じられる。酸味が豊かなので爽やかな味わいに。

外 観

艶、輝きのある明るいイエロー。細やかな気泡は粘性で液面に長く残る。

香 り

白桃やリンゴなど熟したフルーツとアカシアなど白い花の香り、イースト由来のパンの香りも感じる。

味 わ い

気泡がクリーミーで、果実味とともに甘さを感じるが、柔らかく豊かな酸味と調和しバランスがよい。

産地：フランス/シャンパーニュ地方
品種：ピノ・ノワール45%、ムニエ30%、シャルドネ25%
ヴィンテージ：NV
アルコール度数：12%
価格：8,910円/ MHD モエ ヘネシー ディアジオ

マロラクティック発酵なしのシャンパーニュ

グランド・レゼルヴ／ゴッセ

Grande Reserve / Gosset

シャンパーニュは様々な製造工程を経て製品化されるが、このシャンパーニュは後発酵と呼ばれるマロラクティック発酵を行わずに造られている。酸味がシャープでミネラルが強調され、爽やかな味わいを特徴とする。

外観

明るいイエロー。細やかな気泡がある。

香り

フレッシュなレモンやライムのような爽やかな香りとともに、ストーニーな特徴とヨードの印象も。

味わい

果実味が豊かで僅かな甘さもあるが、後半はシャープで強い酸味が味わいを引き締め、非常にドライ。

産地：フランス／シャンパーニュ地方
品種：シャルドネ45%、ピノ・ノワール45%、ムニエ10%
ヴィンテージ：NV
アルコール度数：12%
価格：9,570円／テラヴェール

トラディショナル方式のスパークリング・ワイン（英国）

ブラン・ドゥ・ブラン／ガズボーン・エステイト

Blanc de Blancs / Gusbourne Estate

冷涼な気候とシャンパーニュに通じる土壌があるため、世界が注目する産地。かつては酸味が強いものが多かったが、温暖化の影響により果実味豊かでバランスのとれたスパークリング・ワインが生まれており、国際的な評価も高い。

外観

輝きのある明るいイエロー。気泡は細やか。

香り

フレッシュなリンゴや洋ナシと強いイーストの香り、チョーキーなミネラルのニュアンスも。

味わい

酸味が非常に強いが糖分がバランスをとり心地よい印象に。熟成によるイーストからの旨みも感じる。

産地：英国／イングランド／ケント
品種：シャルドネ100%
ヴィンテージ：2015年
アルコール度数：12%
価格：9,174円／ベリー・ブラザーズ＆ラッド日本支店

トラディショナル方式のスパークリング・ワイン（スペイン／カヴァ）

カバ・グラン・レセルバ・ジョセップ・ヴァイス／ロジャー・グラート

Cava Gran Reserva Josep Valls / Roger Goulart

スペインで瓶内二次発酵によって造られるスパークリング・ワイン。白ブドウ品種で造られるため、爽やかな味わいが特徴になる。各品種の個性が様々であるため、花やミネラル、柑橘類などの特徴的な香りがある。

外観

黄金かかったやや濃いめのイエロー。気泡は細やか。

香り

柑橘が中心で、グレープルーツと少し白コショウのようなスパイスの香り、菩提樹のような印象も。

味わい

気泡が豊かに広がる。果実味豊かで酸味は優しく、残糖感が少なくドライな印象。複雑性は少ない。

産地：スペイン／カタルーニャ／ペネデス
品種：シャルドネ38%、チャレッロ25%、マカベオ20%、パレリャーダ17%
ヴィンテージ：2014年
アルコール度数：12%
価格：3,234円／三国ワイン

シャルマ方式のスパークリング・ワイン

スプマンテ・ブリュット・メトド・シャルマ / ガロフォリ

Spumante Brut Metodo Charmat / Garofoli

ブドウ品種の爽やかでフルーティな個性を表現するため、瓶内ではなくタンク内で二次発酵し製品化されたスパークリング・ワイン。気泡は細やかで少なく、柔らかい発泡が特徴。複雑性はなく、品種由来の個性を強く感じる。

外 観

グリーンを帯びた明るいレモンイエロー。気泡は細やか。

香 り

フレッシュなライムなどの柑橘やパイナップルキャンディと、海を思わせるヨードの特徴を感じる。

味 わ い

アタックは優しく、果実味と豊かな酸味がバランスをとる。シンプルな構成でフレッシュな飲み心地。

産地：イタリア/マルケ州
品種：ヴェルディッキオ100%
ヴィンテージ：NV
アルコール度数：12%
価格：2,640円/フードライナー

マセラシオンのロゼ・シャンパーニュ

プルミエ・クリュ・キュミエール・ロゼ・ド・セニエ / ドメーヌ・ルネ・ジョフロワ

1er Cru Cumières Rosé de Saignée / Domaine René Geoffroy

ロゼ・シャンパーニュの醸造には2種類の方法があるが、時間と手間のかかるのがこの方法である。マセラシオンで果皮や種子の漬け込みを行うので、外観よりも味わいに大きな影響を与える。タンニンや苦味があるのが特徴。

外 観

やや濃いめのチェリーピンク。気泡が豊かに立ち上る。

香 り

熟したラズベリーなどの赤果実、ピンクペッパー、バラの華やかさやパイ生地の香りもあり複雑。

味 わ い

果実味が強く、わずかな渋苦味とともに甘味がバランスをとる。コクがあり、赤果実の余韻も長い。

産地：フランス/シャンパーニュ地方/ヴァレー・ド・ラ・マルヌ地区/キュミエール
品種：ピノ・ノワール100%
ヴィンテージ：NV
アルコール度数：12.5%
価格：9,900円/ヴァンパッシオン

アサンブラージュのロゼ・シャンパーニュ

ローズラベル / ヴーヴ・クリコ

Rose Label / Veuve Clicquot

白ワインに赤ワインを加える方法で造られるロゼ・シャンパーニュ。鮮明な色調があり、スパイスの香りは少なく、フルーツの香りが主体の軽やかな味わいが特徴になる。多くのメゾンがこの方法でロゼを造る。

外 観

僅かにオレンジがかった明るいチェリーピンク。気泡は細やか。

香 り

熟したリンゴやチェリー、グロゼイユなどの赤果実と、アカシアやスミレなどフローラルな印象も。

味 わ い

熟した赤果実のフレッシュな果実味と爽やかな酸味、僅かな渋味とのバランスが素晴らしい。

産地：フランス/シャンパーニュ地方
品種：ピノ・ノワール50〜55%、シャルドネ28〜33%、ムニエ15〜20%
ヴィンテージ：NV
アルコール度数：12.5%
価格：9,460円/MHD モエ ヘネシー ディアジオ

2

甘口ワイン

甘味をもったワインは世界各地で造られていますが、甘味の生み出し方や残し方によって、味わいの感じられ方も異なります。ブドウがフレッシュな状態で水分を失ったものは純粋に果汁が凝縮した香りになり、乾燥させたものからはドライフルーツの香りが出ます。貴腐菌が繁殖したものからは蜂蜜の香りが感じられます。

発酵停止

ピースポーター・ゴルトトレプフェン・リースリング・カビネット・グローセ・ラーゲ／トリアー慈善連合協会

Piesporter Goldtröpfchen Riesling Kabinett Große Lage / Vereinigte Hospitien, Trier

冷涼地であるドイツでは、一般的に酸味の強すぎるワインになる。そこで、味わいのバランスをとるために、発酵を途中で止め甘味を残す。甘味が残りアルコールが低くなるため、フルーティでジューシーな味わいになる。

外 観

グリーンを帯びた明るいイエロー。粘性は弱め。

香 り

フレッシュな青リンゴやライム、スイカズラのようなフローラルな香りがある。ミネラルの特徴も。

味 わ い

優しい甘味と豊かでいきいきとした酸味のバランスがよく、アルコールも穏やかでジューシー。

産地：ドイツ／モーゼル
品種：リースリング100%
ヴィンテージ：2018年
アルコール度数：10%
価格：3,520円／モトックス

遅摘み

レイト・ハーベスト・ソーヴィニヨン・ブラン／コンチャ・イ・トロ

Late Harvest Sauvignon Blanc / Concha y Toro

ブドウの生育条件の整った産地では、遅摘みによってワインを生み出すことができる。遅摘みは通常より約1カ月間収穫を遅らせる。糖度が上がり品種の個性も凝縮することから、強い風味のワインになる。

外 観

ゴールドがかった濃いめのイエロー。粘性は強め。

香 り

桃のコンポートやキャラメリゼしたパイナップルの凝縮したフルーツと、カラメルのような香りも。

味 わ い

果実味が豊かで、十分な甘さもあるが豊かな酸味がバランスをとる。ナッティーな余韻は非常に長い。

産地：チリ／セントラル・ヴァレー／マウレ・ヴァレー
品種：ソーヴィニヨン・ブラン100%
ヴィンテージ：2013年（現行2014年）
アルコール度数：12%
価格：1,969円（375mL）／メルシャン

貴腐果添加
（フルミント）

アスー 3プットニョシュ / トカイ・オレムス（ベガ シシリア）

Aszu 3 Puttonyos / Tokaj Oremus (Vega Sicilia)

ハンガリー産の貴腐ワイン。通常の白ワインを仕込む過程で、発酵タンクに貴腐果を加え、再度発酵させる。発酵は緩やかに進み、長い期間樽熟成も行われることから、甘い味わいと酸化熟成した香りが特徴になる。

外 観

僅かにグリーンを帯びる濃いめのイエロー。粘性は強め。

香 り

アプリコットやマンゴーのジャムの香りと、爽やかなハーブやストーニーなミネラル感を感じる。

味 わ い

強い甘味を中盤からの非常に豊かな酸味が引き締める。心地よいフルーツフレーヴァーを長く残す。

産地：ハンガリー/トカイ
品種：フルミント80%、ハーシュレヴェルー10%、ゼータ5%、シャールガムシュコターイ5%
ヴィンテージ：2014年
アルコール度数：11%
価格：7,150円(500mL)/ファインズ

貴腐果
（シュナン・ブラン）

コトー・デュ・レイヨン・クロ・ド・サント・カトリーヌ / ドメーヌ・デ・ボマール

Coteaux du Layon Clos de Ste Catherine / Domaine des Baumard

フランス、ロワール渓谷地方の貴腐菌の繁殖したシュナン・ブランから造られる甘口ワイン。貴腐によって造られるワインにはフルーツの香り以外に蜂蜜の香りが特徴的に感じられる。酸味が豊かで爽やかな貴腐ワイン。

外 観

僅かにゴールドがかったイエロー。

香 り

よく熟したカリンやキンモクセイ、ユリのような華やかな香りがある。

味 わ い

強い果実味とともに残糖を感じるが、より豊かでシャープな酸があり、余韻に甘ったるさを残さない。

産地：フランス/ロワール渓谷地方/アンジュー＆ソミュール地区/コトー・デュ・レイヨン
品種：シュナン・ブラン100%
ヴィンテージ：2012年
アルコール度数：12%
価格：7,700円/豊通食料

貴腐果
（セミヨン）

カステルノー・ド・スデュイロー / シャトー・スデュイロー

Castelnau de Suduiraut / Château Suduiraut

フランス、ボルドー地方の貴腐ワイン。熟した果実の香りとともに蜂蜜の香りが混じる。また、伝統的に木樽によって長い期間熟成が行われるので、ヴァニラやトーストの香りを豊かに感じる。複雑で重厚な甘口ワイン。

外 観

ゴールドがかったイエロー。粘性は強め。

香 り

洋ナシのコンポートをキャラメリゼしてパイにしたような香り。カスタードクリームやヴァニラの芳香も。

味 わ い

アタックは非情に強く、ねっとりとした質感を感じる。凝縮した果実味が大きく広がり、酸味も豊か。

産地：フランス/ボルドー地方/ソーテルヌ地区
品種：セミヨン 91%、ソーヴィニヨン・ブラン9%
ヴィンテージ：2015年
アルコール度数：14%
価格：3,300円（375mL）/アルカン

アイスワイン

ヴィタ・ヴィダル・アイスワイン / ピリテリー・エステート・ワイナリー

Vita Vidal Icewine / Pillitteri Estate Winery

カナダのオンタリオ州で造られるアイスワイン。ブドウが木になったまま冬を迎え寒気団の到来により気温が−8度以下になると、ブドウ中の糖分は凍らず水分のみ凍る。そのブドウを圧搾し凝縮したエキス分のみで造られる。

外 観

ゴールドがかったイエロー。艶、輝きあり。粘性は強い。

香 り

凝縮したトロピカルフルーツの香りやフルーツシロップの特徴がある。

味 わ い

ねっとりとした質感で、フルーツジャムのような強い甘さとより強いフレッシュな酸がバランスをとる。

産地：カナダ / オンタリオ州
品種：ヴィダル100%
ヴィンテージ：2016年
アルコール度数：11%
価格：3,850円（200mL）/ イレブンインターナショナル

V.D.N.
（Vin Doux Naturel）
ヴァン・ドゥー・ナチュレル

ミュスカ・ド・ボーム・ド・ヴニーズ / ベルナルダン

Muscat de Beaumes de Venise / Bernardins

フランス、ローヌ渓谷地方で造られるV.D.N.。発酵途中のブドウ果汁にアルコールを加え、発酵を止めて造られる。ブドウが果汁の段階でもつ香りがストレートに表現され、加えたアルコールからボディは強くなる。

外 観

赤みがかったオニオンスキン。

香 り

香りが強く、完熟メロンやマスカット、ダージリンのような印象もある。

味 わ い

爽やかな甘味とブドウ由来の酸味、添加アルコールが味わいのバランスをとる。余韻に苦味を残す。

産地：フランス / ローヌ渓谷地方
品種：ミュスカ100%
ヴィンテージ：2019年
アルコール度数：15%
価格：3,520円 / ラック・コーポレーション

V.D.L.
（Vin de Liqueur）
ヴァン・ド・リキュール

ピノー・デ・シャラント / レイモン・ラニョー

Pineau des Charentes / Raymond Ragnaud

フランス、コニャック地方のシャラントで造られるV.D.L.。未発酵のブドウ果汁にコニャックを加え発酵を防止した後、約6年間樽熟成される。ドライフルーツやスパイスの香りと、柔らかい甘味、複雑な風味が特徴。

外 観

淡いイエロー。粘性は強め。

香 り

ドライフルーツや樽の香りが強く、シナモンや土、ブドウの皮など様々な要素をもち複雑。

味 わ い

甘さと豊かな酸味のバランスがよい。アルコールが強く、ノワゼット香が余韻にも長く残る。

産地：フランス / コニャック地方
品種：ユニ・ブランなど
ヴィンテージ：NV
アルコール度数：17%
価格：4,400円 / 大榮産業

陰干し

ポミーノ・ヴィンサント／フレスコバルディ

Pomino Vinsanto / Frescobaldi

イタリアのトスカーナ州で造られる、干しブドウによる甘口ワイン。干しブドウ由来のドライフルーツや、長い樽熟成に由来するナッツの香りがあり、アルコールも高く豊かで、複雑な風味が特徴として感じられる。

外観

ゴールドがかった明るい琥珀色。粘性は強め。

香り

ドライマンゴーやチャツネのような凝縮した香りと熟成からのフィノシェリーのような特徴もある。

味わい

凝縮した果実味とクリーミーな質感があり酸味が柔らかくふくよかな印象。ノワゼットの余韻が長い。

産地：イタリア／トスカーナ州
品種：トレッビアーノ、マルヴァジア・トスカーナ、サン・コロンバーノ
ヴィンテージ：2011年
アルコール度数：14.5％
価格：8,250円（375mL）／日欧商事

コラム

造りによるワインの個性の違い

ワインは造り方によって大きく味わいを変えます。スパークリング・ワインや甘口ワイン、フォーティファイド・ワイン、ロゼワインなどは、それ自体が特別な造りによって生まれるワインですが、さらに産地や造り手によって醸造方法が異なり、ワインの個性も異なります。スティルワインにおいても、醸造方法やテクニックの違いによって、ワインの個性に違いが生まれます。テイスティングにおいて、栽培方法や醸造方法を考えながら行うことは非常に重要なことです。

3

フォーティファイド・ワイン

ワインとしての保存性を高めるために、アルコール発酵の途中でブランデーなどを加えて発酵を止め、天然の甘味を残して造られます。産地によって加えるアルコールの度数や最終的なアルコール度数も異なります。多くのものが長い樽熟成によって味わいが和らげられ、強いアルコールとともに酸化熟成による風味が特徴になります。

シェリー

マンサニーリャ・ラ・ゴヤ / デルガド・スレタ

Manzanilla La Goya / Delgado Zuleta

スペイン南部の海沿いで造られるシェリー。マンサニーリャは海沿いのボデガ（熟成庫）で長い期間熟成されるため、ヨード香が感じられる。また、産膜（さんまく）酵母の活性が進むため、完全にドライな味わいになる。

外観

全体にグリーンを帯びる淡いイエロー。粘性は強め。

香り

ドライアプリコットやヨードのようなミネラルが強い。干し草、ノワゼットの香りもあり複雑。

味わい

果実味は少なく酸味が強いので、非常にドライに感じる。ボディは強いがタイトなワイン。

産地：スペイン / ヘレス / サンルーカル・デ・バラメダ
品種：パロミノ100%
ヴィンテージ：NV
アルコール度数：15%
価格：2,530円 / ラック・コーポレーション

シェリー

パロ・コルタド・モンテアグード / デルガド・スレタ

Palo Cortado Monteagudo / Delgado Zuleta

ソレラ・システムでの10年以上の熟成の過程で、アモンティリャードの芳香性豊かな個性とオロロソのボディをもつと認められた希少なシェリー。熟成によるドライフルーツやナッツの香りとドライな味わいがある。

外観

琥珀がかった濃いイエロー。粘性は非常に強い。

香り

ドライフルーツやジャム、スパイシーな要素もある。酸化熟成の香りが強く複雑。

味わい

ヴォリュームが強くドライ。苦味が心地よく、ノワゼットのフレーヴァーが強く余韻が長い。

産地：スペイン / ヘレス / サンルーカル・デ・バラメダ
品種：パロミノ100%
ヴィンテージ：NV
アルコール度数：19%
価格：3,850円 / ラック・コーポレーション

トウニー・ポート

テイラー 20 イヤー・オールド・トーニィ / テイラー

Taylor 20 Years Old Tawny / Taylor's

ポルトガル、ドウロ地方において熟度の高いブドウでワインを仕込む過程で、アルコールを添加し発酵を止めて造られる。その後樽で熟成され、平均で20年間の熟成になるようにブレンドされる。強く複雑な味わいが特徴。

外 観

全体にオレンジがかった明るいガーネット。粘性は強め。

香 り

非常に複雑でドライフルーツやメイプルシロップ、キャラメル、ナッツなどの芳香がある。

味 わ い

酸味、甘味、アルコールが全体に強いが、熟成による一体感があり、ノワゼットの余韻に長く続く。

産地：ポルトガル／ドウロ地方
品種：トウリガ・フランセーザ、ティンタ・ロリス、トウリガ・ナショナル、ティンタ・アマレラ、ティンタ・バロッカ
ヴィンテージ：NV
アルコール度数：20%
価格：13,530円／MHD モエ ヘネシー ディアジオ

ヴィンテージ・ポート

テイラー・キンタ・デ・ヴァルジェラス / テイラー

Taylor Quinta de Vargellas / Taylor's

ドウロ地方の伝統的なブドウ品種をブレンドし、約2年間の樽熟成および、瓶熟成を経て出荷されるポートワイン。果実味やアルコール、タンニンが強く苦味すら感じる。長い瓶熟成によって味わいが完成される。

外 観

全体に紫を帯びる濃いダークチェリーレッド。粘性は非常に強い。

香 り

凝縮したブラックベリージャムとスパイス、ヴァニラの特徴もある。

味 わ い

果実味が強く凝縮しタンニンが収斂するが、甘味がマスキングし柔らかい印象に。非常にリッチ。

産地：ポルトガル／ドウロ地方
品種：トウリガ・フランセーザ、ティンタ・ロリス、トウリガ・ナショナル、ティンタ・アマレラ、ティンタ・バロッカ
ヴィンテージ：2012年
アルコール度数：20%
価格：9,570円／MHD モエ ヘネシー ディアジオ

バニュルス

バニュルス・キュヴェ・デュ・ドクトール・アンドレ・パルセ / マス・ブラン

Banyuls Cuvée du Dr Andre Parcé / Mas Blanc

フランス南部ルーション地方で造られるV.D.N.。醸造方法は前出のポートに似るが、製品のアルコール度数が異なるので比較的軽やかな味わいになる。しかしタンニンなどは強く感じられ、赤ワインに近い味わいがある。

外 観

オレンジがかった明るいガーネット。黄褐色の色調も。粘性は強め。

香 り

ジャムやドライフルーツ、カラメルや黒い土、動物的な香りなども感じられ複雑。

味 わ い

枯れた果実味と豊かな甘味が広がり、アルコールと苦味がバランスをとる。タンニンは強め。

産地：フランス／ルーション地方／バニュルス
品種：グルナッシュ95%、ムールヴェドル5%
ヴィンテージ：NV
アルコール度数：17%
価格：2,310円（375mL）／ラック・コーポレーション

4

ロゼワイン

ロゼワインの製法には様々なものがありますが、品種や造り方によって外観や味わいに違いが生まれます。同じセニエ法であってもマセラシオンの期間によって色調と味わいの強さは異なりますし、使用する品種によって味わいの方向性にも違いが生まれます。また、残糖量なども味わいに大きな影響を与えます。

セニエ法（セニエ期間8～9時間）

ロゼッタ・サンジョヴェーゼ・ネッビオーロ・ロゼ / ピッツィーニ

Rosetta Sangiovese Nebbiolo Rosé / Pizzini

セニエ法によって造られる、オーストラリアのロゼワイン。除梗破砕後、果汁に果皮や種子を漬け込むマセラシオンが8～9時間行われる。プレスののちステンレススチールタンクにて発酵。嫌気的な醸造が行われている。

外観

非常に明るいチェリーピンク。

香り

レッドカラントやリンゴなど新鮮なフルーツの香りが主体で、スミレや僅かにスパイシーな特徴も。

味わい

フレッシュな果実味と酸味が心地よく、ドライな味わいでごく僅かなタンニンを心地よく感じる。

産地：オーストラリア / ヴィクトリア州 / キング・ヴァレー
品種：サンジョヴェーゼ80%、ネッビオーロ20%
ヴィンテージ：2021年
アルコール度数：12.5%
価格：2,585円 / ヴィレッジ・セラーズ

セニエ法（セニエ期間2日間）

サルサ・ロゼ / トイスナー

Salsa Rose / Teusner

こちらもセニエ法によるロゼワイン。除梗破砕後、2日間マセラシオンされる。プレスののちステンレススチールタンクと木樽にって発酵。部分的に好気的な醸造が行われており、木樽醸造による色調の落ち着きがみられる。

外観

僅かにオレンジがかった、非常に明るいサーモンピンク。

香り

アセロラや洋ナシ、アプリコット、木樽などの香りを感じ、複雑な印象。

味わい

強い果実味による僅かな甘味と柔らかい酸味、優しいタンニンの一体感があり、落ち着いた味わい。

産地：オーストラリア / 南オーストラリア州 / バロッサ・ヴァレー
品種：モンテプルチャーノ45%、グルナッシュ29%、マタロ26%
ヴィンテージ：2019年
アルコール度数：12.5%
価格：2,750円 / ヴィレッジ・セラーズ

直接圧搾法（ダイレクト・プレス）

ロゼ・エ・オール / シャトー・ミニュティー

Rose Et Or / Chateau Minuty

直接圧搾法（ダイレクト・プレス）によって造られる南フランスのロゼワイン。破砕後のマセラシオンは行われず、フリーランジュースを用いて造られている。マセラシオンをしないため、赤い色素はあまり抽出されない。

外観

明るいピンクゴールド。赤みのニュアンスは少ない。

香り

ラズベリー、リンゴの香りとともに、丁子や漢方薬のようなスパイシーなフレーヴァーを強く感じる。

味わい

果実味より品種由来のスパイシーなフレーヴァーが強くドライで、苦味と優しいタンニンを感じる。

産地：フランス/プロヴァンス地方
品種：グルナッシュ、サンソー
ヴィンテージ：2020年
アルコール度数：12.5%
価格：4,290円/MHD モエ ヘネシー ディアジオ

ブラッシュワイン

カリフォルニア・ホワイト・ジンファンデル / ベリンジャー・ヴィンヤーズ

California White Zinfandel / Beringer Vineyards

ブラッシュワインとは、色調の明るいロゼワインのことで、「ブラシでひとはけ塗ったくらいの」から名前が付いた。基本的には黒ブドウを用いて白ワインの醸造法で造られるが、近年は短期間のマセラシオンが行われる。

外観

わずかに紫がかった明るいチェリーピンク。

香り

赤く熟したあまおうやブドウジュースなどはっきりとしたフルーツフレーヴァーを非常に強く感じる。

味わい

ジューシーな果実味とともに甘味を感じ、酸味が柔らかく飲み心地がよい。フルーティな印象。

産地：アメリカ/カリフォルニア州
品種：ジンファンデル88%、シュナン・ブラン6%、マスカット6%
ヴィンテージ：2020年
アルコール度数：9%
価格：1,328円/サッポロビール

ロゼに見える白ワイン

ピノ・グリージョ・ラマート / アテムス

Pinot Grigio Ramato / Attems

イタリア北部の伝統的なワインで、ラマートとはイタリア語で銅色という意味。ピノ・グリージョを用い、発酵前にスキン・コンタクトを行う。発酵前の抽出のみなのでロゼのような色調となるが、味わい的には白ワインに近い。

外観

わずかに赤みの差した明るい銅色。

香り

フレッシュなラズベリーやパイナップル、ペリカンマンゴーのような香りを感じる。

味わい

果実味豊かで酸味も柔らかく、ふくよかで優しい印象。タンニンはあまり感じない。

産地：イタリア/フリウリ・ヴェネツィア・ジューリア州
品種：ピノ・グリージョ100%
ヴィンテージ：2020年
アルコール度数：12.5%
価格：3,080円/日本リカー

5

オレンジワイン

ジョージアでは「アンバーワイン」として知られ、非常に長い歴史のあるワインのタイプです。白ブドウを収穫し房ごと発酵とマセラシオンを行います。皮、種、果梗から渋味や苦味が抽出されるため、渋苦味をともなった味わいになります。色素も抽出されオレンジの色調になるため名前が付けられました。マセラシオンの期間によって色調と味わいの強さは様々です。

オレンジワイン（ジョージア / ルカツィテリ）

イベリウリ・ルカツィテリ / シュミ・ワイナリー

Iberiuli Rkatsiteli / Shumi Winery

ルカツィテリはジョージア原産の品種。ステンレスタンクで嫌気的に醸造するとニュートラルな個性となり、酸が強いためタイトな印象に。クヴェヴリで好気的に醸造すると複雑な香味をもちミネラル豊かで締まった味わいになる。

外観

赤みを帯びるやや濃いめの琥珀色。輝きあり。

香り

熟成からの特徴が強く、ドライフルーツ、土、干し草、藁のような香りがある。

味わい

ドライで酸味が強く、タンニンは収斂し豊か。固い印象で苦味が後半に残っていく。

産地：ジョージア / カヘティ
品種：ルカツィテリ100%
ヴィンテージ：2015年
アルコール度数：13%
価格：3,190円 / ヴァンクロス

オレンジワイン（ジョージア / ムツヴァネ）

ムツヴァネ / ストリ・マラニ

Mtsvane / Stori Marani

ムツヴァネはグリーンを意味し、果皮が薄いためタンニンが控えめなワインになるのが特徴。ルカツィテリに比べ、熟したトロピカルフルーツのような香りが強く、マセラシオンの期間にもよるがタンニンが少ないのが特徴。

外観

明るい琥珀色。微かな曇りがある。

香り

パイナップルやマンゴーのようなフルーツの香りが強く、僅かにスパイスや土のような特徴も。

味わい

フルーティだがドライで収斂するタンニンが味わいを引き締める。酸味は柔らかく苦味が余韻に残る。

産地：ジョージア / カヘティ
品種：ムツヴァネ100%
ヴィンテージ：2018年
アルコール度数：12.8%
価格：2,470円 / ヴァンクロス

オレンジワイン（イタリア）

リボッラ・ディ・オスラヴィア / プリモシッチ

Ribolla di Oslavia / Primosic s.r.l.

スロヴェニアでオレンジワイン造りが盛んなため、隣接するフリウリでも多く造られている。長いマセラシオンはせず、抽出が穏やかで優しいタイプになる。品種も近年の土着品種回帰やオレンジワインブームもあり注目されている。

外 観

黄金がかったイエロー。わずかに琥珀の要素も。粘性は強め。

香 り

香りが強く、セミドライのマンゴーやパイナップル、樽からのヴァニラや完熟したメロンの香りも。

味わい

味わいの表現が豊かで、僅かな甘味と豊かな酸味の調和がよい。タンニンは滑らかでふくよかな印象。

産地：イタリア / フリウリ・ヴェネツィア・ジューリア州
品種：リボッラ・ジャッラ100％
ヴィンテージ：2017年
アルコール度数：13.5％
価格：6,160円 / モトックス

オレンジワイン（新世界）

アンバー / カレン

Amber / Cullen

新世界では、オレンジワイン造りの歴史が短いため、様々な品種でオレンジワイン造りが試行されている。亜硫酸などの添加量を少なくすることができるため、ナチュラルワインを造る生産者が行うことが多い。

外 観

わずかにベージュを帯びたイエロー。艶、輝きあり。

香 り

ドライなリンゴや植物的なアロマが強く、ドライハーブや緑茶の茶葉のような印象がある。

味わい

果実味が強く、グースベリーなど植物的なアロマが広がり、酸味が豊かで余韻の苦味も心地よい。

産地：オーストラリア / 西オーストラリア州 / マーガレット・リヴァー
品種：ソーヴィニヨン・ブラン 52%、セミヨン48%
ヴィンテージ：2020年
アルコール度数：12.8％
価格：オープン（参考価格4,738円）/ ファームストン

オレンジワイン（日本）

甲州F.O.S. / ココ・ファーム・ワイナリー

Koshu F.O.S. / Coco Farm & Winery

世界的なブームのオレンジワインを日本の環境下で造ろうと、様々な生産者が挑戦している。ジョージアのように抽出の強いタイプとは異なり、渋味は少なく優しい味わいのものが多い。甲州で造ると赤い色調が現れるのが特徴。

外 観

僅かに赤みを帯びた明るい琥珀色。

香 り

熟した柿や和柑橘の香りとともに、丁子や紅茶の茶葉のような香りを感じる。

味わい

果実味、酸味、タンニンが優しくバランスをとり飲み心地がよく、中盤から余韻に樽の香ばしい香りも。

産地：日本 / 山梨県 / 甲州市、山梨市
品種：甲州100％
ヴィンテージ：2019年
アルコール度数：11.5％
価格：3,300円 / ココ・ファーム・ワイナリー

6

醸造方法、テクニックの違い

ワインの個性を生み出す要素に「テロワール」がありますが、これは「土地」「自然」「人」が関わることで生み出されるものです。ワインを造るためには土地と自然が生み出すブドウが必要ですが、そのブドウを栽培し収穫、醸造を行うのは人です。生産者や産地の特徴を知ることは、そのワインを理解することに直結します。

除梗（じょこう）なし

ブルゴーニュ・パストゥーグラン／コンフュロン・コトティド

Bourgogne Passetoutgrain / Confuron-Cotetidot

近年ブルゴーニュで多く見られるようになってきた醸造方法。果梗（かこう）を残すことでスパイシーな風味と渋味を与え、色調が淡くドライでアルコールの低いワインに仕上がる。果梗が熟していないと青い香りが出る。

外観

明るいチェリーレッド。粘性はやや強め。

香り

ラズベリーやチェリー、スミレの華やかな香りとグリーンペッパーのようなスパイスと植物的な香りも。

味わい

果実味が抑えられ酸味が強く、中盤から収斂するタンニンを豊かに感じ、ほろ苦さが後半まで続く。

産地：フランス／ブルゴーニュ地方
品種：ピノ・ノワール82%、ガメイ18%
ヴィンテージ：2017年
アルコール度数：12%
価格：2,970円／ラック・コーポレーション

除梗あり

ブルゴーニュ・パストゥーグラン／ロベール・シュヴィヨン

Bourgogne Passetoutgrain / Robert Chevillon

現在のブルゴーニュの醸造において一般的な方法。収穫直後に果梗を取り除くことによって、果実味溢れるワインを造ることができる。スパイスやミネラルの香りは少なくなるが、フルーツの香りが強くなる。

外観

全体に紫を帯びるチェリーレッド。粘性は強め。

香り

成熟したカシスやリキュールのような凝縮した果実の香り。ヴァニラやスモーキーな香りは樽由来。

味わい

フレッシュでジューシーな果実味と豊かな酸味がバランスをとる。タンニンは緻密で柔らかい印象。

産地：フランス／ブルゴーニュ地方
品種：ガメイ2/3、ピノ・ノワール1/3
ヴィンテージ：2018年
アルコール度数：13%
価格：3,960円／ラック・コーポレーション

スキン・コンタクト

グラン・バトー・ボルドー・ブラン / バリエール・フレール

Grand Bateau Bordeaux Blanc / Barriere Freres

白ワインの醸造法で、ブドウジュースの中にブドウの果皮を漬け込み、品種由来の豊かな芳香成分を引き出す手法。スキン・コンタクトを行うと、色調が濃く、香りが強くなり、華やかな芳香をもつワインになる。

外 観

ややグリーンを帯びたイエロー。たくさんの気泡がグラスに付く。

香 り

熟した桃や洋ナシとともに、セルフィーユのような爽やかな香りや樽からのスモーキーな香りも。

味 わ い

果実味の厚みがあり、豊かな酸がバランスをとり、樽からの心地よい苦味がアクセントになる。

産地：フランス/ボルドー地方
品種：ソーヴィニヨン・ブラン100%
ヴィンテージ：2020年
アルコール度数：13%
価格：1,947円/ファインズ

ホールバンチプレッシング

シャルドネ・キッドナッパーズ・ヴィンヤード / クラギー・レンジ

Chardonnay Kidnappers Vineyard / Craggy Range

ホールバンチプレッシングとは、白ブドウを収穫後、除梗、破砕することなくプレスすること。果皮からのフェノールなどの抽出を抑え、ピュアな搾汁を得るために行われる方法。渋味苦味の少ないワインとなる。

外 観

グリーンかかった明るいイエロー。艶輝きあり。僅かに気泡あり。

香 り

フレッシュな洋ナシ、ストーニーなミネラル感、イーストやアーモンドのような醸造由来の香りも。

味 わ い

ジューシーな果実味と柔らかいが豊かな酸味、樽由来の香ばしさが広がる。苦味がなくピュアな味わい。

産地：ニュージーランド/ホークス・ベイ
品種：シャルドネ100%
ヴィンテージ：2019年
アルコール度数：12.5%
価格：3,520円/アサヒビール

マセラシオン・カルボニックあり

ボージョレ ヌーヴォー / ジョルジュ デュブッフ

Beaujolais Nouveau / Georges Duboeuf

マセラシオン・カルボニックを行って造られたワインは、色調の割にタンニンが少なく軽やかになる。また、若くして消費されることが多いため、発酵由来のスミレの香りも加わる。バナナやバブルガムの香りは酵母が生み出している。

外 観

全体的に紫の強いチェリーレッド。粘性は強め。

香 り

フレッシュなイチゴやグリオットチェリー、バナナやキャンディ、バブルガムのような派手な香り。

味 わ い

非常にフルーティで、瑞々しい果実に近い味わいがあり、酸味も爽やかで、タンニンは緻密で滑らか。

産地：フランス/ブルゴーニュ地方/ボージョレ地区
品種：ガメイ100%
ヴィンテージ：2021年
アルコール度数：12.5%
価格：オープン（参考価格2,728円）/サントリー

マセラシオン・カルボニックなし

ムーラン・ナ・ヴァァン / ジョルジュ デュブッフ

Moulin à Vent / Georges Duboeuf

一般的に華やかといわれるボージョレでも、ヌーヴォーとは醸造方法や酵母が異なるため、別物に感じられる。スパイシーさが強くなるため果実味が抑えられ、収斂するタンニンが強く骨格のしっかりとした味わいになる。

外 観

僅かに紫がかった濃いめのチェリーレッド。

香 り

香りは控えめで、少しドライなカシスやブラックベリーと甘草などの漢方薬や土のような香りもある。

味 わ い

果実味は控えめでストーニーなミネラルとスパイシーな特徴があり、やや収斂するタンニンが固い印象に。

産地：フランス／ブルゴーニュ地方／ボージョレ地区／ムーラン・ア・ヴァン
品種：ガメイ100%
ヴィンテージ：2018年
アルコール度数：13%
価格：オープン（参考価格2,673円）／サントリー

コールド マセラシオンあり

ブルゴーニュ・パストゥーグラン / ティエリー・モルテ

Bourgogne Passetoutgrain / Thierry Mortet

新しい醸造方法ではあるが、現在のブルゴーニュの生産者のほとんどがこの方法を用いる。発酵前に低温浸漬を行うことにより、品種由来の個性を強調させ、甘い果実の風味が豊かなワインに仕上げることができる。

外 観

全体に紫を帯びるラズベリーレッド。

香 り

熟したチェリーやラズベリーの強いフルーツの香りとともにバラやスミレのフローラルな印象も。

味 わ い

果実味が豊かで、タンニンは緻密で滑らか。柔らかな味わいでふっくらとした印象のワイン。

産地：フランス／ブルゴーニュ地方
品種：ガメイ2/3、ピノ・ノワール1/3
ヴィンテージ：2017年
アルコール度数：12%
価格：2,860円／ラック・コーポレーション

コールド マセラシオンなし

ブルゴーニュ・パストゥーグラン・レクセプション / ミシェル・ラファルジュ

Bourgogne Passetoutgrain l'Exception / Michel Lafarge

ブルゴーニュ地方の伝統的な醸造法ではあるが、現在この方法を用いるブルゴーニュの生産者は少ない。果実香は少なく感じられるため、相対的にスパイスやミネラルなど他の要素を豊かに感じ、ドライな印象のワインになる。

外 観

僅かに紫を帯びる明るいラズベリーレッド。

香 り

香りは控えめで、僅かにアセロラやグロゼイユの香りと鉄やスパイスの印象が感じられる。

味 わ い

果実味よりも酸とタンニンが強く感じられ、固くタイトでドライな印象のワイン。

産地：フランス／ブルゴーニュ地方
品種：ピノ・ノワール50%、ガメイ50%
ヴィンテージ：2017年
アルコール度数：12.5%
価格：3,300円／ラック・コーポレーション

マロラクティック発酵あり

シャルドネ / ボエジャー・エステート

Chardonnay / Voyager Estate

マロラクティック発酵の有無は白ワインの味わいに大きな影響を与える。リンゴ酸、総酸量が減り乳酸が増えるので、酸味が滑らかで少なくなることに加え、乳製品の香りがワインに現れるため複雑な印象になる。一般的に熟成が早い。

外 観

グリーンがかった明るいイエロー。

香 り

成熟した黄桃、洋ナシのコンポートや、発酵バター、ビスケット、ヴァニラのような複雑な香り。

味わい

果実味は強く、酸味が柔らかく余韻に乳製品や樽由来の香りが強く感じられ、とても複雑な印象。

産地：オーストラリア/西オーストラリア州/マーガレット・リヴァー
品種：シャルドネ100%
ヴィンテージ：2017年
アルコール度数：13.5%
価格：5,280円/ヴィレッジ・セラーズ

マロラクティック発酵なし

クナワラ・シャルドネ / ボーエン・エステート

Coonawarra Chardonnay / Bowen Estate

マロラクティック発酵が行われていない場合、ブドウ由来のリンゴ酸がダイレクトにワインに表現されるため、シャープで爽やかなワインとなる。マロラクティック発酵の有無は産地の伝統や生産者の考えに委ねられている。

外 観

グリーンがかった明るいレモンイエロー。艶、輝きが非常に強い。

香 り

香りは控えめで、柑橘が中心となり、ヨードやチョーキーなミネラル感が強い。

味わい

アタックは優しいが果実味が大きく広がり、中盤からシャープで強い酸味を感じタイトでドライな印象。

産地：オーストラリア/南オーストラリア州/クナワラ
品種：シャルドネ100%
ヴィンテージ：2020年（現行2021年）
アルコール度数：12.5%
価格：3,960円/ヴィレッジ・セラーズ

シュル・リー

ミュスカデ・セーヴル・エ・メーヌ・シュル・リー・ドメーヌ・サン・マルタン / ドメーヌ・ヴィネ

Muscadet Sevre et Maine Sur Lie Domaine Saint Martin / Domaines Vinet

発酵後、活動を終えた酵母を取り除くことなく、約半年間ワインと接触させる醸造テクニック。発酵由来のガスがワイン中に留まり、酵母の香りがワインに移行するため、爽やかでイースティなワインになる。

外 観

グリーンがかったやや濃いめのイエロー。グラスの内側に気泡あり。

香 り

香りは控えめ、レモンやライム、セルフィーユなどのハーブとパイナップルキャンディやパンの香りも。

味わい

アタックは優しくヴォリュームは控えめで、果実味、酸味ともに優しくドライでチャーミングな印象。

産地：フランス/ロワール渓谷地方/ペイ・ナンテ地区/ミュスカデ・セーヴル・エ・メーヌ
品種：ミュスカデ100%
ヴィンテージ：2018年
アルコール度数：12%
価格：1,760円/ラック・コーポレーション

ピジャージュ

ジヴリー・プルミエ・クリュ・クロ・デュ・セリエ・オー・モワンヌ・ルージュ / ジョブロ

Givry 1er Cru Clos du Celliers Aux Moines Rouge / Joblot

長期熟成タイプの赤ワインを造り出す方法。マセラシオン中にピジャージュすることで、色素とタンニンの抽出を積極的に行う。濃い色調と収斂するタンニンが特徴となり、スパイシーで骨格の強いワインになる。

外観

全体的に紫を帯びるダークチェリーレッド。粘性は強め。

香り

熟したプラムやブラックベリーなどのフルーツとスパイスの強い香りが特徴。鉄やインクの特徴も。

味わい

果実味、アルコール、タンニンいずれもしっかりと感じられる。タンニンが収斂し固い味わい。

産地：フランス / ブルゴーニュ地方 / コート・シャロネーズ地区 / ジヴリ
品種：ピノ・ノワール100%
ヴィンテージ：2019年
アルコール度数：14%
価格：6,600円 / ラック・コーポレーション

バトナージュ

ブルゴーニュ・シャルドネ / アントナン・ギヨン

Bourgogne Chardonnay / Antonin Guyon

樽熟成中の白ワインのオリを攪拌し、成分抽出を促す醸造方法。目的はイーストからのフレーヴァー抽出と、酸化により還元臭をなくすこと。結果としてアーモンドなどの香りが付き、わずかな酸化熟成による複雑な香味が生まれる。

外観

グリーンがかったイエロー。粘性は強め。

香り

成熟したリンゴや洋ナシを中心に、イーストやアーモンドとノワゼットの香りがあり複雑な印象。

味わい

滑らかなテクスチャーがあり、ふくよかな印象。旨みを強く感じ、ナッティーな余韻は長い。

産地：フランス / ブルゴーニュ地方
品種：シャルドネ100%
ヴィンテージ：2019年
アルコール度数：14%
価格：3,740円 / ラック・コーポレーション

ヴァン・ジョーヌ

シャトー・シャロン / ドメーヌ・アンリ・メール

Chateau Chalon / Domaine Henri Maire

保存性を高めるため、酸化する部分を強制的に酸化させたジュラ地方の「黄ワイン」。瓶の中では100年以上熟成するといわれる。目減り分の補填やオリ引きを行わない60カ月以上の熟成により、色調や風味に独特な特徴が現れる。

外観

ゴールドがかった濃いイエロー。粘性は強め。

香り

香りが非常に強く、ドライフルーツやノワゼット、カルダモンのようなスパイスの印象を強く感じる。

味わい

果実味は抑えめで酸味が非常に強くドライな印象に。長い余韻にはスパイスやノワゼットを強く残す。

産地：フランス / ジュラ地方 / シャトー・シャロン
品種：サヴァニャン 100%
ヴィンテージ：2011年
アルコール度数：14.5%
価格：9,350円 (620mL) / 国分グループ本社

自然派の白ワイン

アムゼル・リースリング・ツェレンベルグ / ドメーヌ・マルク・テンペ

Amzelle Riesling Zellenberg / Domaine Marc Tempé

化学肥料や除草剤、農薬を用いずに栽培したブドウで造られたワイン。天然酵母で発酵を行う生産者が多く、ワインは培養酵母を用いたものよりも香りが複雑でミネラル感が強くなり、酸味も豊かになる傾向がある。

外 観

グリーンがかったやや濃いめのレモンイエロー。粘性は強め。

香 り

熟したアプリコットやパパイヤ、僅かにバラと香りは多様で、ストーニーな特徴が強いミネラル感に。

味 わ い

豊かな果実味と僅かな残糖、シャープで豊かな酸味がバランスをとる。味わいの密度が高く余韻が長い。

産地：フランス/アルザス地方
品種：リースリング100%
ヴィンテージ：2018年
アルコール度数：13.5%
価格：4,290円/ディオニー

自然派の赤ワイン

コヤム ヴァレ・デ・コルチャグア / エミリアーナ・ヴィンヤーズ

Coyam Valle de Colchagua / Emiliana Vineyards

化学的な薬品を用いず、栽培は自然なアプローチで行われ、醸造は生産者が制御することでクリーンな味わいとなる。ポテンシャルの高いブドウから造られるため、果実味、酸味が強く、テロワールが表現されたものが多くなる。

外 観

紫がかった濃いダークチェリーレッド。粘性は強め。

香 り

成熟したプラム、ブラックペッパー、甘草、ピーマン、丁子、ヒマラヤ杉など、香りが非常に豊か。

味 わ い

果実味豊かだがエレガント、フルーティだがスパイシー、相反する要素を併せもつ調和した幅の広さ。

産地：チリ/ラペル・ヴァレー/コルチャグア・ヴァレー
品種：シラー38%、カルメネール33%、カベルネ・ソーヴィニヨン8%、カリニャン5%、マルベック4%、グルナッシュ4%、テンプラニーリョ3%、プティ・ヴェルド3%、ムールヴェドル2%
ヴィンテージ：2019年
アルコール度数：14%
価格：3,850円/WINE TO STYLE

ソムリエこぼれ話

レストランでのワイン選び

レストランでの楽しみは人それぞれですが、私は自宅では味わえないような料理に期待して訪問します。もちろんスタッフとの会話や雰囲気も楽しみですし、その中でワインと料理の調和が素晴らしければ文句はありません。そんな私がソムリエとしておすすめするのは、常に料理より控えめな味わいと主張のワイン。「そのワインによって料理が美味しくなり会話が弾む」これが、私が理想とするレストランのワインです。ソムリエにできることは、ワインのポテンシャルを最大限に引き出し、「他で飲むよりなぜか美味しい」状態にすることです。

木樽発酵・熟成

エステート・シャルドネ / クメウ・リヴァー

Estate Chardonnay / Kumeu River

ステンレス発酵・樽熟成に比べ、樽発酵・樽熟成の場合は、ブドウジュースの段階から樽に触れるので、樽からの芳香成分の吸収が抑えられ、樽香の少ないワインになる。このワインは100%フレンチオークで発酵・熟成。

外 観

グリーンがかったレモンイエロー。

香 り

香りは強く、フレッシュなリンゴや洋ナシと、チョーク、発酵バターやヴァニラの風味が心地よい。

味わい

果実味のヴォリューム感が非常に滑らかな酸と調和。香ばしい樽香が心地よく、余韻はナッティ。

産地：ニュージーランド/オークランド/クメウ
品種：シャルドネ100%
ヴィンテージ：2020年
アルコール度数：13.5%
価格：5,500円/ジェロボーム

ステンレスタンク・古樽発酵・熟成

ヴィレッジ・シャルドネ / クメウ・リヴァー

Village Chardonnay / Kumeu River

近年、品種個性やテロワールの個性を明確に表現するため、樽を使わず、または少量に抑えて使用する生産者が増えている。このワインは1/3はフレンチオーク（古樽）、2/3はステンレスタンクで発酵・熟成される。

外 観

グリーンがかった明るいレモンイエロー。

香 り

香りは控えめで、柑橘とヨードを思わせる香りが特徴。香りの構成としてはシンプルに感じられる。

味わい

アタックは優しく、酸味が強く感じられるためフレッシュな味わい。タイトでピュアな印象のワイン。

産地：ニュージーランド/オークランド/クメウ
品種：シャルドネ100%
ヴィンテージ：2020年
アルコール度数：13.5%
価格：3,080円/ジェロボーム

大樽熟成

キアンティ・クラッシコ・リゼルヴァ・ポッジョ・チヴェッタ / テヌーテ・ロセッティ

Chianti Classico Riserva Poggio Civetta / Tenute Rossetti

大樽は長年使われ気密性が高いことと、液体量に対する樽の表面積が小さいので、ヘッドスペースのない状態で熟成したものからは酸化のニュアンスは感じられない。熟成による一体感が出るようになる。

外 観

やや濃いめのダークチェリーレッド。

香 り

香りは控えめで、赤黒いドライフルーツや漢方薬、スーボワのような複雑な印象の香り。

味わい

味わいは強めで、スパイシーな風味が強く、タンニンは柔らかく液中に溶け込んだ印象がある。

産地：イタリア/トスカーナ州/キアンティ・クラッシコ
品種：サンジョヴェーゼ85%、カベルネ・ソーヴィニヨン10%、メルロ5%
ヴィンテージ：2015年
アルコール度数：13.5%
価格：3,300円/稲葉

小樽熟成

ティノ・ロッソ・トスカーナ / テヌーテ・ロセッティ

Tino Rosso Toscana / Tenute Rossetti

小樽は液体量に対する樽の表面積が大きく、酸化熟成が進みやすい。また新樽が使われた場合には、樽由来のヴァニラやトースト、スモーキーな香りがワインに移る。味わいの一体感が生まれやすいのも特徴。

外観

中心に黒みを帯びる濃いダークチェリーレッド。

香り

カシスリキュールや赤黒いフルーツのジャム、ヴァニラや木の樹脂、スモーキーな樽からの印象が強い。

味わい

ジューシーな果実味とアルコールのヴォリュームでボディはしっかり、タンニンは極めて緻密で滑らか。

産地：イタリア/トスカーナ州
品種：サンジョヴェーゼ50%、メルロ30%、カベルネ・ソーヴィニヨン20%
ヴィンテージ：2013年
アルコール度数：14%
価格：6,820円/稲葉

大樽とコンクリートタンクの併用

キャンティ・クラシコ / レ・チンチョレ

Chianti Classico / Le Cinciole

大樽とコンクリートタンクを用いて熟成。大樽とコンクリートタンクはともに嫌気的であるため、熟成のニュアンスは出づらいが味わいに一体感は出る。また品種由来の特徴的な香りが鮮明に感じられるようになる。

外観

僅かにオレンジがかった濃いめのチェリーレッド。

香り

ドライフルーツや土のような香りとともに、丁子や甘草のようなスパイシーな香りが強い。

味わい

果実味は控えめ、フレッシュで豊かな酸と強く収斂するタンニンが熟成により柔らかくなりつつある。

産地：イタリア/トスカーナ州/キアンティ・クラッシコ
品種：サンジョヴェーゼ100%
ヴィンテージ：2015年
アルコール度数：14%
価格：3,080円/テラヴェール

クヴェヴリ

スリー・クヴェヴリ・テラスズ・セミ・スゥイート・サペラヴィ No.7 / パパリ・ヴァレー

3 Qvevri Terraces Semi-Sweet Saperavi No.7 / Papari Valley

紀元前からコーカサス周辺で用いられている発酵容器。土から作る素焼きの壺で、温度変化の少ない地中に埋めて用いられ、伝統的なワイン造りには欠かせないもの。ナチュラルな赤ワインやアンバーワインに多く用いられる。

外観

全体に黒みを帯びる濃いダークチェリーレッド。色素量が非常に多い。

香り

砂糖漬けの黒いフルーツ、プルーン、ジャムなど凝縮した香り、木の樹脂やスパイスの複雑な印象も。

味わい

アタックが非常に強く凝縮した味わい。僅かに残糖があり柔らかい酸と強く収斂するタンニンが印象的。

産地：ジョージア/カヘティ
品種：サペラヴィ100%
ヴィンテージ：2019年
アルコール度数：17%
価格：3,905円/モトックス

1

ヴィンテージ、熟成の違い

愛好家たちがワインに魅了される大きな理由が、ヴィンテージによる味わいの違いや、熟成による味わいの変化です。熟成によってワインは複雑な香りを身に付け、味わいの一体感を増していきます。また収穫された年の天候により、味わいの個性も異なるため、経年による味わいの変化のみで熟成を語ることはできません。

若い シャルドネ

ブルゴーニュ・ブラン・キュヴェ・レ・テロワール・ドゥ・デ／ティエリー・モルテ

Bourgogne Blanc Cuvée Les Terroirs de Daix/ Thierry Mortet

若いシャルドネは、はっきりとしたフルーツ、発酵、熟成、テロワールなどを感じることができる。状態によっては全体がセパレートして感じられることも。ブルゴーニュシャルドネの醍醐味である複雑性は少なくシンプルな構成。

外 観

グリーンを帯びた明るいイエロー。粘性は強め。

香 り

香りは控えめで、フレッシュな洋ナシや黄桃、イーストやチョークの香りがあるがシンプルな印象。

味 わ い

アタックは優しく、果実味はとてもフレッシュ。酸味は柔らかく、イースティな香りが残っていく。

産地：フランス／ブルゴーニュ地方
品種：シャルドネ100%
ヴィンテージ：2018年
アルコール度数：12.5%
価格：3,630円／ラック・コーポレーション

熟成した シャルドネ

ブルゴーニュ・ブラン・キュヴェ・レ・テロワール・ドゥ・デ／ティエリー・モルテ

Bourgogne Blanc Cuvée Les Terroirs de Daix/ Thierry Mortet

熟成したシャルドネは、フルーツ、発酵、テロワールの特徴が相対的に少なくなるが、熟成したシャルドネの醍醐味である過熟したフルーツ、ナッツなどの香りが調和し、全体の一体感が生まれ、複雑な印象となる。

外 観

やや濃いめのイエロー。 粘性は強め。

香 り

香りは強く複雑。黄桃のコンポートやチャツネ、ノワゼットなど熟成によるフレーヴァーも心地よい。

味 わ い

強い果実味、柔らかいが強い酸味、アルコールの一体感があり、クリーミーな質感が広がり余韻も長い。

産地：フランス／ブルゴーニュ地方
品種：シャルドネ100%
ヴィンテージ：2013年
アルコール度数：13%
価格：3,630円／ラック・コーポレーション

若い ピノ・ノワール

ブルゴーニュ・ルージュ・キュヴェ・レ・シャルム・ドゥ・デ / ティエリー・モルテ

Bourgogne Rouge Cuvée Les Charmes de Daix / Thierry Mortet

ピノ・ノワールは明るいチェリーレッドの色調を特徴とするが、若い段階では紫の色調が強くなる。香りはラズベリーやチェリーなどの赤い果実や還元的な血や鉄の香りと、スミレやバラなどの華やかな香りが特徴となる。

外　観

紫がかった明るいチェリーレッド。

香　り

香りは強めで、成熟したカシスやブラックチェリーの香りとバラやスミレの華やかな要素も感じる。

味わい

フレッシュな赤果実のテイストに爽やかな酸味が加わり、いきいきとした印象。タンニンはしなやか。

産地：フランス/ブルゴーニュ地方
品種：ピノ・ノワール100%
ヴィンテージ：2018年
アルコール度数：13%
価格：3,850円/ラック・コーポレーション

熟成した ピノ・ノワール

ブルゴーニュ・ルージュ・キュヴェ・レ・シャルム・ドゥ・デ / ティエリー・モルテ

Bourgogne Rouge Cuvée Les Charmes de Daix / Thierry Mortet

熟成によって、紫の色調がなくなりオレンジに変化していく。還元的な香りがなくなり、赤い果実の香りはフレッシュからドライへ。それ以外に枯れ葉や紅茶などの香りも生まれ、複雑な印象になる。

外　観

オレンジがかった明るいチェリーレッド。

香　り

香りは複雑で、ドライフルーツ、ドライフラワー、土、枯れ葉やなめし革のような香りなど様々。

味わい

練れた果実味とタンニン、柔らかい酸味の一体感がある味わい。余韻にドライフルーツの香りを残す。

産地：フランス/ブルゴーニュ地方
品種：ピノ・ノワール100%
ヴィンテージ：2013年
アルコール度数：12.5%
価格：4,070円/ラック・コーポレーション

ソムリエこぼれ話

プライベートでのワインの楽しみ方

酒販店ではなるべく飲んだことのないワインを探します。1杯目は分析的にテイスティングしますが、2杯目以降は自由に料理と合わせて「こんな味わいが生まれるんだ」という発見を楽しみます。筍などの春野菜とグリューナー・ヴェルトリーナー、チョコレートと酸味の少ない濃い赤ワインも個人的に好きな相性です。また、3日くらいに分けて飲み、酸化度合いをみます。酸化したワインも飲みますし、ものによっては氷を入れて楽しむことも。あまり堅苦しく考え過ぎず、色々楽しんでいます。

2

土壌の違い

　科学的には、栽培された畑の土壌成分がブドウに入り込むことはないといわれますが、ブドウが育った畑の地中成分がワインに感じられることはあるように思います。フレデリック・マニャン氏は、A.O.C.にとらわれず土壌別にワインを仕込み、製品化しています。科学では証明できないことがあるのも、ワインの面白い一面でしょう。

粘土質土壌

マルサネ・クール・ダルジール／フレデリック・マニャン

Marsannay Coeur d'Argiles / Frédéric Magnien

粘土質土壌の畑で育ったブドウからは、果実味が豊かで酸味の穏やかなワインが造られる。ミネラリーな要素は感じられないが、味わいの印象が柔らかく、フルーティで緻密なタンニンをもつワインになる。

外観

紫を帯びるダークチェリーレッド。粘性は強め。

香り

黒いフルーツの香りを中心に、僅かにスパイスとヴァニラの風味を感じる。

味わい

豊かな果実味と柔らかく強めの酸味が調和し、緻密で豊かなタンニンが骨格に。雄大な印象のワイン。

産地：フランス／ブルゴーニュ地方／コート・ド・ニュイ地区／マルサネ
品種：ピノ・ノワール100％
ヴィンテージ：2018年
アルコール度数：13％
価格：4.510円／テラヴェール

石灰質土壌

コート・ド・ニュイ・ヴィラージュ・クール・ド・ロッシュ／フレデリック・マニャン

Côtes de Nuits Villages Coeur de Roches / Frédéric Magnien

土壌に石灰質が強いと、ワインにミネラルの香りが強く感じられるようになる。また、酸味が豊かになり、フレッシュな味わいとフローラルなキャラクターが出て、「エレガント」と表現されるタイプのワインになる。

外観

紫がかったチェリーレッド。

香り

熟したラズベリーやチェリー、ストーニーな香りとともに、バラやスミレのような華やかな印象も。

味わい

赤いフルーツの香りが心地よく、酸味が豊かで味わいを引き締めタイトな印象となり、余韻に長く続く。

産地：フランス／ブルゴーニュ地方／コート・ド・ニュイ地区
品種：ピノ・ノワール100％
ヴィンテージ：2018年
アルコール度数：14％
価格：4,950円／テラヴェール

鉄分が多い土壌

モレ・サン・ドニ・プルミエ・クリュ・クロ・ボーレ／フレデリック・マニャン

Morey Saint Denis 1er Cru Clos Baulet / Frédéric Magnien

ピノ・ノワールの場合、育った畑の土中に酸化鉄があると、はっきりとした鉄のニュアンスやスパイシーなフレーヴァーが感じられるようになる。特にこのワインはプルミエ・クリュなので他と比べ味わいが強め。

外観

紫を帯びる濃いめのチェリーレッド。

香り

熟したチェリーやペッパーなどのスパイシーなフレーヴァーが強く、インクのような還元的な要素も。

味わい

黒果実をかじったような果実味が広がり、酸味は柔らかくタンニンは収斂する。固く骨格はしっかり。

産地：フランス／ブルゴーニュ地方／コート・ド・ニュイ地区／モレ・サン・ドニ
品種：ピノ・ノワール100％
ヴィンテージ：2018年
アルコール度数：14％
価格：8,690円／テラヴェール

コラム

©Patrycja Zadros

テーマ別の比較テイスティング

ヴィンテージや熟成、土壌、テロワールや価格帯による違いなど、テーマを明確にしてテイスティングすることで、ワインの微細な違いをとらえることが可能になります。ワインはただの飲み物ではなく、その土地の文化そのものでもあります。土壌やテロワールなどを勉強する際は、単なるデータとしてではなく、ぜひ歴史、地理などを含めたその土地の文化を学ぶという視点で考えてみましょう。ワインへの理解がより深まり、コメントの幅も広がるはずです。

3

テロワールの違い
（ブルゴーニュ地方/格付け比較）

ブルゴーニュ地方では、畑の土壌、標高、傾斜や向きなどによって格付けが行われています。レジョナルは平坦な畑が多く、凝縮感のあるワインは難しく、密度の低いワインになりやすくなります。コミュナルは標高の低い緩斜面などで、軽やかなワインに。プルミエ・クリュやグラン・クリュは急斜面で日照や水はけ、土壌成分に優れ、凝縮した味わいのワインが造られます。

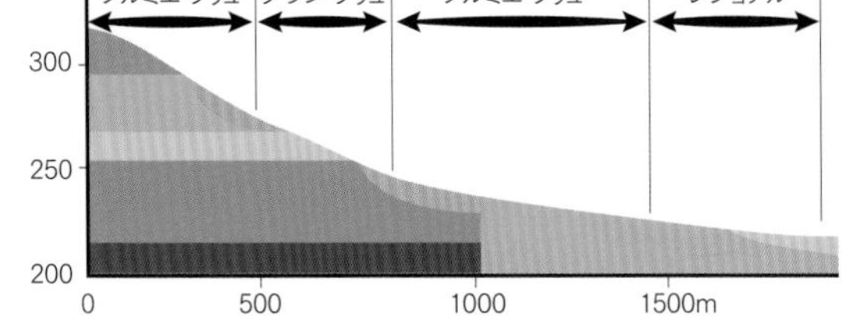

コートｰド・ニュイの地質断面図例

レジョナル

ブルゴーニュ・コート・ドール・ピノ・ノワール / メゾン・ラローズ・ド・ドルーアン

Bourgogne Cote d'Or Pinot Noir / Maison Laroze de Drouhin

レジョナルはフレッシュなタイプのワインを生み出す。決して果実味の詰まったワインではないが、軽やかな果実味や爽やかな酸味が特徴になる。長熟は期待できないが、シンプルで飲みやすい軽やかなワインとなる。

外観

全体に紫を帯びたやや濃いめのチェリーレッド。

香り

グリオットチェリーやアセロラなど、赤から黒いフルーツの香りが中心。僅かにフローラルな印象も。

味わい

フレッシュでジューシーな果実味と爽やかな酸味がバランスをとり、しなやかなタンニンが心地よい余韻に。

産地：フランス/ブルゴーニュ地方
品種：ピノ・ノワール100%
ヴィンテージ：2019年
アルコール度数：14%
価格：5,016円/ヴィントナーズ

コミュナル

ジュヴレ・シャンベルタン / ドメーヌ・ドルーアン・ラローズ

Gevrey-Chambertin / Domaine Drouhin-Laroze

コミュナルは村名付きのワインであり、少なからず村の特徴が感じられるようになる。レジョナルに比べ、成熟した果実の香りとミネラルやスパイスの風味も強くなる。凝縮感が強くなるので、口中での広がりも強い。

外観

エッジが紫がかった濃いめのチェリーレッド。

香り

還元的であり、熟したカシスとともにスモーキーな樽の香りとバラの香りがある。

味わい

果実味が強く高い酸味がバランスをとり、緻密でやや多めのタンニンが味わいの骨格をつくる。

産地：フランス / ブルゴーニュ地方 / コート・ド・ニュイ地区 / ジュヴレ・シャンベルタン
品種：ピノ・ノワール100%
ヴィンテージ：2019年
アルコール度数：13.5%
価格：6,820円 / モトックス

プルミエ・クリュ

ジュヴレ・シャンベルタン・プルミエ・クリュ・クロ・プリウール / ドメーヌ・ドルーアン・ラローズ

Gevrey Chambertin 1er Cru Clos Prieur / Domaine Drouhin-Laroze

ブドウの成熟度が上がるため全体の味わいが強くなる。また、ミネラルやスパイスの香りがより一層強くなる。果実味とタンニンが強くなるため新樽の比率を上げる生産者が多く、トーストの香りが出ることもある。

外観

紫が落ち着いた濃いめのチェリーレッド。粘性は強め。

香り

熟したブラックチェリーと土やスモーキーな香りとともに、華やかなバラの香りを感じる。

味わい

熟した黒果実とフローラルなフレーヴァーが豊かに膨らみ、緻密で豊かなタンニンがバランスをとる。

産地：フランス / ブルゴーニュ地方 / コート・ド・ニュイ地区 / ジュヴレ・シャンベルタン
品種：ピノ・ノワール100%
ヴィンテージ：2018年
アルコール度数：13%
価格：12,100円 / エノテカ

グラン・クリュ

シャンベルタン・クロ・ド・ベーズ / ドメーヌ・ドルーアン・ラローズ

Chambertin Clos de Beze / Domaine Drouhin-Laroze

グラン・クリュは土壌環境に恵まれているため、熟したフルーツの香りが特徴的に感じられ、鉄のようなミネラルの風味が強くなる。味わいが強いというよりも、風味が凝縮している印象。バランスがよく、余韻が長い。

外観

エッジが紫がかった濃いチェリーレッド。粘性は強め。

香り

香りは閉じているが、成熟したブラックベリーやプラム、鉄、ヴァニラなどの秘めた強い香りを感じる。

味わい

大きく広がる果実味が豊かな酸味とバランスをとり豊かなタンニンは緻密で滑らか。余韻も非常に長い。

産地：フランス / ブルゴーニュ地方 / コート・ド・ニュイ地区 / ジュヴレ・シャンベルタン
品種：ピノ・ノワール100%
ヴィンテージ：2019年
アルコール度数：14%
価格：39,160円 / ヴィントナーズ

4

価格帯の違い

(ボルドー地方/同一シャトー比較)

ボルドー地方の格付けシャトーではファースト・ワインのクオリティを上げるためにブドウのセレクトを行い、生産量を絞って品質を上げ、セレクトからもれたブドウやワインでセカンド・ワインを造ります。同じシャトーのワインでありながら価格差は3倍から5倍にもなります。ファーストとセカンドでは、品種構成や凝縮度が異なります。

セカンド・ワイン

レ・フィエフ・ド・ラグランジュ / シャトー・ラグランジュ

Les Fiefs De Lagrange / Chateau Lagrange

ファースト・ワイン品質向上のために造られるのがセカンド・ワインであるため、セカンド・ワインは味わいが柔らかく、タンニンが滑らかになることが多い。若い段階でバランスがよく、早く飲み頃に入るメリットもある。

外観

僅かに紫がかった濃いめのダークチェリーレッド。

香り

よく熟したブラックベリーを中心に、甘草や丁子、ヴァニラと僅かにメントールの香りも感じる。

味わい

赤いフルーツのような果実味とともに、収斂するタンニンと酸が味わいを引き締め、タイトな印象に。

産地：フランス/ボルドー地方/メドック地区/サン・ジュリアン
品種：カベルネ・ソーヴィニヨン51%、メルロ44%、プティ・ヴェルド5%
ヴィンテージ：2018年
アルコール度数：14%
価格：5,940円/ファインズ

ファースト・ワイン

シャトー ラグランジュ / シャトー ラグランジュ

Chateau Lagrange / Chateau Lagrange

セカンド・ワインの存在により凝縮度が増しているため、色調が濃く粘性が豊か。フルーツの成熟度が高く、スパイスやヴァニラの風味を豊かに感じる。味わいの構成が強いため、長い熟成が期待できる。

外観

紫がかった濃いめのダークチェリーレッド。

香り

香りは強く、熟したカシスやブラックチェリーと、西洋杉、スーボワ、ヴァニラなど多様な芳香がある。

味わい

果実味豊かで厚みがあり、柔らかく強い酸と調和し、ボディのしっかりとした味わいに。

産地：フランス/ボルドー地方/メドック地区/サン・ジュリアン
品種：カベルネ・ソーヴィニヨン78%、メルロ18%、プティ・ヴェルド4%
ヴィンテージ：2017年　**アルコール度数**：13.5%
価格：オープン（参考価格15,400円）/サントリー

ワイン名 INDEX

	ワイン名(和文)	ワイン名(欧文)	タイプ	国	紹介ページ
	グラン・クリュ・アンボネイ・ブラン・ド・ノワール / ドメーヌ・エリック・ロデズ	Grand Cru Ambonnay Blanc de Noirs / Domaine Eric Rodez	白	フランス	236
	グラン・バトー・ボルドー・ブラン / バリエール・フレール	Grand Bateau Bordeaux Blanc / Barriere Freres	白	フランス	251
	グランド・レゼルヴ / ゴッセ	Grande Reserve / Gosset	白	フランス	238
	グリューナー・フェルトリーナー・カンプターラー・テラッセン・カンプタール / ブリュンデルマイヤー	Grüner Veltliner Kamptaler Terrassen Kamptal / Bründlmayer	白	オーストリア	213
	クレア・ヴァレー・リースリング / アニーズ・レイン	Clare Valley Riesling / Annie's Lane	白	オーストラリア	204
	グレイス甲州 / グレイスワイン	Grace Koshu / Grace Wine	白	日本	208
	甲州F.O.S. / ココ・ファーム・ワイナリー	Koshu F.O.S. / Coco Farm & Winery	オレンジ	日本	249
	コート・ド・ニュイ・ヴィラージュ・クール・ド・ロッシュ / フレデリック・マニャン	Côtes de Nuits Villages Coeur de Roches / Frédéric Magnien	赤	フランス	260
	コスタセラ・アマローネ・デッラ・ヴァルポリチェッラ・クラッシコ / マァジ	Costasera Amarone della Valpolicella Classico / Masi	赤	イタリア	230
	コトー・デュ・レイヨン・クロ・ド・サント・カトリーヌ / ドメーヌ・デ・ボマール	Coteaux du Layon Clos de Ste Catherine / Domaine des Baumard	白	フランス	241
	コトー・ド・ラルデッシュ・ヴィオニエ・ドメーヌ・デ・グランジュ・ド・ミラベル ビオ / M.シャプティエ	Coteaux de l'Ardèche Viognier Domaine des Granges de Mirabel Bio / M.Chapoutier	白	フランス	211
	コノスル・シャルドネ・20 バレル・リミテッド・エディション / ヴィーニャ・コノスル	Cono Sur Chardonnay 20 Barrels Limited Edition / Vina Cono Sur	白	チリ	201
	コヤム ヴァレ・デ・コルチャグア / エミリアーナ・ヴィンヤーズ	Coyam Valle de Colchagua / Emiliana Vineyards	赤	チリ	255
	コラリージョ・ソーヴィニヨン・ブラン / マテティック・ヴィンヤーズ	Corralillo Sauvignon Blanc / Matetic Vineyards	白	チリ	203
サ	サルサ・ロゼ / トイスナー	Salsa Rose / Teusner	ロゼ	オーストラリア	246
	サン・ジョセフ・ルージュ / ドメーヌ・ピエール・ガイヤール	Saint-Joseph Rouge / Domaine Pierre Gaillard	赤	フランス	222
	サンセール / コント・ラフォン	Sancerre / Comte Lafond	白	フランス	202
	サントリーニ・アシルティコ / サント・ワインズ	Santorini Assyrtiko / Santo Wines	白	ギリシャ	214
	ジヴリー・プルミエ・クリュ・クロ・デュ・セリエ・オー・モワンヌ・ルージュ / ジョブロ	Givry 1er Cru Clos du Celliers Aux Moines Rouge / Joblot	赤	フランス	254
	シノン / ラングロワ=シャトー	Chinon / Langlois-Chateau	赤	フランス	225
	シャトー・シャロン / ドメーヌ・アンリ・メール	Chateau Chalon / Domaine Henri Maire	黄	フランス	254
	シャトーパヴェイユ・ド・リューズ / シャトーパヴェイユ・ド・リューズ	Chateau Paveil De Luze / Chateau Paveil De Luze	赤	フランス	218
	シャトー・モンテュス / ドメーヌ・アラン・ブリュモン	Chateau Montus / Domaine Alain Brumont	赤	フランス	235
	シャトー ラグランジュ / シャトー ラグランジュ	Chateau Lagrange / Chateau Lagrange	赤	フランス	264
	シャトー・レイノン・ブラン / シャトー・レイノン	Château Reynon Blanc / Château Reynon	白	フランス	202
	シャブリ・サン・マルタン / ドメーヌ・ラロッシュ	Chablis Saint Martin / Domaine Laroche	白	フランス	200
	シャルドネ・キッドナッパーズ・ヴィンヤード / クラギー・レンジ	Chardonnay Kidnappers Vineyard / Craggy Range	白	ニュージーランド	251
	シャルドネ / ボエジャー・エステート	Chardonnay / Voyager Estate	白	オーストラリア	253
	シャンベルタン・クロ・ド・ベーズ / ドメーヌ・ドルーアン・ラローズ	Chambertin Clos de Beze / Domaine Drouhin-Laroze	赤	フランス	263
	ジュヴレ・シャンベルタン / ドメーヌ・ドルーアン・ラローズ	Gevrey-Chambertin / Domaine Drouhin-Laroze	赤	フランス	263
	ジュヴレ・シャンベルタン・プルミエ・クリュ・クロ・プリウール / ドメーヌ・ドルーアン・ラローズ	Gevrey Chambertin 1er Cru Clos Prieur / Domaine Drouhin-Laroze	赤	フランス	263

	ワイン名(和文)	ワイン名(欧文)	タイプ	国	紹介ページ
	シルヴァネール / ドメーヌ・ヴァインバック	Sylvaner / Domaine Weinbach	白	フランス	209
	スプマンテ・ブリュット・メトド・シャルマ / ガロフォリ	Spumante Brut Metodo Charmat / Garofoli	白	イタリア	239
	スリー・クヴェヴリ・テラスズ・セミ・スウィート・サペラヴィ No.7 / パパリ・ヴァレー	3Qvevri Terraces Semi-Sweet Saperavi No.7 / Papari Valley	赤	ジョージア	257
	ソーヴィニヨン・ブラン / クラウディー・ベイ	Sauvignon Blanc / Cloudy Bay	白	ニュージーランド	203
	ソミュール・シャンピニー・レ・ロッシュ / ドメーヌ・デ・ロッシュ・ヌーヴ	Saumur Champigny Les Roches / Domaine Des Roches Neuves	赤	フランス	225
タ	ツヴァイゲルト・ノイジードラーゼー / ハネス・レー	Zweigelt Neusiedlersee / Hannes Reeh	赤	オーストリア	235
	ティノ・ロッソ・トスカーナ / テヌーテ・ロセッティ	Tino Rosso Toscana / Tenute Rossetti	赤	イタリア	257
	テイラー 20 イヤー・オールド・トーニィ / テイラー	Taylor 20 Years Old Tawny / Taylor's	赤	ポルトガル	245
	テイラー・キンタ・デ・ヴァルジェラス / テイラー	Taylor Quinta de Vargellas / Taylor's	赤	ポルトガル	245
	ティント・ペスケラ・クリアンサ / ファミリア・フェルナンデス・リベラ	Tinto Pesquera Crianza / Familia Fernandez Rivera	赤	スペイン	229
	デレリクト・グルナッシュ / ダーレンベルグ	Derelict Grenache / d'Arenberg	赤	オーストラリア	227
	テロワール・ハンター・カリニャン・マウレ / ウンドラーガ	T.H. Carignan Maule / Undurraga	赤	チリ	232
	トウリガ・ナショナル / キンタ・ドス・ロケス	Touriga Nacional / Quinta dos Roques	赤	ポルトガル	235
	トレッビアーノ・ダブルッツォ / グラン・サッソ	Trebbiano d'Abruzzo / Gran Sasso	白	イタリア	213
ハ	バニュルス・キュヴェ・デュ・ドクトール・アンドレ・パルセ / マス・ブラン	Banyuls Cuvée du Dr Andre Parcé / Mas Blanc	赤	フランス	245
	バリスタ・ピノタージュ / ベルタス・フォーリー	Barista Pinotage / Bertus Fourie	赤	南アフリカ	234
	バルバレスコ・ガイア・プリンチペ / ロベルト・サロット	Barbaresco Gaia Principe / Roberto Sarotto	赤	イタリア	223
	バルバレスコ・リゼルヴァ・ディオニソ / ロベルト・サロット	Barbaresco Riserva Dioniso / Roberto Sarotto	赤	イタリア	223
	バルベーラ・ダルバ / ピオ・チェーザレ	Barbera D'Alba / Pio Cesare	赤	イタリア	231
	バレル・エイジド シャルドネ・カリフォルニア / ジョエル・ゴット	Barrel-Aged Chardonnay California / Joel Gott	白	アメリカ	201
	パロ・コルタド・モンテアグード / デルガド・スレタ	Palo Cortado Monteagudo / Delgado Zuleta	白	スペイン	244
	バロッサ・カベルネ・ソーヴィニヨン / エルダトン	Barossa Cabernet Sauvignon / Elderton	赤	オーストラリア	218
	バロッサ・メルロ / エルダトン	Barossa Merlot / Elderton	赤	オーストラリア	221
	ハンター・ヴァレー・ホワイトセミヨン / タラック	Hunter Valley White Semillon / Tulloch	白	オーストラリア	210
	バンドール・ルージュ / シャトー・ド・ピバルノン	Bandol Rouge / Chateau de Pibarnon	赤	フランス	232
	ピースポーター・ゴルトトレプフェン・リースリング・カビネット・グローセ・ラーゲ / トリアー慈善連合協会	Piesporter Goldtröpfchen Riesling Kabinett Große Lage / Vereinigte Hospitien, Trier	白	ドイツ	240
	ピノー・デ・シャラント / レイモン・ラニョー	Pineau des Charentes / Raymond Ragnaud	白	フランス	242
	ピノ・グリージョ・ラマート / アテムス	Pinot Grigio Ramato /Attems	白	イタリア	247
	ピノ・グリ / ドメーヌ・マルセル・ダイス	Pinot Gris / Domaine Marcel Deiss	白	フランス	207
	ピノ・グリ・レゼルヴ / トリンバック	Pinot Gris Reserve / Trimbach	白	フランス	207
	ピノ・ノワール / ピカーディ	Pinot Noir / Picardy	赤	オーストラリア	217
	ピュア / ポル・ロジェ	Pure / Pol Roger	白	フランス	237
	笛吹甲州グリ・ド・グリ / シャトー・メルシャン	Fuefuki Koshu Gris de Gris / Château Mercian	白	日本	208
	プピーユ / シャトー・プピーユ	Poupille / Chateau Poupille	赤	フランス	220
	ブラン・ドゥ・ブラン / ガズボーン・エステイト	Blanc de Blancs / Gusbourne Estate	白	英国	238
	ブリュット・ブラン・ド・ブラン / シャンパーニュ・ドゥラモット	Brut Blanc de Blancs / Champagne Delamotte	白	フランス	236

	ワイン名(和文)	ワイン名(欧文)	タイプ	国	紹介ページ
	ブルゴーニュ・アリゴテ / メゾン・ジョゼフ・ドルーアン	Bourgogne Aligoté / Maison Joseph Drouhin	白	フランス	212
	ブルゴーニュ・コート・ドール・ピノ・ノワール / メゾン・ラローズ・ド・ドルーアン	Bourgogne Cote d'Or Pinot Noir / Maison Laroze de Drouhin	赤	フランス	262
	ブルゴーニュ・シャルドネ / アントナン・ギヨン	Bourgogne Chardonnay / Antonin Guyon	白	フランス	254
	ブルゴーニュ・パストゥーグラン / コンフュロン・コトティド	Bourgogne Passetoutgrain / Confuron-Cotetidot	赤	フランス	250
	ブルゴーニュ・パストゥーグラン / ティエリー・モルテ	Bourgogne Passetoutgrain / Thierry Mortet	赤	フランス	252
	ブルゴーニュ・パストゥーグラン・レクセプション / ミシェル・ラファルジュ	Bourgogne Passetoutgrain l'Exception / Michel Lafarge	赤	フランス	252
	ブルゴーニュ・パストゥーグラン / ロベール・シュヴィヨン	Bourgogne Passetoutgrain / Robert Chevillon	赤	フランス	250
	ブルゴーニュ・ピノ・ノワール / ルイ・ジャド	Bourgogne Pinot Noir / Louis Jadot	赤	フランス	216
	ブルゴーニュ・ブラン・キュヴェ・レ・テロワール・ドゥ・デ / ティエリー・モルテ	Bourgogne Blanc Cuvée Les Terroirs de Daix/ Thierry Mortet	白	フランス	258
	ブルゴーニュ・ブラン・キュヴェ・レ・テロワール・ドゥ・デ / ティエリー・モルテ	Bourgogne Blanc Cuvée Les Terroirs de Daix/ Thierry Mortet	白	フランス	258
	ブルゴーニュ・ルージュ・キュヴェ・レ・シャルム・ドゥ・デ / ティエリー・モルテ	Bourgogne Rouge Cuvée Les Charmes de Daix / Thierry Mortet	赤	フランス	259
	ブルゴーニュ・ルージュ・キュヴェ・レ・シャルム・ドゥ・デ / ティエリー・モルテ	Bourgogne Rouge Cuvée Les Charmes de Daix / Thierry Mortet	赤	フランス	259
	プルミエ・クリュ・キュミエール・ロゼ・ド・セニエ / ドメーヌ・ルネ・ジョフロワ	1er Cru Cumières Rosé de Saignée / Domaine René Geoffroy	ロゼ	フランス	239
	プレリュード・ヴィンヤーズ・シャルドネ / ルーウィン・エステート	Prelude Vineyards Chardonnay / Leeuwin Estate	白	オーストラリア	201
	ブローリオ・キアンティ・クラッシコ / バローネ・リカーゾリ	Brolio Chianti Classico / Barone Ricasoli	赤	イタリア	224
	ベッカー・ピノ・ノワール / フリードリッヒ・ベッカー	Becker Pinot Noir / Friedrich Becker	赤	ドイツ	216
	ボージョレ / シャトー・カンボン	Beaujolais / Chateau Cambon	赤	フランス	226
	ボージョレ ヌーヴォー / ジョルジュ デュブッフ	Beaujolais Nouveau /Georges Duboeuf	赤	フランス	251
	穂坂マスカット・ベーリー A / シャトー・メルシャン	Hosaka Muscat Bailey A / Chateau Mercian	赤	日本	232
	北海道ケルナー / 北海道ワイン	Hokkaido Kerner / Hokkaido Wine	白	日本	215
	ボナコスタ・ヴァルポリチェッラ・クラッシコ / マァジ	Bonacosta Valpolicella Classico / Masi	赤	イタリア	230
	ポミーノ・ヴィンサント / フレスコバルディ	Pomino Vinsanto / Frescobaldi	白	イタリア	243
	ホワイトラベル・ドゥミセック / ヴーヴ・クリコ	White Label Demi-Sec / Veuve Clicquot	白	フランス	237
マ	マコン・ヴィラージュ・テヴネ・カンテーヌ / ドメーヌ・ド・ラ・ボングラン	Mâcon-Villages Thevenet-Quintaine / Domaine de la Bongran	白	フランス	200
	椀子メルロー / シャトー・メルシャン	Mariko Merlot / Chateau Mercian	赤	日本	221
	マルケス・デ・カーサ・コンチャ・カベルネ・ソーヴィニヨン / コンチャ・イ・トロ	Marques de Casa Concha Cabernet Sauvignon / Concha y Toro	赤	チリ	219
	マルケス・デ・カーサ・コンチャ・メルロ / コンチャ・イ・トロ	Marques de Casa Concha Merlot / Concha y Toro	赤	チリ	221
	マルケス・デ・ムリエタ・レゼルヴァ / マルケス・デ・ムリエタ	Marques De Murrieta Reserva / Marques De Murrieta	赤	スペイン	229
	マルサネ・クール・ダルジール / フレデリック・マニャン	Marsannay Coeur d'Argiles / Frédéric Magnien	赤	フランス	260

	ワイン名(和文)	ワイン名(欧文)	タイプ	国	紹介ページ
	マンサニーリャ・ラ・ゴヤ / デルガド・スレタ	Manzanilla La Goya / Delgado Zuleta	白	スペイン	244
	マンドラス / トカイ・オレムス(ベガ・シシリア)	Mandolas / Tokaj Oremus (Vega Sicilia)	白	ハンガリー	214
	ミュスカデ・セーヴル・エ・メーヌ・シュル・リー・ドメーヌ・サン・マルタン / ドメーヌ・ヴィネ	Muscadet Sevre et Maine Sur Lie Domaine Saint Martin / Domaines Vinet	白	フランス	253
	ミュスカデ・セーヴル・エ・メーヌ / ドメーヌ・ド・ラ・フォリエット	Muscadet Sèvre et Maine / Domaine de la Foliette	白	フランス	211
	ミュスカ・ド・ボーム・ド・ヴニーズ / ベルナルダン	Muscat de Beaumes de Venise / Bernardins	白	フランス	242
	ミュスカ・レゼルヴ / トリンバック	Muscat Reserve / Trimbach	白	フランス	211
	ムーラン・ナ・ヴァン / ジョルジュ デュブッフ	Moulin à Vent / Georges Duboeuf	赤	フランス	252
	ムツヴァネ / ストリ・マラニ	Mtsvane / Stori Marani	オレンジ	ジョージア	248
	メルロ・ナパ・ヴァレー / ダックホーン・ヴィンヤーズ	Merlot Napa Valley / Duckhorn Vineyards	赤	アメリカ	220
	メンドーサ・マルベック・クラシコ / アルトス・ラス・オルミガス	Mendoza Malbec Clasico / Altos Las Hormigas	赤	アルゼンチン	228
	モエ・アンペリアル / モエ・エ・シャンドン	Moët Impérial / Moët & Chandon	白	フランス	237
	モス / マストロドメニコ	Mos /Mastrodomenico	赤	イタリア	233
	モルゴン・コート・デュ・ピイ・フュー・デュ・シェーヌ / ロシェット	Morgon Côte du Py Fut de Chene / Rochette	赤	フランス	226
	モレ・サン・ドニ・プルミエ・クリュ・クロ・ボーレ / フレデリック・マニャン	Morey Saint Denis 1er Cru Clos Baulet / Frédéric Magnien	赤	フランス	261
	モンテス・アルファ・カルメネール / モンテス	Montes Alpha Carmenere / Montes	赤	チリ	233
ラ	ラインガウ・リースリング・クラシック Q.b.A. / クロスター・エーベルバッハ	Rheingau Riesling Classic Q.b.A. / Kloster Eberbach	白	ドイツ	205
	ラストー / ドメーヌ・ラ・スマド	Rasteau/ Domaine La Soumade	赤	フランス	227
	ラミニスタ / キリ・ヤーニ	Ramnista / Kir-Yianni	赤	ギリシャ	234
	リーフランド・オールド・ヴァイン・シュナン・ブラン / リーフランド・ヴィンヤーズ	Lievland Old Vine Chenin Blanc / Lievland Vineyards	白	南アフリカ	206
	リボッラ・ディ・オスラヴィア / プリモシッチ	Ribolla di Oslavia / Primosic s.r.l.	オレンジ	イタリア	249
	レイト・ハーベスト・ソーヴィニヨン・ブラン / コンチャ・イ・トロ	Late Harvest Sauvignon Blanc / Concha y Toro	白	チリ	240
	レゼルヴァ・トロンテス / テラザス	Reserva Torrontes / Terrazas	白	アルゼンチン	214
	レ・フィエフ・ド・ラグランジュ / シャトー・ラグランジュ	Les Fiefs De Lagrange / Chateau Lagrange	赤	フランス	264
	ロエロ・アルネイス / ヴィエッティ	Roero Arneis / Vietti	白	イタリア	215
	ローズラベル / ヴーヴ・クリコ	Rose Label / Veuve Clicquot	ロゼ	フランス	239
	ロゼ・エ・オール / シャトー・ミニュティー	Rose Et Or / Chateau Minuty	ロゼ	フランス	247
	ロゼッタ・サンジョヴェーゼ・ネッビオーロ・ロゼ / ピッツィーニ	Rosetta Sangiovese Nebbiolo Rosé / Pizzini	ロゼ	オーストラリア	246

協力販売元・メーカー問い合わせ先一覧

ジャンル	会社名	TEL	HP
ワイン	アサヒビール株式会社	0120-011-121	https://www.asahibeer.co.jp/
	株式会社アルカン ワイン営業部	03-3664-6591	https://www.arcane.co.jp/
	株式会社稲葉	052-301-1441	https://www.inaba-wine.co.jp/
	株式会社イレブンインターナショナル	06-6947-2507	https://11-international.jp/
	株式会社ヴァンクロス	03-6450-3687	https://www.vin-x.jp/
	株式会社ヴァンパッシオン	03-6402-5505	https://www.vinpassionco.com/
	ヴィレッジ・セラーズ株式会社	0766-72-8680	https://www.village-cellars.co.jp/
	株式会社ヴィントナーズ	03-5405-8368	http://www.vintners.co.jp/
	株式会社エイ・ダヴリュー・エイ	0798-72-7022	http://awa-inc.com/
	エノテカ株式会社	0120-81-3634	https://www.enoteca.co.jp/
	MHD モエ ヘネシー ディアジオ株式会社	03-5217-9777	https://www.mhdkk.com/
	木下インターナショナル株式会社	075-681-0721	https://www.kinoshita-intl.co.jp/
	国分グループ本社株式会社	03-3276-4125	https://www.kokubu.co.jp/brand/101/003/
	有限会社ココ・ファーム・ワイナリー	0284-42-1194	https://cocowine.com/
	サッポロビール株式会社	0120-207-800	https://www.sapporobeer.jp/
	サントリー株式会社	0120-139-380	https://www.suntory.co.jp/wine/
	GRN株式会社	0766-31-1118	https://grncorp.co.jp/
	ジェロボーム株式会社	03-5786-3280	https://www.jeroboam.co.jp/
	シャトージュン株式会社	0553-44-2501	https://www.chateaujun.com/
	株式会社スマイル	03-6731-2400	https://www.smilecorp.co.jp/wine/
	株式会社 selesta	03-3382-3660	https://www.selesta.co.jp/
	大榮産業株式会社 酒類部	03-3768-1266	http://daieisangyokaisha.com/
	髙瀬物産株式会社	03-3665-1280	https://www.takasebussan.co.jp/
	中央葡萄酒株式会社	0553-44-1230	http://www.grace-wine.com/
	ディオニー株式会社	075-622-0850	http://www.diony.com/
	テラヴェール株式会社	03-3568-2415	https://terravert.co.jp/
	豊通食料株式会社 ワイングループ	03-4306-8539	https://www.toyotsu-shokuryo.com/
	株式会社中川ワイン	03-5829-8161	https://nakagawa-wine.co.jp/
	日欧商事株式会社	0120-200-105	https://www.jetlc.co.jp/
	日本リカー株式会社	03-5643-9770	https://www.nlwine.com/
	株式会社ヌーヴェル・セレクション	03-5957-1955	https://www.nouvelleselections.com/
	パシフィック洋行株式会社	03-5542-8034	https://www.pacificyoko.com/wine/
	株式会社八田	03-3762-3121	https://hatta-wine.com/
	ファームストン株式会社	03-3761-5354	https://www.farmstone.co.jp/
	株式会社 ファインズ	03-6732-8600	https://www.fwines.co.jp/
	株式会社フードライナー	078-858-2043	https://www.foodliner.co.jp/
	ブリストル・ジャポン株式会社	03-6303-8511	https://www.bristol-japon.co.jp/

	ベリー・ブラザーズ＆ラッド日本支店	03-3518-6730	https://www.bbr.co.jp/
	ヘレンベルガー・ホーフ株式会社	072-624-7540	http://www.herrenberger-hof.co.jp/
	北海道中央葡萄酒株式会社	0123-27-2460	http://www.chitose-winery.jp/
	北海道ワイン株式会社	0134-34-2181	https://www.hokkaidowine.com/
	布袋ワインズ株式会社	03-5789-2728	https://www.hoteiwines.com/
	三国ワイン株式会社	03-5542-3939	https://www.mikuniwine.co.jp/
	株式会社ミレジム	03-3233-3801	https://www.millesimes.co.jp/
	メルシャン株式会社	0120-676-757	http://www.mercian.co.jp/
	株式会社モトックス	0120-344101	https://www.mottox.co.jp/
	株式会社ヨルゴス	03-5542-0945	http://www.yorugos.jp/
	株式会社ラック・コーポレーション	03-3586-7501	https://www.luc-corp.co.jp/
	WINE TO STYLE 株式会社	03-5413-8831	https://www.winetostyle.co.jp/
グラス	リーデル青山本店	03-3404-4456	https://www.riedel.co.jp/

写真協力

シェリー委員会
Sopexa Japon

参考文献

『2021 日本ソムリエ協会 教本』一般社団法人日本ソムリエ協会
『児島速人 CWE ワインの教本 2013 年版』児島速人 CWE 著（イカロス出版）
『フランスワイン テロワール・アトラス』飯山敏道監修（飛鳥出版）
『ワインを楽しむ 58 のアロマガイド』ミカエル・モワッセフ、ピエール・カザマヨール著（原書房）
『ワイン テイスティング』佐藤陽一著（アム・プロモーション）
『ワインテイスティング基本ブック』ワイナート編集部編（美術出版社）
『カラー版ワインの地図帳』塚本悦子監修（美術出版社）
『最新版 ワイン完全バイブル』井手勝茂監修（ナツメ社）

著者

谷宣英（たに のぶひで）

1972年生まれ。ホテルニューオータニ エグゼクティブシェフ ソムリエ。2010年第13回世界最優秀ソムリエコンクール日本代表。2011年第6回全日本最優秀ソムリエコンクール優勝。2014年東京都優秀技能者（東京マイスター）知事賞受賞。2016年卓越した技能者（現代の名工）として表彰を受ける。2020年黄綬褒章受章。「誠実な人間であること」を大切に、日々のサービスやワインスクール講師などの活動を通じて、ワインの魅力を伝えている。プライベートでのテイスティングでは、1杯目は分析的にテイスティングし、2杯目以降はワインと料理を自由に組み合わせ、新たな発見をするのが楽しみ。子育て奮闘中の二児の父でもある。

編集協力	谷岡幸恵、新藤史絵（アーク・コミュニケーションズ）、藪智子
ブックデザイン / アートディレクション	辻中浩一
レイアウト / 地図 / 図版制作	大坪奏恵、村松亨修、小山内毬絵（ウフ）
DTP	明昌堂
撮影	清水亮一、田村裕未（アーク・フォトワークス）、石井勝次
イラスト制作	フジイイクコ
校正	円水社
編集担当	遠藤やよい（ナツメ出版企画）

最新版 ワイン テイスティング バイブル

2022年8月4日　初版発行

著　者　谷宣英
発行者　田村正隆

発行所　株式会社ナツメ社
東京都千代田区神田神保町 1-52　ナツメ社ビル 1F（〒101-0051）
電話　03（3291）1257（代表）　FAX　03（3291）5761
振替　00130-1-58661

制　作　ナツメ出版企画株式会社
東京都千代田区神田神保町 1-52　ナツメ社ビル 3F（〒101-0051）
電話　03（3295）3921（代表）

印刷所　図書印刷株式会社

ISBN978-4-8163-7237-7

「最新版 ワイン テイスティング バイブル」
別冊

TASTING SHEET & GLOSSARY

テイスティングシート
&
テイスティング用語集

ナツメ社

テイスティングの手順

STEP 1
外観を見る

外観の確認要素 ☛本書 P.20

1 清澄度、輝き
2 色調(白・赤・ロゼ)
3 色の濃淡
4 粘性
5 泡立ち

STEP 2
香りをとる

香りの確認要素 ☛本書 P.30

1 健全度
2 豊かさや量
3 第一印象
4 第1、第2、第3アロマ確認
5 熟成度
6 複雑性

テイスティングを始める前に、本書で紹介したテイスティングの手順を再確認しておきましょう。外観、香り、味わいと順を追って漏れなく確認し、ワインの個性やサービス方法を判断します。

STEP 3

味わいをとらえる

味わいの確認要素 ☛本書 P.48

1 | アタック（第一印象）
2 | 甘辛度
3 | 酸味
4 | タンニン、収斂（しゅうれん）性
5 | 苦味
6 | フレーヴァー
7 | 余韻
8 | アルコール
9 | 凝縮度
10 | 総合印象

STEP 4

特徴を判断する

ワインの個性について ☛本書 P.62

・ブドウ品種
・産地
・醸造方法
・造り手
・熟成度

サービス方法について ☛本書 P.72

・飲み頃、将来性、価格
・順番
・提供温度
・抜栓、デカンタージュ
・グラス
・合わせる料理

テイスティング コメントシート
～最新版 ワインテイスティング バイブル オリジナル～

外観

色調は

- 清澄度・輝き：光沢のある／輝きのある／清澄な／澄み切った／不透明な／ぼやけた／曇った／かすかに濁った／くすんだ

、

- 色の濃淡：淡い／軽い／やや淡い／やや軽い／やや濃い／濃い

、

- 白ワインの色調：緑／ゴールド／トパーズ
- 赤ワインの色調：紫／オレンジ

がかった／を帯びた

- 黄色／麦藁色／金色／琥珀色
- ラズベリーレッド／チェリーレッド／ルビー色／ガーネット／ダークチェリーレッド

です。

オリが ［あり／なく］ **、レッグスは** ［ゆっくり／ややゆっくり／中程度／やや速く／速く］ **、ディスクは** ［薄く／中程度／厚く］ **、粘性は** ［弱い／中程度／強い］ **です。**

泡立ちは（※発泡性がある場合のみ） ［細やか／細やかでなく］ 、健全度 ［健全な／きれいな／健全でない］ **ワインです。**

香り

香りは 豊かさや量 ［弱く／中程度で／強く］ **、第一印象は** 第一印象 ［フレッシュな／熟成した／シンプルな／複雑な／閉じている／強い／軽い／凝縮した／豊かな／上品な］ **印象で、**

香りの分類

植物	草のような　タイム、フヌイユ、フェンネル　ピーマン、アスパラガス、茎　ミント　ユーカリ　キノコ　トリュッフ　枯れ葉　タバコ、シガー、シガーボックス　紅茶　森の下生え、スーボワ　腐葉土
花	菩提樹　アカシア　蜂蜜　バラ　スミレ　シャクヤク、ボタン　ドライフラワー、ポプリ
果実（ベリー）	グロゼイユ、スグリ　木イチゴ、ラズベリー　イチゴ　ブルーベリー、ミルティーユ　カシス、黒スグリ　ブラックベリー
果実（柑橘系）	ライム　レモン　グレープフルーツ
果実（核のあるフルーツ）	チェリー　ブラックチェリー　プルーン　アンズ　クエッチュ、紫スモモ　カリン、マルメロの実　リンゴ　洋ナシ　桃、ピーチ
果実（トロピカルフルーツ）	パイナップル　メロン　パッションフルーツ　マンゴー　ライチ　バナナ
果実（干し果物）	レーズン、干しブドウ　干しスモモ、ドライプラム　乾燥イチジク　イチゴジャム　砂糖漬けチェリー
果実（ナッツ）	アーモンド　ヘーゼルナッツ、ノワゼット
香辛料	コショウ　青コショウ　コリアンダー　クローヴ、丁子　甘草　ナツメグ　シナモン
森林木	木のような　オーク　ヒマラヤ杉　白檀
焦臭性	カラメル　スモーク、煙、燻製の　トースト　焼いたアーモンド　コーヒー　カカオ　チョコレート　グリエ　タール
動物	ムスク、麝香鹿、麝香猫　猫の尿　ジビエ、野禽獣　毛皮　肉　燻製肉　なめし革
芳香性／エーテル／化学物質／ミネラル／その他	松　樹脂　ヴァニラ　バター　蜜ろう、ワックス　アルコール　硫黄　海藻、海の香り、ヨード　フェノール、石灰酸　揮発酸　酢酸　火打石　キャンディ

があり、

スワリング後、 ［※上記「香りの分類」参照］ **が現れます。**

香りは ［※香りから考えられる造りの特徴などがあれば　例）ステンレスタンク、低温発酵で造られている］ **の特徴を示しており、**

熟成度 ［若々しく／熟成し］ **、** 複雑性 ［シンプル／複雑］ **で、** 状態 ［（まだ）閉じて／（十分に）開いて］ **おり、** 香りの総合印象 ［フレッシュな／熟成した／シンプルな／複雑な／閉じている／強い／軽い／凝縮した／豊かな／上品な］ **印象です。**

味わい

アタックは（ソフトな／中程度の／はっきりとした）甘辛度（極辛口／辛口／やや甘口／甘口／極甘口）**で、酸味は** 酸味の量と印象（少なく／中程度で／多めで）、（柔らかな／シャープな／滑らかな／爽やかな／しなやかな）**印象の**

ボディ（ライトボディ／ミディアムボディ／フルボディ）**、タンニンは** ※赤ワインの場合 タンニンの量と印象（少なく／中程度で／豊かで／心地よく）、（滑らかな／しなやかな／渋い／粗い）**印象を残します。**

苦味が（あり／なく）、（フルーティ／フローラル／スパイシー／ミネラリー）**なフレーヴァーで、余韻は**（短く／中程度で／長く）**後味は**（フルーティ／フローラル／スパイシー／ミネラリー）、

アルコール度数は（10%　10.5%／11%　11.5%／12%　12.5%／13%　13.5%）**で、**（低い／高い）**凝縮感があります。**

総合印象は（円い　調和のとれた　複雑な　上品な／調和を失った　シンプルな　リッチな）**印象のワインです。**

判断する

このワインは（※調味料、ソース）**で味付けされた**（※食材、料理名）**と合うでしょう。**

ワインと料理に（同様の／補完する）（香り／風味）**を見つけられます。温度は**（7度以下　15〜18度／8〜10度　19度以上／11〜14度）**程度、**

（小さな／中程度の／大きな）（チューリップ／バルーン／フルート）**型のグラスで提供し、デカンタージュは** ※赤ワインの場合（する／しない）**べきでしょう。**

飲み頃は（今すぐ飲むべき　今から10年間／3〜5年後　10年以上先）**。これは**（白ワイン　スパークリング・ワイン／赤ワイン　フォーティファイド・ワイン／ロゼワイン　スピリッツ）**で、**

ブドウ品種は（　　　）**、ヴィンテージは**（　　　）**年、**

私はこのワインを（　　　円）**と評価します。**

実際に感じ取った用語を選択することで、コメントを組み立てられる実践的なシートです。用語は使用頻度の高い一例ですので、アレンジして自分なりのコメントの流れを掴んでいきましょう。

二次試験対策テイスティングシート

外観

白ワイン

清澄度	澄んだ　やや濁った　濁った
輝き	クリスタルのような　輝きのある　やや弱め　モヤがかかった
色調	グリーンがかった　レモンイエロー　イエロー　黄金色がかった　黄金色 トパーズ　アンバー（琥珀色）
濃淡	濃い　やや濃い　淡い　薄い（無色に近い）
粘性	さらっとした　やや軽い　やや強い　豊か　ねっとりとした
外観の印象	若い　軽い　濃厚な　よく熟した　成熟度が高い　濃縮感がある やや熟成した　熟成した　酸化熟成のニュアンス

赤ワイン

清澄度	澄んだ　やや濁った　濁った　深みのある
輝き	輝きのある　やや弱め　モヤがかかった
色調	紫がかった　ルビー　ラズベリーレッド　オレンジがかった　ガーネット ダークチェリーレッド　レンガ色　マホガニー　黒みを帯びた
濃淡	非常に濃い　濃い　やや濃い　明るい
粘性	さらっとした　やや軽い　やや強い　豊か　ねっとりとした
外観の印象	若い　軽い　濃厚な　よく熟した　成熟度が高い　濃縮感がある やや熟成した　熟成した　酸化熟成のニュアンス

香り

白・赤ワイン共通

香りの豊かさ			力強い　しっかりと感じられる　控えめ
特徴	果実	ベリー	スグリ　木イチゴ、ラズベリー　イチゴ　ブルーベリー　カシス、黒スグリ　ブラックベリー
		柑橘系	ライム　レモン　グレープフルーツ
		木なり果実	ザクロ　サクランボ　アンズ、アプリコット　ブラックチェリー　スモモ、プラム クエッチュ、紫スモモ　カリン、マルメロの実　リンゴ　洋ナシ　桃
		トロピカルフルーツ	パイナップル　メロン　パッションフルーツ　マンゴー　ライチ　バナナ
		干し果物	干しブドウ　干しスモモ、ドライプラム　乾燥イチジク　イチゴジャム　砂糖漬けチェリー
		ナッツ	焼いたアーモンド　ヘーゼルナッツ　クルミ
	花・植物	植物	草のような　タイム、フヌイユ、フェンネル　ピーマン、アスパラガス、茎　ミント　キノコ トリュッフ　枯れ葉　タバコ　紅茶　森の下生え、スーボワ　腐葉土　干し草 シダ　ヴェルヴェーヌ（くまつづら）　アニス　ドライハーブ
		花	菩提樹　アカシア　蜂蜜　バラ　スミレ　シャクヤク、ボタン　ドライフラワー、ポプリ ゼラニウム　野バラ　スイカズラ　しおれた花　白バラ　キンモクセイ
		森林木	木のような　ナラ　ヒマラヤ杉　白檀　若い森　古い森　針葉樹
	香辛料・芳香	香辛料	コショウ　青コショウ　コリアンダー　丁子、クローヴ　ナツメグ　シナモン 甘草　黒コショウ　白コショウ　ローズマリー　バジリコ　タイム
		芳香性／エーテル	松　樹脂　ヴァニラ　バター　蜜ろう、ワックス
		焦臭性	タバコの煙　煙、燻製の　焼いたパン　焼いたアーモンド　コーヒー　カカオ チョコレート　グリエ　タール　パンドミー　カカオパウダー
		動物	ムスク、麝香鹿、麝香猫　猫の尿　ジビエ、野禽獣　毛皮　濡れた犬　肉 燻製肉　なめし革　血液
	化学物質	化学物質	アルコール　硫黄　海藻、海の香り、ヨード　フェノール、石灰酸　揮発酸　酢酸 火打ち石　貝殻　石灰
香りの印象			若々しい　落ち着いた（控えめな）　開いている　クローズしている　還元状態 熟成感の感じられない　熟成感が現れている　酸化熟成の段階にある アロマティック　ニュートラル　果実香主体　フローラル　スパイシー ミネラル感が豊富　木樽からのニュアンス　第1アロマが強い　第2アロマが強い

味わい

白ワイン

アタック	軽い　やや軽い　やや強い　強い　インパクトのある
甘味（アルコールからのヴォリューム感含む）	ドライ　弱い　まろやか　豊かな　ねっとりとした　残糖がある
酸味	シャープな　爽やかな　滑らかな　しなやかな　丸みのある　スムーズな　柔らかな　優しい
苦味	控えめ　穏やかな　コク（深み）を与える　旨味をともなった　力強い
バランス	コンパクトな　スリムな　はつらつとした　ドライな　まろやかな　ねっとりとした　ふくよかな　厚みのある　力強い　がっしりとした　肉付きのよい
アルコール	控えめ　軽い　やや軽め　やや強め　ヴォリュームのある　熱さを感じる
余韻	短い　やや短い　やや長い　長い

赤ワイン

アタック	軽い　やや軽い　やや強い　強い　インパクトのある
甘味（アルコールからのヴォリューム感含む）	弱い　まろやか　豊かな　厚みのある　ねっとりとした
酸味	シャープな　フレッシュな　爽やかな　滑らかな　しなやかな　丸みのある柔らかな　はっきりとした
タンニン	サラサラとした　きめ細か　緻密　ビロードのような　流れるような　滑らかな、溶け込んだ　力強い　強い（突出した）　粗い　ざらついた
バランス	スマートな　骨格のある　固い　痩せた　渇いた　まろやかな　流れるような　心地よい　柔らかな　豊潤な　豊満な　肉厚な　力強い　がっしりとした
アルコール	控えめ　軽い　やや軽め　やや強め　ヴォリュームのある　熱さを感じる
余韻	短い　やや短い　やや長い　長い　やや軽い

総評

白・赤ワイン共通

フレーヴァー	フルーティ　フレッシュ　凝縮した　フローラル　ヴェジタル　スパイシー　ミネラル感のある　複雑
評価	シンプル　複雑　将来的に複雑になる　フレッシュ感を楽しむ　成熟度が高い　豊か　凝縮した　力強い　コンパクトで熟成感がある　長期熟成型　ポテンシャルの高い　エレガント　余韻の長い
供出温度	7度以下　8～10度　11～14度　15～18度　19度以上
グラス	小ぶり　中庸　大ぶり
デカンタージュ（赤ワインのみ）	必要なし　飲む直前　事前（30～60分以上前）
収穫年	年
生産国	
地方（州または県）※シニア向け	
銘柄（アペラシオン）※シニア向け	
主なブドウ品種	

ソムリエ、ワインエキスパートなどの資格取得を目指している方向けのテイスティングシートです。二次試験対策のトレーニングにぜひ役立ててください。

テイスティング用語集

外観　フランス語 アパランス Apparence　英語 アピアランス Appearance

日本語	フランス語	英語
◉目による観察	ロゥイユ　L'oeil	サイト　Sight
◉清澄度	ランピディテ　Limpidité	クラリティー　Clarity
◉透明度	トランスパランス　Transparence	トランスパレンシー　Transparency
光沢のある	ブリヤン　Brillant	ブリリアント　Brilliant
澄み切った	クレール　Clair	クリアー　Clear
清澄な	ランピッドゥ　Limpide	クリアー / リンピド　Clear / Limpid
透明な	トランスパラン　Transparent	トランスパレント　Transparent
輝きのある	エクラタン　Éclatant	ブライト　Bright
かすかに濁った	ルーシュ　Louche	ダル　Dull
オリがある	デポ Dépot	ウイズ セディメント / デポジット with Sediment / Deposit
◉色調	クルール、ローブ　Couleur, Robe	カラー　Color
◉白ワイン	ヴァン ブラン　Vin blanc	ホワイト ワイン　White wine
無色の	アンコロール　Incolore	カラーレス　Colorless
淡く若い黄色	ジョーヌ パール　Jaune pâle	ライト イエロー　Light yellow
濃い黄色	ジョーヌ フォンセ　Jaune foncé	ダーク イエロー　Dark yellow
青みを帯びた、 緑がかった黄色	ジョーヌ ヴェール Jaune vert	グリーニッシュ・イエロー Greenish-yellow
淡い黄色	ジョーヌ パル Jaune pâle	ペイル イエロー Pale yellow
レモンイエロー	ジョーヌ シトロン　Jaune citron	レモン・イエロー　Lemon-yellow
金色を帯びた 黄色	ジョーヌ ドール Jaune d'or	ゴールド・ティンジド イエロー Gold-tinged yellow
黄金色を帯びた 黄色	ジョーヌ ドレ Jaune doré	ゴールド・ティンジド イエロー Gold-tinged yellow
黄色がかった	ジョーナートル　Jaunâtre	イエローウィシュ　Yellowish
トパーズ	トパーズ　Topaze	トーパーズ　Topaz
琥珀色の	アンブレ　Ambré	アンバー　Amber
褐色を帯びた	ルサートル　Rousseâtre	ラシット　Russet
褐色	ブリュン　Brun	ブラウン　Brown
こげ茶色	ルー　Roux	レディッシュ・ブラウン　Reddish-brown
◉赤ワイン	ヴァン ルージュ　Vin rouge	レッド ワイン　Red wine
明るい赤	ルージュ クレール　Rouge clair	ライト レッド　Light red
濃い赤	ルージュ フォンセ　Rouge foncé	ダーク レッド　Dark red
紫がかった赤	ルージュ ヴィオレ　Rouge violet	パープリッシュ・レッド　Purplish-red
オレンジがかった赤	ルージュ オランジェ　Rouge orangé	オレンジッシュ・レッド　Orengish-red

外観、香り、味わいについて、よく使われる用語を日本語、フランス語、英語で紹介しています。コンクールではフランス語か英語でコメントをしますので、こちらを参考にしてください。

日本語	フランス語	英語
紫がかった	ヴィオラセ　Violacé	パープリッシュ　Purplish
パープルがかった	プルプレ / プルプラン　Pourpré / Purpurin	パープリッシュ　Purplish
暗紅色(ガーネット)	グルナ　Grenat	ガーネット　Garnet
ラズベリーレッド	ルージュ フランボワーズ　Rouge framboise	ラズベリーレッド　Raspberry-red
ダークチェリーレッド	ルージュ スリーズ ノワール　Rouge cerise noir	ダークチェリーレッド　Dark cherry-red
ルビー色	リュビー　Rubis	ルビー　Ruby
レンガ色	テュイレ　Tuilé	トゥイル　Tuile
色の淡い	パール　Pâle	ペイル / ライト　Pale / Light
黒っぽい	ノワラートル　Noirâtre	ブラキッシュ　Blackish
◉ロゼワイン	ヴァン ロゼ　Vin rosé	ロゼ ワイン　Rosé wine
チェリー色がかったバラ色	ロゼ スリーズ　Rosé cerise	チェリー・ピンク　Cherry-pink
オレンジがかったバラ色	ロゼ オランジェ　Rosé orangé	オレンジッシュ・ピンク　Orangish-pink
タマネギの皮色	プリュール ドニオン　Pelure dóignon	オニオンスキン　Onion skin
サーモンピンク	ロゼ ソーモネ　Rosé saumoné	サーモン・ピンク　Salmon-pink
◉濃淡	ニュアンス ヴァリエ　Nuances Variées	デプス オブ カラー　Depth of Color
淡い	レジェ　Légères	ペイル / ライト　Pale / Light
中程度	モワイエンヌ　Moyenne	ミディアム　Medium
濃い	ダンス　Dense	ディープ / スィック　Deep / Thick
非常に濃い	プリュス ダンス Plus denses	ヴェリーダーク / ディンス(デンス) Very dark/Dense
◉ディスク	ディスク　Disque	ディスク　Disk
薄い	マンス　Mince	シン　Thin
中程度	モワイエンヌ　Moyenne	ミディアム　Medium
厚い	エペ　Épais	シック　Thick
◉粘性	ヴィスコジテ　Viscosité	ヴィスコシティー　Viscosity
レッグス(ラルム)	ジャンブ、ラルム　Jambes, Larmes	レッグス、ティアーズ　Legs, Tears
淡い	レジェ　Légères	ペイル / ライト　Pale/Light
中程度	モワイエンヌ　Moyenne	ミディアム　Medium
濃い	ダンス　Dense	ディープ / スィック　Deep/Thick
◉泡立ち	ムース　Mousse	フィゼィニス　Fizziness
スティル	トランキーユ　Tranquille	スティル　Still
若干の泡立ち	ビュレ(ペルラン) Bullé (Perlant)	スライトリー ガシー (パーラント) Slightly gassy (Perlant)
弱い泡立ち	ペティヤン Pétillant	ライトリー スパークリング(ペティヤン) Lightly sparkling (Petillant)

香り

フランス語 オドゥール Odeur　英語 オゥダーズ Odors

日本語	フランス語	英語
◉嗅覚による観察	ルネ　Le Nez	スメル　Smell
◉アロマ	アローム　Arôme	アローマ　Aroma
◉第１アロマ	アローム プリメール Arômes Primaires	プライメリー アローマズ Primary Aromas
◉第２アロマ	アローム スゴンデール Arômes Secondaires	セコンデリー アローマズ Secondary Aromas
◉第３アロマ	アローム テルシエール Arômes Tertiaires	ターシェリー アローマズ Tertiary Aromas
◉ブーケ	ブーケ　Bouquet	ブーケ　Bouquet
◉第一印象	プルミエール アンプレッション premiere impression	ファースト インプレッション First impression
閉じている	フェルメ　Fermé	クローズド　Closed
開いている	ウヴェール　Ouvert	オープン　Open
弱い	フェーブル　Faible	ウィーク　Weak
軽い	レジェ　Léger	ライト　Light
強い	フォル　Fort	ストロング　Strong
豊かな	リッシュ　Riche	リッチ　Rich
シンプルな	サンプル　Simple	シンプル　Simple
複雑な	コンプレキシテ　Complexité	コンプレクス　Complex
若々しい	ジューヌ　Jeune	ユースフル　Youthful
熟成した	アージェ　Âgé	マテュアド　Matured
凝縮した	コンサントラシオン　Concentration	コンセントレイテッド　Concentrated
際立った	ディスタンゲ　Distingué	ディスティングゥイシュト　Distinguished
フルーティな	フリュイテ　Fruité	フルーティ　Fruity
上品な	ファン　Fin	ファイン / エレガント　Fine / Elegant
優雅な	ラフィネ　Raffiné	リファインド　Refined
◉香りの分類	クラシフィカシオン デ ザローム Classification des Arômes	クラシフィケーション オブ アローマズ Classification of Aromas
◉香りとアロマ	オドゥール ゼ タローム Odeurs et Arômes	オゥダーズ アンド アローマズ Odors and Aromas
◉植物	ヴェジェタル　Végétal	ヴェジタル　Vegetal
草のような	エルバセ　Herbacé	ハーベイシャス / グラッシー Herbaceous / Grassy
枯れ葉	フィーユ モルト　Feuille morte	デッド リーヴス　Dead leaves
ピーマン	ポワヴロン ヴェール　Poivron vert	グリーン ペッパー　Green pepper
アスパラガス	アスペルジュ　Asperge	アスパラガス　Asparagus
茎	ティージュ　Tige	ステム　Stem
タバコ	タバ　Tabac	タバコウ　Tobacco
タイム	タン　Thym	タイム　Thyme

日本語	フランス語	英語
ミント	マント　Menthe	ミント　Mint
フェンネル、ウイキョウ	フヌイユ　Fenouil	フェンネル　Fennel
紅茶	テ　Thé	ティー　Tea
キノコ	シャンピニオン　Champignon	マッシュルーム　Mushroom
トリュッフ	トリュッフ　Truffe	トリュフル　Truffle
森の下生え	スー ボア　Sous bois	アンダーブラッシュ / アンダーグロウス Underbrush / Undergrowth
腐葉土	ユミュス　Humus	ヒューマス　Humus
◉花	フルール　Fleur	フラワー　Flower
バラ	ローズ　Rose	ローズ　Rose
菩提樹	ティユル　Tilleul	リンデン　Linden
スミレ	ヴィオレット　Violette	ヴァイオレット　Violet
シャクヤク、ボタン	ピヴォワン　Pivoine	ポエニー　Poeny
アカシア	アカシヤ　Acacia	アケイシア　Acacia
蜂蜜	ミエル　Miel	ハニー　Honey
◉果実	フリュイ　Fruit	フルーツ　Fruit
ベリー	ベ　Baie	ベリィ　Berry
イチゴ	フレーズ　Fraise	ストロベリー　Strawberry
木イチゴ、ラズベリー	フランボアーズ　Framboise	ラズベリー　Raspberry
スグリ	グロゼイユ　Groseille	レッド カラント　Red currant
黒スグリ、カシス	カシス　Cassis	ブラック カラント　Black currant
ミルティーユ	ミルティーユ　Myrtille	ブルーベリー / ビルベリー　Blueberry / Bilberry
◉柑橘類	アグリュム　Agrumes	シトラス　Citrus
グレープフルーツ	パンプルムース　Pamplemousse	グレープフルーツ　Grapefruit
レモン	シトロン　Citron	レモン　Lemon
ライム	シトロン ヴェール　Citron vert	ライム　Lime
柑橘系	アグリュム　Agrumes	シトラス フルーツ　Citrus fruit
◉核のあるフルーツ	フリュイ ア ノワイオ Fruit a Noyau	ストーン フルーツ Stone fruits
チェリー	スリーズ、キルシュ　Cerise, Kirsch	チェリー　Cherry
アンズ	アブリコ　Abricot	アプリコット　Apricot
スモモ、プラム	プリュヌ　Prune	プラム　Plum
クエッチュ、紫スモモ	クエッチ　Quetsche	クエッチュ プラム　Quetsch plum
カリン、マルメロの実	コワン　Coing	クインス　Quince
リンゴ	ポム　Pomme	アップル　Apple
洋ナシ	ポワール　Poire	ペア　Pear
桃	ペッシュ　Pêche	ピーチ　Peach

日本語	フランス語	英語
◉トロピカルフルーツ	フリュイ トロピク　Fruit tropique	トロピカルフルーツ　Tropical fruits
パイナップル	アナナ　Ananas	パイナップル　Pineapple
メロン	ムロン　Melon	メロン　Melon
パッションフルーツ	フリュイ ド ラ パッシオン Fruit de la passion	パッション・フルーツ Passion-fruit
マンゴー	マングー　Mangue	マンゴー　Mango
ライチ	リーチ　Litchi	ライチー / ライチ　Lychee/Litchi
◉干し果物	フリュイ セック　Fruit sec	ドライ フルーツ　Dried fruit
ブドウ / 干しブドウ	レザン / レザン セック Raisin/Raisin sec	グレープ / レーズン Grape/Raisin
干しスモモ	プリュノー　Pruneau	プルーン　Prune
乾燥イチジク	フィグ セシュ　Figue sèche	ドライド フィグ　Dried fig
イチゴジャム	コンフィチュール ドゥ フレーズ Confiture de fraise	ストロベリー ジャム Strawberry jam
砂糖漬けチェリー	スリーズ コンフィット Cerises confites	キャンディード チェリーズ Candied cherries
◉ナッツ	ノワ(ヌワ)　Noix	ナット(ナッツ)　Nut
焼いたアーモンド	アマンドゥ グリエ　Amande grillée	トースティド アーモンド　Toasted almond
ヘーゼルナッツ	ノワゼット　Noisette	ヘーゼルナッツ　Hazelnut
◉香辛料	エピス　Epice	スパイス　Spice
コショウ	ポワヴル　Poivre	ペッパー　Pepper
青コショウ	ポワヴル ヴェール Poivre vert	グリーン ペッパーコン Green Peppercorn
シナモン	カネル　Cannelle	シナモン　Cinnamon
クローブ、 丁子(ちょうじ)	クルー ドゥ ジロフル Clou de girofle	クローヴ Clove
ナツメグ	ミュスカードゥ　Muscade	ナットメグ　Nutmeg
コリアンダー	コリアンドル　Coriandre	コリアンダー　Coriander
バジリコ	バジリック　Basilic	バジル　Basil
甘草(かんぞう)	レグリス　Réglisse	リコリス　Licorice
◉森林木	フォレスティエ　Forêstier	フォレスト(ウッド)　Forest (Wood)
木のような	ボワゼ Boisé	ウッディー　Woody
ヒマラヤ杉	セードル　Cèdre	シーダー　Cedar
オーク(ナラ)	シェーヌ　Chêne	オーク　Oak
白檀(びゃくだん)	サンタル　Santal	サンドゥルウッド　Sandalwood
◉芳香性	バルサミーク　Balsamique	バルサミック　Balsamic
松	パン　Pin	パイン　Pine
樹脂	レジーヌ　Résine	リジン　Resin
ヴァニラ	ヴァニーユ　Vanille	ヴァニラ　Vanilla

日本語	フランス語	英語
◉焦臭性	アンピルーマティク Empyreumatique	アンフィルマチック （トースティド、チャード、スモークド） Empyreumatic （Toasted, Charred, Smoked）
タバコの煙	フュメ　Fumée	スモーク　Smoke
煙、燻製の	フュメ　Fumé	スモークド　Smoked
焼いたパン	パン グリエ　Pain grillé	トースティド ブレッド　Toasted bread
焼いたアーモンド	アマンドゥグリエ　Amande grillée	グリルド アーモンド　Grilled almond
コーヒー	カフェ　Café	カフィー　Coffee
カカオ	カカオ　Cacao	ココア　Cocoa
チョコレート	ショコラ　Chocolat	チョコレート　Chocolate
グリエ	グリエ　Grillé	グリルド　Grilled
タール	グドロン　Goudron	タール　Tar
◉化学物質	シミック　Chimique	ケミカル　Chemical
アルコール	アルコール　Alcool	アルコール　Alcohol
硫黄	スーフル　Soufre	サルファ　Sulphur
海藻、海の香り、ヨード	ヨード　Iode	アイオダイン　Iodine
フェノール、石炭酸	フェノル　Phénol	フェノール　Phenol
揮発酸	アシッド ヴォラティル Acide volatil	ヴォラタイル アシド Volatile acid
酢酸	アシッド アセティック Acide acétique	アシーティク アシド Acetic acid
◉エーテル	エテル　Éthéré	エテール　Ether
蜜ろう、ワックス	シール　Cire	ワックス　Wax
バター	ブール　Beurre	バター　Butter
◉動物	アニマル　Animal	アニマル　Animal
ジビエ、野禽獣	ジビエ　Gibier	ゲイム　Game
毛皮	フールル　Fourrure	ファー　Fur
濡れた犬	シアン ムーイエ　Chien mouillé	ウェットドッグ　Wet dog
麝香鹿	ムスク　Musc	マスク　Musk
麝香猫	シヴェット　Civette	マスク・キャット　Musk-cat
猫の尿	ウリヌ ド シャ / ピピ ド シャ Urine de chat/Pipi de chat	キャット ユアリン / キャッツ ピー Cat urine / Cat's pee
肉	ヴィアンドゥ　Viande	ミート　Meat
燻製肉	ヴィアンドゥ フュメ Viande fumée	スモークド ミート Smoked meat
なめし革	キュイル　Cuir	レザー　Leather

味わい

フランス語 グー Goût　英語 フレイヴァー Flavor

日本語	フランス語	英語
◉口に含む	ラ ブーシュ　La Bouche	テイスト　Taste
◉アタック	アタック　Attaque	アタック　Attack
◉酸味	アシディテ　Acidité	アシディティー　Acidity
固い	デュール　Dur	ハード　Hard
爽やかな	フレ　Frais	フレッシュ　Fresh
生き生きとした	ヴィフ　Vif	ライヴリー / ネーヴィー　Lively / Nervy
しなやかな	グーレイヤン Gouleyant	スムース / アグリーアブル Smooth / Agreeable
滑らかな	スープル　Souple	サプル　Supple
鋭い	エギュ　Aigu	シャープ　Sharp
◉甘味	ドゥスール　Douceur	スウィートネス　Sweetness
極辛口	ブリュット　Brut	ボーン ドライ　Bone dry
辛口	セック　Sec	ドライ　Dry
やや辛口	ドゥミ・セック　Demi-sec	ミディアム ドライ　Medium dry
やや甘口	モワルー　Moelleux	ミディアム スウィート　Medium sweet
甘口	ドゥー　Doux	スウィート　Sweet
極甘口	リコルー　Liquoreux	ヴェリー スウィート　Very sweet
濃厚な	エペ　Épais	スィック　Thick
柔らかい	ムー　Mou	ソフト　Soft
滑らか	クーラン　Coulant	スムース　Smooth
◉タンニン	タナン　Tanin	タニン　Tannin
渋い	デュール　Dur	ハード / ドライ　Hard / Dry
心地よい	プレザン　Plaisant	プレザント　Pleasant
粗い	リュード　Rude	カース　Coarse
ざらざらした	リュグー　Rugueux	グリティー　Gritty
収斂性のある	アストランジャン　Astringent	アストリンジェント　Astringent
◉苦み	アメール　Amer	ビターネス　Bitterness
◉フレーヴァー	グー　Goût	フレイヴァー　Flavor
フルーティ	フリュイテ　Fruité	フルーティ　Fruity
フローラル	フロラル　Floral	フローラル　Floral
スパイシー	エピセ　Épicé	スパイシー　Spicy
ミネラリー（ミネラル）	ミネラル　Minéral	ミネラル　Mineral
◉アルコール	アルコール　Alcool	アルコール　Alcohol
◉コク（ボディ）	コール　Corps	ボディ　Body
弱い	フェーブル　Faible	ウィーク　Weak
中程度	モワイエンヌ　Moyenne	ミディアム　Medium
強い	フォル　Fort	ストロング　Strong

日本語	フランス語	英語
◉バランス	エキリーブル　Équilibre	バランス　Balance
釣り合いのとれた	エキリブレ　Équilibré	バランスド　Balanced
調和を失った	デゼキリブレ　Déséquilibré	アンバランスド　Unbalanced
フィネス	フィネス　Finesse	フィネス、エレガンス　Finesse, Elegance
◉切れ味	トランシャン　Tranchant	フィニッシュ　Finish
◉余韻　　後味	アリエール・グー　Arrière-goût	アフターテイスト　Aftertaste
◉持続性	ペルシスタンス デュ グー Persistance du goût	レングス Length
長い	ロン　Long	ロング　Long
中程度	モワイエンヌ　Moyenne	ミディアム　Medium
短い	クール　Court	ショート　Short
◉最終的な印象	デルニエール アンプレシオン Dernière impression	ファイナル インプレッション Final impression
円熟した	ミュール　Mûr	ライプ / マトゥア　Ripe / Mature
肥えた	プラン　Plein	フル　Full
調和のとれた	アルモニュー　Harmonieux	ハーモニアス　Harmonious
見事な	リッシュ　Riche	リッチ　Rich
しっかりした 構成をもつ	シャルパンテ Charpenté	ウェル ストラクチャード / ファーム Well-structured / Firm
凝縮した	コンサントレ　Concentré	コンセントレイティッド　Concentrated
ほっそりとした	フリュエ　Fluet	スレンダー　Slender
流れるような	フリュイドゥ　Fluide	フルイド　Fluid
すべすべした	クーラン　Coulant	スムース　Smooth
優美な	エレガン　Élégant	エレガント/グレイスフル　Elegant / Graceful
ビロードのような	ヴルーテ　Velouté	ヴェルヴェティ　Velvety
絹のような	ソワイユー　Soyeux	シルキー　Silky
繊細な	デリカ　Délicat	デリケイト　Delicate
柔らかな	タンドル　Tendre	ソフト　Soft
溶け合った	フォンデユ　Fondu	(ウェル)ブレンデッド　(well-) Blended
しなやかな	スープル　Souple	サプル　Supple
緻密な	コンパクト　Compact	コンパクト　Compact
力強い	ピュイッサン　Puissant	パワフル　Powerful
若い	ジェンヌ　Jeune	ヤング　Young
古い	ヴュー　Vieux	オールド　Old
貧弱な	フェーブル　Faible	ウィーク / フィーブル　Weak / Feeble
疲れた	ファティゲ　Fatigué	タイアード　Tired
気の抜けた	グー デヴァン　Goût d'évent	フラット　Flat
コルキー	ブショネ　Bouchonné	コーキー / コーキッド　Corky / Corked
複雑さ	コンプレクシテ　Complexité	コンプレクス　Complex